Kritische Erfolgsfaktoren zur Implementierung von Strategischem Trendmanagement in Handelsunternehmen

Andrea Massimiani

Kritische Erfolgsfaktoren zur Implementierung von Strategischem Trendmanagement in Handelsunternehmen

Entwicklung eines Vorgehensmodells

Andrea Massimiani
Wirtschaftswissenschaft
Universität Bremen
St. Ulrich bei Steyr, Österreich

ISBN 978-3-658-46411-0   ISBN 978-3-658-46412-7   (eBook)
https://doi.org/10.1007/978-3-658-46412-7

Die Deutsche Nationalbibliothek verzeichnet diese Publikation in der Deutschen Nationalbibliografie; detaillierte bibliografische Daten sind im Internet über https://portal.dnb.de abrufbar.

Planung/Lektorat: Karina Kowatsch
Springer Gabler ist ein Imprint der eingetragenen Gesellschaft Springer Fachmedien Wiesbaden GmbH und ist ein Teil von Springer Nature.
Die Anschrift der Gesellschaft ist: Abraham-Lincoln-Str. 46, 65189 Wiesbaden, Germany

Wenn Sie dieses Produkt entsorgen, geben Sie das Papier bitte zum Recycling.

Geleitwort

In der vorliegenden Dissertation befasst sich Frau Andrea Massimiani intensiv mit der Frage wie Strategisches Trendmanagement in Handelsunternehmen implementiert werden kann. Dazu entwickelt sie ein Vorgehensmodell, das Unternehmen dabei unterstützt, frühzeitig relevante Entwicklungen und Risiken zu identifizieren, um fundierte Entscheidungen in einem dynamischen Unternehmensumfeld zu treffen. Es ist erstaunlich, dass sich der umsatzstärkste Wirtschaftssektor Österreichs sich bislang nicht mit dieser Fragestellung beschäftigt hat. Umso mehr ist Frau Massimiani zu gratulieren, dass ihre Forschung auf diese Thematik fokussiert und die Ergebnisse ihrer Dissertation Handelsunternehmen hilft, sich entsprechend auf potentielle Veränderungen vorzubereiten, indem diese vorausschauend erkannt werden. Besonderes Augenmerk legt Frau Massimiani dabei auf die strategische Früherkennung von Markttrends und die Optimierung von Handelsstrategien.

Die Dissertation fügt sich in die Tradition der Handelsforschung, die von einem ständigen Wandel ausgeht, denen Handelsunternehmen ausgesetzt sind, um erfolgreich im Markt bestehen zu können. Das sogenannte ‚Wheel of Retailing' bzw. die ‚Dynamik der Betriebsformen im Handel' basieren auf Beobachtungen der konkreten Auswirkungen von Marktänderungen im Sinne einer ex-post Analyse, während das von Frau Massimiani vorgeschlagene Modell einer ex-ante Betrachtung entspricht, denn wie sie in ihrer Dissertation ausführt, sind Entscheidungsträger in Handelsunternehmen aufgefordert, Trendinformationen bewusst und proaktiv zu erkunden um konkrete Handlungsmaßnahmen abzuleiten.

Die Arbeit basiert auf einem praxisorientierten Ansatz, der theoretische Konzepte und empirische Forschungsergebnisse vereint. Frau Massimiani hat in engem Austausch mit führenden Akteuren aus dem Handelssektor und der Wissenschaft fundierte Erkenntnisse entwickelt, die es ermöglichen, die Herausforderungen und Chancen, denen der österreichische Handel heute gegenübersteht, tiefgreifend zu analysieren, um konkrete Handlungsoptionen abzuleiten, die die Wettbewerbsfähigkeit sichern.

Frau Massimiani hat sich im Rahmen ihrer Dissertation bewusst für eine Monografie entschieden, was meinem wissenschaftlichen Verständnis sehr entgegenkommt. Ihre Erfahrung als ehemalige Leistungssportlerin hat ihr geholfen, sich erfolgreich den mannigfaltigen Herausforderungen eines solchen Projekts zu stellen.

Ihre Dissertation stellt einen innovativen Beitrag zur Weiterentwicklung des strategischen Handelsmanagements in Österreich dar. Ich bin überzeugt, dass ihre Erkenntnisse eine wichtige Grundlage für die zukünftige Gestaltung der österreichischen Handelslandschaft bilden und maßgeblich dazu beitragen werden, den Herausforderungen eines sich stetig wandelnden Umfelds erfolgreich zu begegnen.

Wien   Prof. Dr. Herbert Kotzab
Juli 2024

Vorwort

Die beste Möglichkeit, die Zukunft vorherzusagen, ist sie zu gestalten.

(Abraham Lincoln)

Das Verfassen einer Doktorarbeit hat für viele Menschen, so auch für mich, eine tiefgreifende persönliche Bedeutung, die über den reinen akademischen Erfolg hinausgeht. Es repräsentiert nicht nur den Höhepunkt akademischer Anstrengungen, sondern stellt auch persönliche sowie intellektuelle Herausforderungen dar. Zudem schafft es die Möglichkeit, tief in ein spezifisches Forschungsgebiet einzutauchen und einen einzigartigen Beitrag zur Wissenslandschaft zu leisten. Dieser Prozess stellt auch eine Reise der Selbstentdeckung dar und erfordert neben der Fähigkeit zur kritischen Analyse von Problemlösungen auch Durchhaltevermögen und Selbstmotivation. Um das Ziel im Auge zu behalten und zu erreichen, sind viele kleine Schritte in unterschiedlichen Geschwindigkeiten und Schwierigkeitsgraden erforderlich. Im Jahr 2020 habe ich mit diesen ersten kleinen Schritten gestartet, mit dem Ziel, im Rahmen unseres Forschungsprojektes, das sich mit der Zukunft im Handel beschäftigt, neues Wissen zu erlangen und dieses mit der Forschungsgemeinschaft zu teilen. Seit diesem Zeitpunkt widme ich mich dem Thema Trendmanagement sowie der strukturierten Recherche und Visualisierung von Trends. Dabei begann ich zu erkennen, dass sich insbesondere Handelsunternehmen zwar mit Trends unterschiedlicher Ausprägungen befassen, deren Kontextualisierung sowie strategiebegleitende Implementierung jedoch nur in geringem Maße umgesetzt werden. Nach vielen Gesprächen mit Repräsentant*innen verschiedener Unternehmen im Handelskontext bestätigte sich mein Eindruck, dass das strukturierte aktive Gestalten von Zukünften immer mehr an Bedeutung gewinnt. Dies stellte für mich die Motivation dar, diese Arbeit zu verfassen, in der für Handelsunternehmen einen Leitfaden entwickelt werden soll, um diesen den strukturierten Umgang mit Trends zu erleichtern und sowohl das Verständnis als auch eine allgemeine Akzeptanz für Strategisches Trendmanagement zu schaffen. Ich bin der Ansicht, dass meine Hauptaufgaben in der angewandten Forschung darin bestehen, einerseits das Verständnis in einer Fachrichtung zu vertiefen und andererseits Innovationen voranzutreiben, um auf Grundlage meiner Erkenntnisse unternehmensspezifische Empfehlungen zu entwickeln, die an diejenigen gerichtet sind, die sich mit strategiebegleitenden Trendmanagement befassen möchten. Das Ergebnis ist eine Reihe von konkreten Maßnahmen, die einen praktischen Leitfaden darstellen, um Handelsunternehmen bei der Implementierung von Strategischen Trendmanagement zu begleiten, um, wie Abraham Lincoln sagte, *„die Zukunft zu gestalten"!*

Danksagung

Die vorliegende Arbeit wurde im April 2022 vom Promotionsausschuss Dr. rer. pol der Universität Bremen als Dissertationsprojekt angenommen. Zuallererst möchte ich besonderen Dank an meinen Doktorvater, Herrn Prof. Dr. Herbert Kotzab richten, der mir den notwendigen Freiraum für die thematische Aufbereitung gegeben hat, jedoch immer mit seiner wissenschaftlichen Expertise sowie hilfreichen Ratschlägen durch kurzzyklischen Schriftverkehr und MS Teams Telefonate zur Seite stand und auf diese Weise das Gelingen dieser Dissertation ermöglichte. Herr Prof. Dr. Herbert Kotzab war es auch, der mich zum Verfassen einer Monografie angehalten hat, worüber ich jetzt noch sehr froh bin. Des Weiteren möchte ich meine Dankbarkeit gegenüber Herrn Prof. Dr. Jörg Freiling für seine Gutachtertätigkeit ausdrücken.

Besonders großer Dank gebührt Herrn Oliver Schauer, der mir in meiner bisherigen Laufbahn an der Fachhochschule Oberösterreich sehr viel ermöglichte, sich für mich einsetzte, mich zu dieser Arbeit ermutigte und maßgeblich an meinem beruflichen Werdegang beteiligt war. Danke Dir für Dein Verständnis, Deine motivierenden Worte, Deinen Blick auf das große Ganze sowie Deine kritischen Fragen, die mich manchmal zur Weißglut brachten, mir aber auch den richtigen Weg zeigten.

An dieser Stelle darf auch mein Kollege Herr Patrick Brandtner nicht fehlen, der mich beim wissenschaftlichen Arbeiten und Publizieren von Forschungsprojekten an die Hand nahm.

Dank gebührt auch Frau Katherine Gundolf, die in vielerlei Hinsicht durch das Teilen ihrer eigenen Erfahrungen und im Rahmen des Promotionskollegs den Weg für Dissertant*innen an der Fachhochschule Oberösterreich ebnet. Sie stand mir während des gesamten Dissertationsprozesses, auch während ihrer Urlaubszeit, beiseite, um meine immer wieder aufkeimenden Denkspiralen in Echtzeit in einen strukturierten Ablauf zu bringen.

Ganz spezieller Dank geht an Frau Sarah Pfoser. Durch sie konnte ich den Kontakt zu Herrn Prof. Dr. Herbert Kotzab herstellen und ihn als Doktorvater für meine Arbeit gewinnen. Danke dafür Sarah, er war nicht nur der beste Betreuer, den ich mir wünschen konnte, sondern auch eine Respektsperson, von der ich viel gelernt habe. Du hattest auch immer ein offenes Ohr für mich, sei es bei der Auswahl von Forschungsmethoden, beim gewissenhaften Korrekturlesen wie auch bei Verzweiflungsanfällen. Es ist Dir immer gelungen, mir ein Lächeln ins Gesicht zu zaubern.

Des Weiteren möchte ich mich bei meinen Kollegen, Herr Robert Zimmermann und Herr Reinhard Tockner bedanken. Robert, der mit seiner stoischen Ruhe jede technische „MS Word Herausforderung" meisterte und passende Lösungen aufzeigte. Reinhard, der als „Excel- und Visualisierungs-Guru" der Fachhochschule Oberösterreich bekannt ist, stand mir bei realisierbaren Analyse-, Auswertungs- und Darstellungsmöglichkeiten mit Rat und Tat zur Seite.

Ein herzliches Danke möchte ich auch an das Team der Bibliothek der Fachhochschule Steyr, Frau Gabriela Schürz und Frau Julia Merklinger, aussprechen. Ihr habt mich in die Citavi-Welt eingeführt und keine Mühen gescheut, um die von mir gewünschten Literaturquellen zeitnah zu besorgen.

Zum Abschluss möchte ich meine allergrößte Dankbarkeit an meine Familie im Besonderen an meine Kinder Sophia und Valentino aussprechen, die mir in dieser intensiven Zeit großes Verständnis entgegenbrachten, immerzu an mich glaubten und mir Mut zusprachen. Ich hoffe Ihr seid stolz auf mich, ich bin es auf Euch! Auch meiner Mutter Brigitte, die mich mit ihren Kochkünsten verwöhnte, um bei Kräften zu bleiben und somit die zeitlichen Ressourcen bestmöglich für diese Arbeit zu nützen. Ich widme Euch und meinem Vater Gustav diese Arbeit. Leider wird er diese Zeilen nie lesen können.

Steyr
März 2024

Andrea Massimiani

Inhaltsverzeichnis

Abbildungsverzeichnis

Tabellenverzeichnis

Einführung

1

1.1 Handel im Überblick

1.1.1 Entwicklungen im Handel

Anfang des Jahres 2022 waren in der österreichischen Handelsbranche (Einzelhandel, Großhandel und Kraftfahrzeughandel) 82.390 Unternehmen und 625.000 unselbständige Beschäftigte tätig. Mit einem gemeinsamen Umsatz von 319 Milliarden Euro, wovon der Einzelhandel 44.380 Unternehmen zählt und mit insgesamt 346.210 Beschäftigten rund 82 Milliarden Euro Umsatz beiträgt, zählt der Handel zum umsatzstärksten Wirtschaftsbereich und stellt den zweitgrößten Arbeitgeber des Landes dar. Dem Handel sind 22 % der österreichischen marktorientierten Wirtschaft zugehörigen Unternehmen zugeordnet, wodurch der Handel mit 33 % den umsatzstärksten Wirtschaftsbereich darstellt (Gavac et al. 2023).

Innerhalb der Europäischen Union (EU) sind etwa 25 % aller Unternehmen, 23 % der nicht selbstständig Beschäftigten und etwa 35 % der Umsätze im Bereich der Privatwirtschaft dem Handelssektor zuzuordnen. Insgesamt existieren innerhalb der EU circa 6 Millionen Handelsunternehmen, die von über 24 Millionen Mitarbeiter*innen unterstützt werden und gemeinsam einen Umsatz von über 8,7 Billionen Euro erwirtschaften. Die größte Anzahl dieser Handelsunternehmen

---

Ergänzende Information Die elektronische Version dieses Kapitels enthält Zusatzmaterial, auf das über folgenden Link zugegriffen werden kann https://doi.org/10.1007/978-3-658-46412-7_1.

hat ihren Standort in Ländern wie Italien, Spanien, Frankreich, Deutschland und Polen (Gavac et al. 2023).[1]

Die heutige Handelsstruktur umfasst den An- und Verkauf, den Transport sowie die Lagerung von Waren, die für gewerbliche Abnehmer*innen (Großhandel) oder nicht-gewerbliche Abnehmer*innen (Einzelhandel) ohne wesentliche Veränderungen oder Verarbeitung der Handelsware vorzunehmen. Ursprünglich bestand die Hauptaufgabe des Handels darin, produzierte wirtschaftliche Güter vom Herstellungsort an die Konsument*innen zu überführen, weshalb sich die Hauptaufgaben des Handels vorrangig auf die Distribution ausgerichtet hat. Neuaufkommende Kräfte führten und führen jedoch zu disruptiven Veränderungen der Handelsstrukturen, welche unter anderem durch die Verschmelzung von technologischem Fortschritt einerseits und der Kundenadaption neuer Technologien andererseits eine Transformation der Kundenanforderungen an den Handel bewirkt haben (Heinemann 2018). So haben sich Entwicklungen an der Schnittstelle zwischen Produzent*innen und Verbraucher*innen ereignet, die die herkömmliche Rolle des Handels verändern und Dienstleistungs-, Industrie- und Handelsunternehmen zunehmend arbeitsteilig zusammenwirken lassen (Heinemann 2018).

Aufgrund des wachsenden Einflusses der Digitalisierung auf Prozesse, Strukturen und Systeme sowie als Instrument zur Wettbewerbsdifferenzierung kommt der Distributions- und Handelslogistik in vielen Geschäftsmodellen des Handels immer mehr Bedeutung zu (Tripp 2021). Gründe für die fokussierte Betrachtung sind die Differenzierung durch Services in der Distribution, die besondere Innovationsdynamik im Lager und in der letzten Meile, die Enabler-Rolle der leistungsfähigen logistischen Netze als Erfolgsvoraussetzung und die Notwendigkeit umfassender Risikomanagementstrategien im Handel.

Folglich müssen sich Unternehmen im Handelskontext ständig weiterentwickeln und belastbare Strategien sowie Ressourcen- und Fähigkeitsbündel entwickeln oder durch Partner bereitstellen, um ihren künftigen Erfolg sicherzustellen (Mrutzek-Hartmann et al. 2022).

Angesicht dessen, dass die Lieferkette im Handel sich zu einer konsumentengesteuerten Nachfragekette entwickelt hat, ist die Logistik als Enablerin von zukunftsfähigen Geschäftsmodellen zu qualifizieren, da sie einen wesentlichen Einfluss auf die Wirtschaftlichkeit von Prozessen hat und somit wichtiger

---

[1] Weitere Entwicklungen im österreichischen Handel hinsichtlich Zahlen und Daten sind in ANHANG 20 einzusehen.

Bestandteil von zukünftigen Geschäftsmodellen ist (Rall 2019). Auch hoch-automatisierte, effiziente und zukunftssichere Intralogistiksysteme sind eine bedeutende Herausforderung in der Kundenlieferkette (Arnold 2006).

So erfüllen zunehmend Partner*innen der Handelsunternehmen maßgebliche Funktionen in der Wertschöpfungskette und stellen somit wichtige Stakeholder dar, ohne die der Handel nicht funktionieren kann. Diesem synergetischen Zusammenwirken zwischen Handelsunternehmen und Lieferant*innen sowie relevanten Partner*innen und Dienstleister*innen wird in dieser Arbeit deutlich Rechnung getragen. Unter Berücksichtigung der dargelegten Entwicklungen und um eine ganzheitliche Sichtweise des Handels vorzustellen und zu analysieren, wird in dieser Arbeit der Fokus sowohl auf Unternehmenspartner*innen und Expert*innen aus der Disziplin Handel als auch den synergetisch verknüpften Bereichen wie Netzwerkpartner*innen, wissenschaftliche Partner*innen, verschiedene Einzelhändler*innen in Österreich, Logistikdienstleistende, Berater*innen sowie Unternehmen aus dem Intralogistik- und Automatisierungsfeld gelegt und Handel im Sinne eines Disziplindenkens extensiv interpretiert.

1.1.2 Handel im Wandel

Die Worte „Handel ist Wandel" werden gerne benutzt, um die Veränderungsgeschwindigkeit im Handel zu beschreiben (Seidl 2018; Neiberger und Steinke 2020). Dass sich die Handelsbranche in einer weitreichenden Transformation befindet, ist kaum von der Hand zu weisen (Neiberger und Steinke 2020), ebenso wenig wie die Tatsache, dass das Internet und dessen Einfluss auf das Kaufverhalten der Konsument*innen an dieser Entwicklung maßgeblich beteiligt ist. Obwohl der Einzelhandel seine Umsätze in den vergangenen Jahren insgesamt kontinuierlich steigern konnte, bestehen beträchtliche Unterschiede im Wachstum zwischen dem stationären Handel und dem Onlinehandel (Seidl 2018; Neiberger und Steinke 2020).

Die Mehrheit der Verbraucher*innen bevorzugt den Einsatz von E-Commerce, was zu einem oftmals florierenden Onlinehandel führt. Gleichzeitig sehen sich zahlreiche Einzelhandelsgeschäfte mit der Bedrohung von Schließungen konfrontiert. Einzelhändler*innen setzen sich aktiv dafür ein, ihre Kund*innen über digitale Kanäle und Plattformen anzusprechen. Die Implementierung durchgängiger digitaler Geschäftsmodelle und die Beherrschung von Datenanalysen wurden und werden schnell zu den Voraussetzungen für den Erfolg. Gleichzeitig stehen

die Einzelhandelsmarken unter Druck, Nachhaltigkeit in ihrer gesamten Wertschöpfungskette zu verankern, um ein nachhaltigkeitsbewusstes Konsumverhalten
zu ermöglichen und zu fördern (Heinemann 2020).

Die COVID-19-Pandemie hat auch die Vulnerabilität der globalen Lieferketten
offenbart. Dies hat zur Folge, dass Einzelhandelsmarken Ressourcen in die Ver-
stärkung ihrer Lieferketten investieren müssen. In diesem Zusammenhang stellt
auch Nachhaltigkeit in Supply Chains ein Thema von besonderer Bedeutung dar,
da Verbraucher*innen eine gute Corporate Citizenship, Transparenz und die Möglichkeit, Waren bis zum Ursprung zurückzuverfolgen, fordern (Flach et al. 2020).
In diesem Zusammenhang ist es für Handelsunternehmen unerlässlich, über ein
verantwortungsvolles Datenmanagement zu verfügen, um relevante Daten zu
sammeln, zu analysieren und entsprechend darauf zu reagieren und Folge wettbewerbsfähig zu bleiben (Braun et al. 2022). Da das Veränderungstempo im Handel
kaum an Fahrt verliert, sondern eher beschleunigt wird, brauchen Unternehmen
mit Handelsbezug somit gut durchdachte Lösungen, die optimal auf Kund*innen
ausgerichtet sind (Braun et al. 2022). Die vorherrschende Aufgabe für sämtliche
Handelsunternehmen besteht darin, eine passende Wettbewerbsstrategie zu entwickeln, die dazu befähigt, kundenorientierte Wettbewerbsvorteile zu schaffen und
zukunftsgerichtete Geschäftsmodelle zu formieren (Heinemann 2020).

1.2   Motivation und Relevanz des Themas

Die Menschheit befasst sich seit jeher mit der Zukunft, getrieben vom Bestreben,
eine sichere Existenz für kommende Generationen zu gewährleisten. Aufgrund
vieler unsicherer Einflüsse und Entwicklungen ist es herausfordernd, ein Bild
von der Zukunft zu erhalten (Stulle 2020), unter anderem, weil die Welt dynamischer, die Märkte volatiler und damit auch das Geschäftsumfeld anspruchsvoller
wird (Stulle 2020). Dies gilt insbesondere für den schnelllebigen und wettbe-
werbsintensiven Handelssektor, der wie bereits in Abschnitt 1.1 erläutert, einen
bedeutenden Wirtschaftszweig darstellt und in einem komplexen, durch ein hohes
Maß an Umweltunsicherheit gekennzeichneten Umfeld verortet ist (Neiberger und
Steinke 2020). Angesichts dieses Handelsumfelds prägen Einflussfaktoren sozio-
kultureller, wirtschaftlicher, technologischer, ethischer, politischer, rechtlicher und
ökologisch sowie geografischer Natur den Handel (Merkle 2020; Neiberger und
Steinke 2020).

Aber auch die Fähigkeit, Innovationen über alle Punkte der Wertschöpfungskette hinweg zu erkennen, die am oftmals umkämpften Markt als Unterschei-
dungsmerkmal gelten, ist unumgänglich (Heinemann 2020). Die Fähigkeit eines

Unternehmens, nicht nur auf die gegenwärtige Umgebung zu reagieren, sondern auch die zukünftigen Herausforderungen und Chancen, die die Branchen prägen werden, zu antizipieren, ist entscheidend für die Qualität dieser Entscheidungen (Heinemann 2020). Unter Verwendung dieser strategischen Linse können Unternehmen Trends, Technologien und Hauptakteur*innen identifizieren, die die Veränderungen auf dem Markt vorantreiben. Vor allem können sie ermitteln, welche Entwicklungen die größten Auswirkungen und strategische Relevanz in diesem Kontext haben werden (Mandal 2020).

Viele Unternehmen haben die Bedeutung von Trends in diesem Zusammenhang bereits erkannt, die systematische Erfassung und Erforschung von Trends und deren Umsetzung ist in den meisten Fällen jedoch eher oberflächlich und lässt eine intensive Analyse und Auseinandersetzung mit Trendinformationen im Handelskontext vermissen (Massimiani et al. 2022). Auch wird die Umwandlung von Trendinformationen in verwertbare Erkenntnisse für zukunftsorientierte Entscheidungen selten angewandt. Oftmals mangelt es an der Aufbereitung der Informationen im Hinblick auf die konkrete Bedeutung und Nutzung von Trendwissen im Unternehmen. Die sogenannte Kontextualisierung von Trends ist daher ein Thema, das zunehmend an Bedeutung gewinnt. Fragen wie „Was bedeutet diese Entwicklung speziell für uns?", „Wie könnten wir diesen Trend in neue Werte im Unternehmen umwandeln?" oder „Wie könnte sich unser Geschäft in den nächsten zehn Jahren aufgrund dieser Zukunftschancen verändern?" werden viel zu selten gestellt.

Um jedoch zukunftsfeste Entscheidungen zu treffen und im Unternehmen zu etablieren, ist ein methodisch fundiertes Vorgehen, wie es Strategisches Trendmanagement (StTmgt) verfolgt, zu verankern (Blechschmidt 2020). Beim StTmgt handelt es sich um einen strukturierten Prozess, der mit der Früherkennung von Trends beginnt, um aus den Erkenntnissen Maßnahmen für das Unternehmen abzuleiten, die in die strategische Unternehmensausrichtung einfließen (Gracht und Kisgen 2022). Durch die Implementierung von StTmgt in Handelsunternehmen kann die Gesamteffizienz, die im Umgang mit Trends wesentlich ist, gesteigert werden (Voigt und Müller 2021; Birkel und Hartmann 2021).

Die Studien von Blechschmidt (2020) und Durst M. et al. (2010) belegen, dass Unternehmen sehr zögerlich im Umgang mit StTmgt sind, und sie bedürfen häufig einer Ermutigung bei der Anwendung und vor allem einer Verzahnung mit den Unternehmensprozessen und der zugrunde liegenden Unternehmensstrategie (Blechschmidt 2020). Nach derzeitigem Stand der Forschung kann diesbezüglich bislang nur auf theoretische Forschungsergebnisse zurückgegriffen werden (Blechschmidt 2020). Mit diesem Hintergrund gilt es Strukturen zu schaffen, um StTmgt in Unternehmen zu implementieren (Blechschmidt 2020).

Hinsichtlich nachhaltiger Implementierung von StTmgt ist ein umfassender Blick des Unternehmens essenziell, um wiederkehrend relevante Trends zu behandeln, unternehmensspezifische Maßnahmen zu erkennen sowie abzuleiten und diese letztlich in die Unternehmensstrategie (pro-)aktiv einzubinden (Blechschmidt 2020; Durst M. et al. 2010). Diesbezüglich gewinnt die Sicherstellung, dass sowohl interne als auch externe Ressourcen mit den notwendigen Fähigkeiten ausgestattet sind, zunehmend an Bedeutung für Handelsunternehmen, um ein effektives StTmgt einführen zu können (Massimiani et al. 2022).

Als verändernde Kräfte, die auf die Disziplin Handel einwirken, lassen sich in diesem Zusammenhang Trends und Entwicklungen, wie beschleunigte Disruption und digitale Transformation, Veränderungen im Verbraucher*innenverhalten, resiliente Lieferketten mit besonderem Fokus auf Nachhaltigkeit und Transparenz, Nachhaltigkeitsanforderung in Geschäftsmodellen sowie die Entwicklung von Ökosystemen und Plattformen anführen (Wolters 2016; Heinemann 2018). Diese Veränderungsausprägungen führen dazu, dass sich die Handelsbranche an einem Wendepunkt befindet. Obwohl die Reise zu diesem Punkt bereits lange vor 2020 begann, erfuhr der Wandel für Einzelhändler*innen in allen Kategorien und Regionen durch die COVID-19-Pandemie und ihre weitreichenden Auswirkungen eine zusätzliche Beschleunigung (Neiberger und Steinke 2020).

Trends, die eine komplexe Entwicklung im Wechselspiel mit anderen Größen im Unternehmensumfeld bezeichnen (Blechschmidt 2020) und individuelle sowie gesellschaftliche Entwicklungstendenzen abbilden (Opaschowski 1995), sind in diesem von permanenter Veränderung geprägten Umfeld zu einem Symbol geworden, um zukünftige Entwicklungen zu antizipieren (Massimiani et al. 2021a). Trends stehen für real existierende Entwicklungen, die erkannt, interpretiert und analysiert werden und sich über einen bestimmten Zeitraum fortsetzen (Blechschmidt 2020; Buck et al. 1998). Durch die frühzeitige Erkennung von Trends, die sich in unterschiedliche Trendtypen (Megatrends, Makrotrends und Mikrotrends) unterteilen lassen, eröffnen sich neue Entwicklungspfade in unterschiedliche Richtungen. Dies hat zur Folge, dass durch frühzeitige Berücksichtigungen wichtiger Entwicklungen bei unternehmerischen Entscheidungen ein geplantes Vorgehen möglich wird und infolgedessen durch einen zeitlichen Vorsprung gegenüber Wettbewerber*innen am Markt ein strategischer Vorteil erzielt werden kann (Blechschmidt 2020).

Jedoch liegt nach derzeitigem Wissenstand das Hauptaugenmerk immer noch auf der Verringerung von Risiken und der Anpassung bestehender Strukturen und Prozesse an den Wandel, nicht jedoch auf der proaktiven Nutzung von Trends für Innovationen (Massimiani et al. 2022). Vor diesem Hintergrund müssen strategische Entscheidungsträger*innen in Unternehmen Wege finden, um

Trendinformationen nicht nur zu erforschen, sondern sich bewusst und proaktiv damit auseinanderzusetzen (Massimiani et al. 2021a). Deswegen ist es unverzichtbar, Kompetenzen im Unternehmen aufzubauen, die es ermöglichen, Signale dieser Veränderungen im Geschäftsumfeld zu erkennen, Trends zu identifizieren und zu analysieren, um konkrete Handlungsmaßnahmen für das Unternehmen abzuleiten (Blechschmidt 2020).

Dabei ist die Auseinandersetzung mit kritischen Erfolgsfaktoren (KEFs), die den Erfolg oder Misserfolg von Unternehmen maßgeblich beeinflussen, bedeutend. Jene Handelsunternehmen, die sowohl die internen als auch die externen Erfolgsfaktoren kennen, werden in der Lage sein, Trends zu antizipieren, um am Markt wettbewerbsfähig zu bleiben (Heinemann 2013; Heinemann et al. 2016). Insbesondere die Identifikation der Erfolgsfaktoren gilt als zentrale Aufgabe, die Unternehmen bei der Implementierung von StTmgt unterstützt (Durst et al. 2011; Wong 2005). Nach Heinemann (2018) konnten die KEFs bis dato ausschließlich theoretisch und lediglich im allgemeinen Unternehmenskontext analysiert werden (Heinemann 2013; 2018). Ergänzend stellen die Unternehmensperspektive, die Ausgangssituation des Unternehmens, die unternehmerischen Entscheidungen hinsichtlich Wettbewerbssituation und die wirtschaftliche Situation des Unternehmens auch eine bedeutende Rolle dar (Blechschmidt 2020).

Das Verständnis dieser beschriebenen Zusammenhänge spiegelt sich regelmäßig in den Praktiken des Innovationsmanagements (Durst M. et al. 2010; Voigt und Müller 2021), jedoch oftmals nicht in Handelsunternehmen, wider. Um den heutigen Herausforderungen im Handel zu begegnen, ist es wettbewerbsentscheidend, sich kontinuierlich mit den frühen Phasen des Innovationsprozesses, wie es das Trendmanagement darstellt, auseinanderzusetzen, da insbesondere diese Phasen oftmals vielschichtige Geschäftsmodelle verursachen und auch eine hohe Anzahl von Trendsignalen auf unterschiedlichen Ebenen aufweisen (Blechschmidt 2020). Der Innovationsprozess wird in der Literatur als Front-End of Innovation bezeichnet, der einen integralen Teil des Innovationsmanagements darstellt (Durst M. et al. 2010; Durst und Durst 2016), in dem die Ideenentstehung durch Trends, Chancenvalidierung, Konzeptentwicklung und Interaktionen zwischen den Akteur*innen eine große Rolle spielt (Pereira et al. 2020). In dieser frühen Phase des Innovationsmanagements sind Prozesse, Aktivitäten und Verantwortlichkeiten eher unstrukturiert und schwach dokumentiert. Darum besteht das Ziel in dieser frühesten Phase des Innovationsmanagements darin, die strategische Unsicherheit im Unternehmensumfeld systematisch zu verringern und Potentiale für Innovationen frühzeitig zu erkennen, indem die Schaffung von Struktur und Nachvollziehbarkeit der Informationen im Vordergrund stehen

(Durst und Durst 2016; Pereira et al. 2020). Aufgrund dessen ist Trendmanagement in dieser Phase der Front-End-Innovation für Handelspraktiker*innen von
entscheidender Bedeutung, da hier die proaktive Auseinandersetzung mit der
Zukunft stattfindet (Gallouj et al. 2015; Massimiani et al. 2021a). Trendmanagement steht für den ganzheitlichen Umgang mit Trends und gliedert sich
in Schritte, wie Identifikation, Analyse und Bewertung sowie Bearbeitung und
Überwachung. Es dient in Unternehmen branchenunabhängig als strategische
Früherkennung, ist qualitativ als auch quantitativ ausgerichtet und hat einen
mittelfristigen Betrachtungsfokus. Demnach verfolgt Trendmanagement das Ziel
der Erkennung, Umsetzung und Weitergabe relevanter Informationen und stellt
dieses in den Gesamtkontext, um den unternehmensspezifischen strategischen
(Innovations-) Prozess zu unterstützen (Voigt und Müller 2021). Durch dessen
Implementierung werden Handelsunternehmen bei der Vorausschau externer Entwicklungen und das Wissen um die Zukunft über die Unternehmensgrenzen
hinweg unterstützt (Siebe et al. 2018a; Blechschmidt 2020). Dabei werden die
Entwicklungen des wirtschaftlichen Umfelds analysiert und auf die individuelle
Situation des Unternehmens umgelegt (Blechschmidt 2020).

Basierend auf der erläuterten thematischen Relevanz erfolgt in Abschnitt 1.3
die Beschreibung des gesetzten Dissertationsziels und die Ausformulierung der
Subforschungsfragen, die zur Beantwortung der Hauptforschungsfrage wesentlich
sind.

1.3   Zielsetzung der Arbeit und Forschungsfragen

Um geordnet bei der Einführung von StTmgt in Handelsunternehmen vorzu-
gehen und um diese im Umgang mit internen und externen wegweisenden
Einflussfaktoren zu unterstützen, ist es notwendig, ein entsprechendes Vorgehensmodell zu entwickeln, das ein individuelles, auf das Unternehmen abgestimmtes
Vorgehen ermöglicht (Kaschny und Nolden 2018). Ein Vorgehensmodell stellt
für Handelsunternehmen einen Leitfaden dar, der diese gegenüber unerwarteten
Veränderungen des Umfeldes proaktiv, flexibel sowie schnell agieren lässt (Gaubinger 2021). Nur durch ein systematisches Vorgehen kann gewährleistet werden,
dass eine einheitliche und gleichzeitig ganzheitliche Positionierung des Handelsunternehmen erreicht wird, die einen Mehrwert im Vergleich zur Konkurrenz
bietet (Heinemann et al. 2016). Das Vorgehensmodell soll in diesem Zusammenhang somit ein organisatorisches Hilfsmittel darstellen, um Maßnahmen für
zukünftige und wettbewerbsfähige Geschäftsmodelle, Produkte und Services im
Umfeld des Handels abzuleiten. Dabei soll es sowohl die interne als auch die

externe Perspektive des Handelsunternehmens miteinbeziehen sowie agil und iterativ ausgelegt sein, um die strategische Ausrichtung in Zeiten des sich permanent verändernden Umfelds zu unterstützen (Acklin 2010; Neiberger und Steinke 2020). Methodisch fundierte Vorgehensmodelle bieten eine strukturierte Herangehensweise, um den Handel in Zeiten des Wandels effizient und zielgerichtet zu unterstützen und mittels Vorgabe von Schritten und Handlungsempfehlungen das Endziel im Fokus zu behalten und zugleich frühzeitig potenzielle Risiken und Herausforderungen zu identifizieren. Zusätzlich fördert eine derartige Herangehensweise die unternehmensinterne Kommunikation mit den Stakeholdern und trägt zur Qualitätssicherung bei (Schallmo et al. 2018b).

Gegenständliches Dissertationsvorhaben setzt sich somit mit KEFs im Innovationsbereich, (Strategischem) Trendmanagement sowie dessen Implementierung in Handelsunternehmen und Vorgehensmodellen sowohl mit Innovationscharakter als auch für Innovationsprozesse auseinander.

Vor dem Hintergrund, dass die Anwendung von StTmgt der frühen Phase des Innovationsprozesses zuzuordnen ist, verfolgt diese Arbeit grundlegende Ziele, die zu analysieren, in Abbildung 1.1 visualisiert und in weiterer Folge eng mit den Forschungsfragen verzahnt sind.

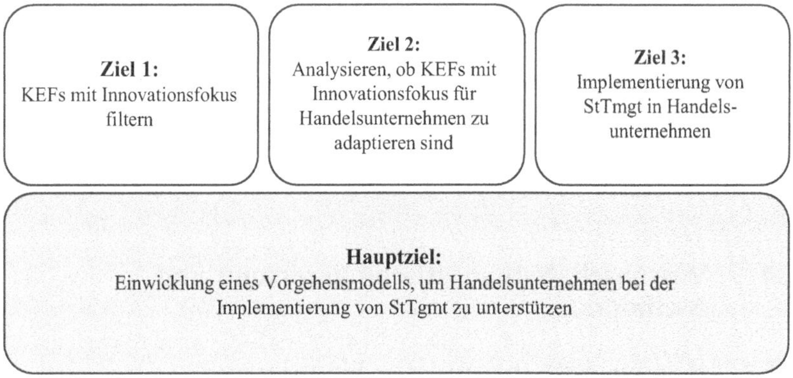

Ziel 1:
KEFs mit Innovationsfokus filtern

Ziel 2:
Analysieren, ob KEFs mit Innovationsfokus für Handelsunternehmen zu adaptieren sind

Ziel 3:
Implementierung von StTmgt in Handels- unternehmen

Hauptziel:
Einwicklung eines Vorgehensmodells, um Handelsunternehmen bei der Implementierung von StTgmt zu unterstützen

Abbildung 1.1 Ziele der Arbeit

Dabei gilt es, die KEFs mit Innovationsbezug zu filtern und zu prüfen, ob diese für Handelsunternehmen zu adaptieren oder ob handelsspezifische Ausprägungen erkennbar sind. Basierend auf diesen Erkenntnissen kann anhand definierter und für relevant erachteter KEFs eine Implementierung von StTgmt in Handelsunternehmen dargestellt werden.

Darauf aufbauend wird anhand literaturbasierter und vorgefilterter Vorgehensmodelle, bei denen der Fokus jeweils auf Innovationscharakter und Innovationsprozesse gerichtet ist, ein strukturierter Leitfaden im Sinne eines neu geschaffenen Vorgehensmodells für Handelsunternehmen entwickelt, um diese bei der Einführung von StTmgt zu begleiten.

Zusammenfassend besteht somit die übergeordnete Motivation dieser Arbeit darin, ein Vorgehensmodell zu entwickeln, das Handelsunternehmen bei der Einführung von StTmgt unterstützt, um somit (pro)-aktiv geeignete strategische Maßnahmen im Unternehmen zu setzen.

Ausgehend davon lässt sich die Hauptforschungsfrage dieser Arbeit wie folgt ableiten:

Wie kann Strategisches Trendmanagement in Handelsunternehmen implementiert werden?
Für die Beantwortung der Hauptforschungsfrage stellen sich folgende Subforschungsfragen:

I. *Welche methodischen Ansätze werden im Strategischem Trendmanagement verwendet, und welche Anwendungen finden sich in Handelsunternehmen?*
II. *Welche kritischen Erfolgsfaktoren sind für die Implementierung von Strategischem Trendmanagement in Handelsunternehmen maßgeblich?*
III. *Welche Vorgehensmodelle mit Innovationscharakter und für Innovationsprozesse existieren in der Literatur, und welche(s) Modell(e) ist/sind für Handelsunternehmen geeignet?*

1.4   Wissenschaftstheoretische Verortung und Methodik

1.4.1   Wissenschaftstheoretische Einordnung

Um diese Arbeit in der Wissenschaftstheorie zu positionieren, ist eine kritische Auseinandersetzung mit den grundlegenden Kenntnissen über die Prinzipien wissenschaftlicher Arbeit wesentlich (Schülein 2021).

Die Wissenschaftstheorie gilt als Teilbereich der Philosophie, welche sich mit den Voraussetzungen, Methoden und Zielen von Wissenschaft und ihrer Form der Erkenntnisgewinnung beschäftigt. Im Kern beschreibt die Wissenschaft ein dynamisches System von allgemeingültigen Aussagen über reale Gegebenheiten. Die Struktur dieses Systems wird durch verschiedene Elemente gebildet, die jeweils spezifische Eigenschaften aufweisen und in geordneten Beziehungen zueinanderstehen (Popper 2020; Keuth und Popper 2004). Popper (2020) betrachtet die Wissenschaft nicht allein als ein statisches System, sondern auch als einen fortlaufenden Prozess, der in der Regel mit zunächst schwach abgesicherten Hypothesen beginnt und in weiterer Folge zu immer stärker überprüften Aussagen bis hin zu wissenschaftlichen Gesetzen führt. Zuletzt kann die Wissenschaft als Institution betrachtet werden, die Personen und Forschungseinrichtungen umfasst, die wissenschaftliche Tätigkeiten ausüben (Popper 2020; Schülein 2021).

Die in dieser Arbeit thematisierten Wissenschaften lassen sich den Wirtschaftswissenschaften zuordnen, im Besonderen der Betriebswirtschaftslehre, die sich mit realen Erscheinungen, wie den Betrieben, beschäftigen, jedoch auch auf die Erkenntnisse der Formalwissenschaften zurückgreifen, die sich mit der Bildung und Verknüpfung von Aussagen sowie dem Ziehen von Schlüssen befassen (Töpfer 2012).

Grundsätzlich unterteilen sich die Wirtschaftswissenschaften in zwei Teildisziplinen – die Betriebswirtschaftslehre und die Volkswirtschaftslehre (Schülein 2021; Weber und Kabst 2009). Dabei steht die Betriebswirtschaftslehre in enger Verbindung mit der Mikroebene (Töpfer 2012; Schülein 2021), die in dieser Dissertation die Handelsunternehmen des DACH-Raumes und deren Partner*innen, Lieferant*innen und Dienstleistende entlang der Wertschöpfungskette umfassen.

Im Gegenzug zur Betriebswirtschaftslehre steht die Volkswirtschaftslehre in engem Zusammenhang mit der Makroebene (Töpfer 2012; Schülein 2021), die die gesamtwirtschaftlichen Zusammenhänge, die sich aus den Aktivitäten einzelner Wirtschaftsteilnehmender ergeben, analysiert und sich in dieser Arbeit mit den Einflussfaktoren nach PESTLE sowie den Trends auf Mega-, Makro- und Mikroebene auseinandersetzt.

Abbildung 1.2 bildet die thematische Einordnung von Trendmanagement sowie die wissenschaftstheoretische Verortung der Dissertation ab.

Nach Mankiw et al. (2021), Wächter (2017), Schreyögg (2012), Hardes und Uhly (2007) gestaltet sich eine klare Abgrenzung zwischen Betriebswirtschaftslehre und Volkswirtschaftslehre oftmals schwierig und lässt sich auch in dieser Dissertation nicht vollends realisieren.

Zum einen befasst sich die vorliegende Arbeit mit Handelsunternehmen im DACH-Raum, die durch deren Partnerunternehmen, Lieferant*innen und Dienstleistende entlang der gesamten Wertschöpfungskette ausgedrückt werden, was somit der Mikroebene entspricht und der Betriebswirtschaftslehre zugeordnet

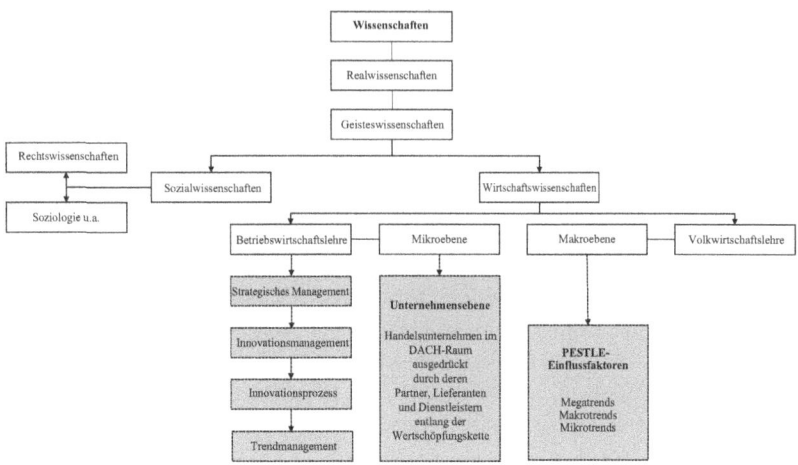

Abbildung 1.2 Wissenschaftstheoretische Verortung der Dissertation

ist. Gleichzeitig werden diese Handelsunternehmen von Einflussfaktoren nach
PESTLE sowie von unternehmensinternen und -externen Mega-, Makro- und
Mikrotrends geprägt, die sich der Makroebene und somit der Volkswirtschafts-
lehre zuordnen lassen.

Die Hauptforschungsfrage dieser Dissertation ist eine Fragestellung, die in
den Bereich des Strategischen Managements (Müller-Stewens und Lechner 2011;
Reisinger et al. 2017) fällt und aus einer innovativen Sichtweise bearbeitet
wird. Die behandelte Problemstellung lässt sich somit den wissenschaftlichen
Disziplinen des Strategischen Managements sowie dem Innovationsmanagement
(Disselkamp 2012; Hutzschenreuter 2015; Gaubinger 2021) zuweisen, die beide
der Betriebswirtschaftslehre zugeordnet werden.

Der Forschungsbereich rund um Trendmanagement kann als Bestandteil der
frühen Phase des Innovationsprozesses angesehen werden und ist somit Teilbereich des Innovationsmanagements, das im Unternehmen in das Strategische
Management eingebettet ist (Durst M. et al. 2010). Um Praktiken des Innovationsmanagements im Handelskontext anzuwenden, ist es notwendig, eine
vorausschaubasierende Methodik zu entwickeln.

Vor diesem Hintergrund ist es für Entscheidungsträger*innen im Handel wesentlich, sich mit einem ganzheitlichen Trendmanagementansatz auseinanderzusetzen, der durch Strategisches Management begleitet sowie dem Innovationsmanagement zugeordnet wird und sich in weiterer Folge im Innovationsprozess mit einer strukturierten Trendarbeit auseinandersetzt (Massimiani et al. 2021a).

1.4.2 Wissenschaftstheoretischer Ansatz und Methodik

Für jede wissenschaftliche Arbeit ist es von Bedeutung, für den wissenschaftlichen Erkenntnisprozess einen Mehrwert zu erreichen, da eine Forschungsarbeit als dynamischer Prozess anzusehen ist, der sich mit anderen wissenschaftlichen Disziplinen auseinandersetzt und deren Abläufe hinterfragt. Im Zusammenhang mit dem Gegenstand der Wissenschaftstheorie fallen die Begriffe Erfahrungsobjekt und Erkenntnisobjekt, die den Fragen „Was wird betrachtet?" und „Warum und wie wird es betrachtet?" Antworten liefern und das Fundament der angewandten und auf die Praxis ausgerichtete Wissenschaft bilden (Töpfer 2012).

Die Wissenschaft setzt sich fortlaufend mit der dreistufigen Erkenntnisperspektive auseinander, die aus Entdeckungs-, Begründungs- und Verwertungszusammenhang besteht, eine allgemeine Struktur schafft und in dieser Arbeit in Anlehnung an Töpfer (2012) sowie Weber und Kabst (2009) Anwendung findet.

Grundsätzlich beschreibt der Entdeckungszusammenhang, die erste Stufe, zum einen den Beweggrund, der zu einem Forschungsprojekt geführt hat und zum anderen das zur Verfügung stehende existierende theoretische Wissen (Weber und Kabst 2009; Töpfer 2012). Basierend auf den im zweiten Kapitel dargelegten definitorischen und inhaltlichen Grundlagen beschreibt das darauffolgende Kapitel die Kritische Bestandsaufnahme zu KEFs mit Innovationsfokus, (Strategischem) Trendmanagement und Vorgehensmodell für Innovationsprozesse und zeigt diesbezüglich den aktuellen Forschungsstand (deduktiver Schritt, Kapitel 3).

Abgeleitet von den theoretischen Erkenntnissen aus Kapitel 3 erfolgt im anschließenden Begründungszusammenhang und somit im Rahmen der zweiten Stufe (Weber und Kabst 2009; Töpfer 2012) einerseits die Darstellung der Forschungslücke sowie die Abgrenzung des Untersuchungsgegenstandes (deskriptiver Schritt, Kapitel 4) und daraus resultierend die Einordnung des abgegrenzten Untersuchungsgegenstandes in Form eines konzeptionellen Bezugsrahmens (deduktiver Schritt, Kapitel 5). Diese Stufe stellt den eigentlichen Forschungsprozess dar, der die Forschungsfragen präzisiert und die methodischen Schritte der empirischen Untersuchung festlegt.

Der abschließende Verwertungszusammenhang bildet mit dem Entdeckungs-
und Begründungszusammenhang den forschungslogischen Ablauf der wissenschaftstheoretischen Erkenntnisperspektive (Weber und Kabst 2009; Töpfer
2012). Im Rahmen dieser Arbeit werden einerseits die literaturbasierten Ergebnisse zu KEFs mit Innovationsfokus aus Kapitel 3 durch Wissen aus der Praxis
mittels Fokusgruppeninterviews qualitativ ergänzt. Anderseits wird durch unab-
hängige Expert*innenwissen der Abgleich zwischen Theorie und Praxis zur
Validierung der Erkenntnisse vorgenommen. Die Expert*inneninterviews tragen
zur Erweiterung der Wissensbasis hinsichtlich StTmgt-Einbettung im Unternehmen und dem Vorgehen bei der Implementierung von StTmgt bei, um
den entwickelten konzeptionellen Bezugsrahmen zu validieren und kritisch zu
diskutieren (induktiver Schritt, Kapitel 6).

Als Folge dieses Vorgehens sowie der verarbeiteten Ergebnisse aus der empirischen Untersuchung (Töpfer 2012) kann im Rahmen der dritten Stufe des Verwer-
tungszusammenhanges das Vorgehensmodell für Handelsunternehmen entwickelt
(deduktiver Schritt, Kapitel 7) werden. Zum Abschluss der dreistufigen Erkenntnisperspektive gilt es die Subforschungsfragen und die Hauptforschungsfrage
dieser Arbeit zu beantworten, sowohl theoretische als auch praktische Implikationen abzuleiten, Limitationen darzulegen sowie zukünftige Forschungsbedarfe zu
erläutern (deskriptiver Schritt, Kapitel 8).

Durch diese Herangehensweise wird einerseits ein bedeutender Beitrag zum
aktuellen Stand der Theoriebildung geleistet sowie die bestehende Wissensbasis erweitert, und andererseits formen die dargelegten Ergebnisse, die aus der
empirischen Untersuchung gewonnen werden, einen neu entwickelten Ansatz und
eröffnen somit Möglichkeiten, wissenschaftliche Erkenntnisse in die praktische
Anwendung im Unternehmenskontext des Handels zu integrieren. Abbildung 1.3
bildet den wissenschaftstheoretischen Ansatz und die methodische Vorgangsweise
dieser Arbeit ab.

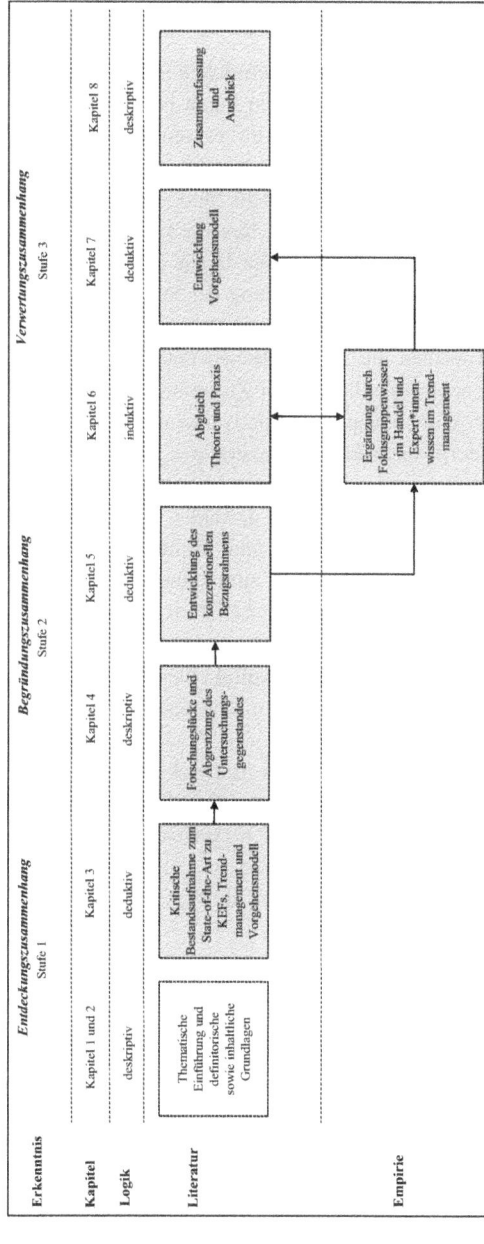

Abbildung 1.3 Wissenschaftstheoretischer Ansatz und Methodik der Dissertation. (Eigene Darstellung in Anlehnung an Biedermann (2018))

1.5   Aufbau der Arbeit

Um das gesetzte Ziel dieser Dissertation zu erreichen, wird die Arbeit in sieben Kapitel gegliedert, die im Einzelnen folgenden Inhalt behandeln:

Zu Beginn beschäftigt sich die Arbeit im **ersten Kapitel** mit einer thematischen Einführung zum Handel, der Bedeutung von Trends und StTmgt sowie der Wichtigkeit eines Vorgehensmodells und somit mit der Verdeutlichung der Themenrelevanz. Die detaillierte Beschreibung der Problemstellung und der wissenschaftlichen Forschungsdefizite leiten das Ziel der Dissertation mit deren Forschungsfragen her. Die Darstellung der Struktur der Arbeit und die methodische Herangehensweise schließen das erste Kapitel.

Im **zweiten Kapitel** werden die definitorischen und inhaltlichen Grundlagen geschaffen sowie Abgrenzungen anhand einer Zusammenführung von Arbeitsdefinitionen erarbeitet, um das notwendige Grundverständnis darzustellen und die Begrifflichkeiten im Unternehmensumfeld einzuordnen und darzustellen.

Das **dritte Kapitel** analysiert den State-of-the-Art zu Trendmanagement, KEFs und Vorgehensmodellen und beschreibt die gewählte Vorgehensweise der systematischen Literaturanalyse nach Denyer und Tranfield (2009). Durch eine kritische Bestandsaufnahme soll Transparenz zum aktuellen Stand der Forschung hinsichtlich Inhalte und Forschungslücken geschaffen sowie kritisch reflektiert werden.

Darauf aufbauend, werden im **vierten Kapitel** einerseits die Problemstellung und die Forschungslücke beschrieben und infolgedessen die Abgrenzung des Untersuchungsgegenstandes dargestellt.

Das **fünfte Kapitel** befasst sich mit der Entwicklung des konzeptionellen Bezugsrahmens. Dafür ist es zunächst notwendig, die einzelnen bestehenden und theoretisch existenten Bezugsrahmen zu Strategischem Management sowie mit Innovationscharakter und -prozesse sowie in Folge zu StTmgt zu analysieren, um so die Anforderungen an den zu entwickelnden Bezugsrahmen zu charakterisieren.

Das **sechste Kapitel** widmet sich den empirischen Untersuchungen, indem zu Beginn Fokusgruppeninterviews mit ausgewählten Unternehmenspartner*innen im Handelskontext durchgeführt und die daraus generierten Erkenntnisse mit der Literatur und den Expert*inneninterviews validiert werden, um in weiterer Folge Erfahrungswissen von Expert*innen zum Untersuchungsrahmen zu gewinnen. Es werden sowohl KEFs, deren Anwendung sowie die Implementierung von StTmgt diskutiert, als auch deren Verankerung im Unternehmen. Dabei gilt es zu untersuchen, ob der entwickelte Bezugsrahmen im fünften Kapitel zu adaptieren ist.

Die daraus erzielten Ergebnisse und Diskussionen bilden die Grundlage für das **siebte Kapitel**, das die Entwicklung des Vorgehensmodells für die Implementierung von StTmgt in Handelsunternehmen abbildet.

Die erzielten Ergebnisse der Arbeit werden im **achten Kapitel** zusammengefasst, das die Beantwortung der Subforschungsfragen sowie der Hauptforschungsfrage und den Ausblick mit den zukünftigen Forschungsbedarfen aus Sicht der Verfasserin beschreibt.

Abbildung 1.4 visualisiert die acht Kapitel der Arbeit sowie deren Subkapitel und führt die kapitelübergreifende Eingliederung zur Beantwortung der Subforschungsfragen und der Hauptforschungsfrage an.

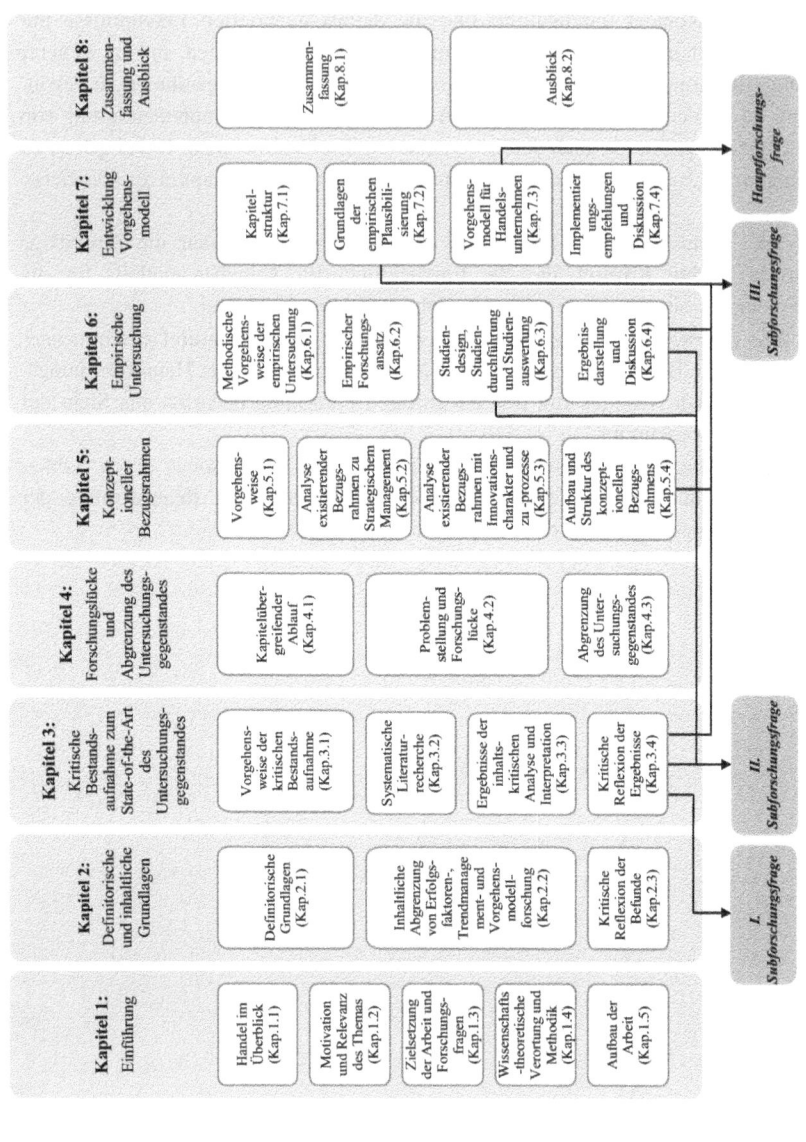

Abbildung 1.4 Aufbau der Dissertation mit Eingliederung der Forschungsfragen

Definitorische und inhaltliche Grundlagen 2

Ziel dieses Kapitels ist es, ein für die Dissertation relevantes Grundverständnis des Forschungsfeldes zu erarbeiten.

Hierbei bilden die definitorischen Grundlagen der Begrifflichkeiten sowie die überblicksmäßige Darstellung der inhaltlichen Abgrenzung des Forschungsfeldes die Grundlage. In Abschnitt 2.1 wird einerseits mittels Auflistung von Autor*innen von jüngeren Publikationen die definitorische Abgrenzung der Begrifflichkeiten und andererseits die Einordnung der Arbeitsdefinitionen im Unternehmensumfeld geschaffen. In Abschnitt 2.2 erfolgt die inhaltliche Grundlagendarstellung von Kritischer Erfolgsfaktoren-, Trendmanagement- und Vorgehensmodellforschung. Das zweite Kapitel wird mit der kritischen Reflexion der Befunde (Abschnitt 2.3) der erarbeiteten Erkenntnisse aus Abschnitt 2.1 und 2.2 abgeschlossen. Abbildung 2.1 stellt die Struktur des Kapitels dar.

Ergänzende Information Die elektronische Version dieses Kapitels enthält Zusatzmaterial, auf das über folgenden Link zugegriffen werden kann https://doi.org/10.1007/978-3-658-46412-7_2.

A. Massimiani, *Kritische Erfolgsfaktoren zur Implementierung von Strategischem Trendmanagement in Handelsunternehmen*, https://doi.org/10.1007/978-3-658-46412-7_2

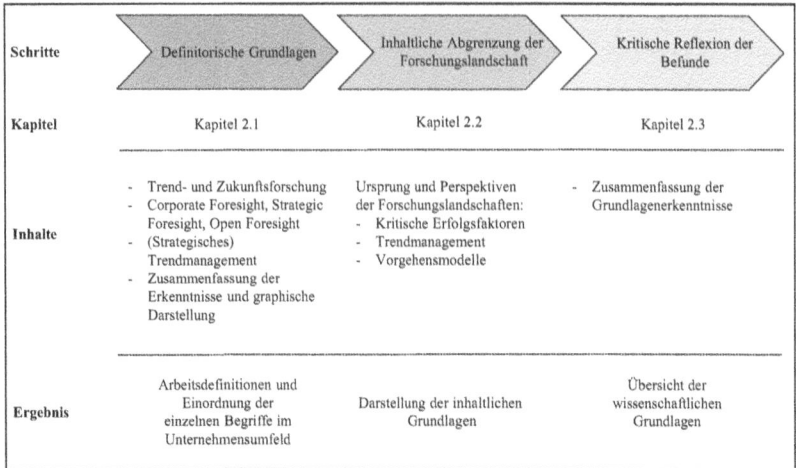

Abbildung 2.1   Struktur der Literaturarbeit

2.1   Definitorische Grundlagen

Basierend zum einen auf dem wissenschaftstheoretischen Ansatz aus
Abschnitt 1.4.2 und den in der Literatur häufig mehrdeutig und synonym verwendeten und mit (Strategischem) Trendmanagement und (Strategischer) Vorausschau
sowie Frühwarnung in Zusammenhang stehenden Begriffe wie Trendforschung
und Zukunftsforschung sowie Corporate Foresight (CF), Strategic Foresight (StF)
und Open Foresight (OF) (Müller 2009; Rohrbeck et al. 2015a; Müller-Friemauth
2019; Möckel et al. 2019) bedürfen diese einer detaillierten Betrachtungsweise
und im ersten Schritt definitorischer Abgrenzungen. Um einen umfassenden Blick
auf die jeweiligen Definitionen und Interpretationen zu erhalten, wird im Zuge der
Literaturarbeit eine systematische Literaturanalyse erstellt, die in den zugehörigen
Daten in Anhang 03, Anhang 04 und Anhang 05 im elektronischen Zusatzmaterial einzusehen sind. Dadurch soll ein Verständnis mittels Auflistung und
Auswertung von Definitionen aus der Literatur und in weiterer Folge mit Bildung
von Arbeitsdefinitionen Klarheit hinsichtlich Einordnung der Begrifflichkeiten
und deren Aufgaben im Unternehmen geschaffen werden.

2.1.1 Trend- und Zukunftsforschung

Die wissenschaftliche Auseinandersetzung sowie die Ursprünge von Trendmanagement gehen auf die Arbeit von Futuristen und Zukunftsforschern zurück (Picot 2000). Diese nutzten eine Vielzahl von Methoden, wie Szenariotechnik und Trendanalyse, um künftige Entwicklungen und Trends, die sich auf die Gesellschaft als Ganzes auswirken könnten, vorherzusehen und zu planen. Als bekannte Autor*innen, die sich mit diesen Methoden und im Zuge dessen mit den Grundlagen der Zukunftsforschung und -gestaltung auseinandersetzten, sind Steinmüller (1997), Grunwald (2009), Popp et al. (2009), Gerhold et al. (2015), Cuhls (2009) und Kreibich (2009) anzuführen.

Das Konzept der schwachen Signale von Ansoff (1975), die in der Gegenwart häufig als Trends erklärt werden und mit denen sich Wissenschaft und Management in den letzten drei Jahrzehnten beschäftigt haben, beschreibt einen der Anfänge im Umgang mit Trends (Groddeck und Schwarz 2013). Dabei wird die Wichtigkeit im Umgang mit Trends vielfach betont, mit ihrer Bedeutung im organisatorischen Kontext im Sinne der strategischen Implikationen wurde sich jedoch noch wenig auseinandergesetzt (Groddeck und Schwarz 2013). Auch Schwarz (2009) unterstreicht die Prägnanz der Auseinandersetzung und das Aufspüren von schwachen Signalen, die einen wertvollen Input für die Zukunftsforschung liefern und verweist auf das Konzept der strategischen Frühaufklärung, das Unternehmen dabei unterstützen soll, Veränderungen in Form von schwachen Signalen bzw. Trends in ihrer Umwelt frühzeitig zu erkennen.

Aufgrund der rasanten Entwicklung von unterschiedlichen Trendarten, die sich zunehmend auf die globale Wertschöpfung auswirken, wird es für Unternehmen zunehmend eine Notwendigkeit, sich mit der Trendforschung auseinanderzusetzen, um einen Überblick zu bewahren (Birkel und Hartmann 2021).

Um ein ausführliches Verständnis zu den Begriffen Trend- und Zukunftsforschung zu erhalten, bieten Tabelle 2.1 und 2.2 einen Überblick über aussagekräftige Definitionen, die zu einem jeweiligen Grundverständnis sowie zu Arbeitsdefinitionen führen.

Nach Betrachtung der obigen Anführungen zum Begriffsverständnis von Trendforschung wird im Rahmen dieser Arbeit die Definition in Anlehnung an Keicher et al. (2022) verwendet:

„Trendforschung bezeichnet die Verdichtung von Informationen aus unterschiedlichen Bereichen im Betrachtungszeitraum von zehn Jahren, um daraus einen Sinnzusammenhang herzustellen und Veränderungsmuster erkennbar zu machen und somit ein orientierungsfähiges Zukunftsbild zu erhalten".

Tabelle 2.1 Definitionen zu Trendforschung in chronologischer Reihenfolge

Autor*innen	Definitionen zu Trendforschung
Müller-Friemauth und Kühn (2017)	Prognosevariante, um die Gegenwart in zukünftige Entwicklungen zu spiegeln und daraus ein Best Case bzw. Worst Case Szenario abzuleiten. Dabei handelt es sich bei den Bestandteilen der Gegenwart um Indikatoren, „Weak Signals" oder auch um Impacts, die als Basis für die Zukunft bedeutsam sind.
Duncker und Schütte (2018)	Beschäftigt sich mit Trenderklärung und deren Beantwortung und dient dazu, Potentiale und Handlungsoptionen im Markt zu identifizieren, auf die Unternehmen ihre strategische Ausrichtung auslegen können.
Heschel (2018)	Alle Maßnahmen, die darauf abzielen, soziale und kulturelle Veränderungen oder Entwicklungen frühzeitig zu erkennen, zu benennen und zu bewerten, wobei sich diese hinsichtlich zeitlicher Ausdehnung und räumlicher Reichweite unterscheiden können.
Redler (2018)	Handelt fachübergreifend und erklärt somit die Entwicklung, Stärke, Darstellungsweise und den Einfluss der Trend aufeinander.
Weissenberger-Eibl und Almeida (2019)	Beschäftigt sich mit der Erkennung und Interpretation sozialer, ökonomischer, technologischer und kultureller Entwicklungen.
Blechschmidt (2020)	Stellt den Ausgangspunkt aller Aktivitäten mit Trends und deren Wechselwirkung mit der Gesellschaft dar und identifiziert Entwicklungen, formiert die erkannten Muster zu Trends, definiert deren Ausprägungen und interpretiert diese. Trendforschung analysiert die Wandlungsprozesse der Gegenwart.

(Fortsetzung)

Tabelle 2.1 (Fortsetzung)

Autor*innen	Definitionen zu Trendforschung
Franken und Franken (2020)	Innovationsmanagement bezieht alle Aktivitäten des Wertschöpfungsprozesses mit ein und beginnt mit Zukunfts- und Trendforschung, die sich mit erkennbaren Umfeldveränderungen auseinandersetzen und als Ausgangspunkt für die Entwicklung einer Innovationsstrategie im Unternehmen gelten. Dafür bedient sie sich unterschiedlicher Verfahren, wie dem Trendmanagement, der Trendanalyse, der Trendradarentwicklung und der Trendportfolioerstellung.
Gehrke und Thilo (2020)	Gilt als Bestandteil von Zukunftsforschung, wobei im wissenschaftlichen Kontext bei zukünftigen Entwicklungen primär der Begriff der Zukunftsforschung verwendet wird. Verfolgt die zentrale Aufgabe der Erkennung, Visualisierung und Diagnostik von Wandlungsprozessen.
Leggewie (2020)	Versucht, den gesellschaftlichen und kulturellen Wandel zu erfassen und potenzielle Richtungen zu identifizieren, wobei auch disruptive Entwicklungen berücksichtigt werden.
Keicher et al. (2022)	Bezeichnet im wissenschaftlichen Kontext die Verdichtung von Informationen aus unterschiedlichen Bereichen und diese in Sinnzusammenhang zu bringen, sodass Veränderungsmuster erkennbar sind. Dabei wird der Betrachtungszeitraum von Trends auf zehn Jahre ausgerichtet, um ein orientierungsfähiges Zukunftsbild zu erhalten.

Um den Begriff der Trendforschung vom Begriff der Zukunftsforschung, der gemäß den Autor*innen Grunwald (2009), Kreibich (2009) und Gerhold et al. (2015) als Wissenschaft mit der Erforschung bestimmter Aspekte der Gegenwart in Verbindung gebracht wird, abgrenzen zu können, gelten die anschließenden in der Literatur vorwiegend angeführten und in Tabelle 2.2 dargestellten Definitionen zur Zukunftsforschung als Grundlage.

Tabelle 2.2 Definitionen zu Zukunftsforschung in chronologischer Reihenfolge

Autor*innen	Definitionen zu Zukunftsforschung
Göpfert und Kersting (2017b)	Ist als Methodenwissenschaft zu sehen und kann erst nach Anwendung ein Ergebnis erzielen. Unternehmen betrachten Zukunftsforschung als strategischen Erfolgsfaktor, da das kontinuierliche Tun mit dieser Methode als Voraussetzung für die aktive Zukunftsgestaltung gilt und als grundlegende Orientierungshilfe dient.
Passing (2017)	Beschäftigt sich mit der Entwicklung und Visualisierung von wissenschaftlich fundierten Zukunftsvorstellungen und -bildern zur Gewinnung von Gestaltungsvorhaben.
Gattringer (2018)	Trendforschung hat bei „seriöser" Durchführung eine hohe Relevanz für die Zukunftsforschung und gilt somit als Fundament für die Auseinandersetzung mit Zukunftsforschung.
Kollosche (2018)	Ist die wissenschaftliche Befassung mit potenziellen, wahrscheinlichen und wünschenswerten Zukunftsentwicklungen und Gestaltungsoptionen, wobei auch die Voraussetzungen in Vergangenheit und Gegenwart Berücksichtigung finden.
Gausemeier et al. (2019)	Befasst sich mit der Erfassung und Antizipation möglicher Zukunftsentwicklungen sowie der Darbietung möglicher Zukünfte und dient dazu, Entscheidungsträger*innen hinsichtlich Entscheidungsfindung zu unterstützen.
Möckel et al. (2019)	Explorativ Anwendung von Zukunftsforschung bedeutet eine langfristige Vorausschau über Zusammenhänge von unbekannten zukünftigen Bereichen zu schaffen.
Göll (2020)	Umfasst die wissenschaftliche Auseinandersetzung mit möglichen, wahrscheinlichen und erwünschten Entwicklungen („Zukünfte") und Gestaltungsmöglichkeiten unter Einbeziehung der zugrunde liegenden Bedingungen in Vergangenheit und Gegenwart.

(Fortsetzung)

Tabelle 2.2 (Fortsetzung)

Autor*innen	Definitionen zu Zukunftsforschung
Kaucher et al. (2021)	Ist die systematische Erkundung der Zukunft und inkludiert in seiner Ansicht noch ein vorausschauendes Verhalten mit ein. Der Begriff unterliegt auch der Annahme, dass es mehrere mögliche Zukünfte gibt, von denen zum Zeitpunkt der Durchführung nicht fixiert werden kann, welche eintreten wird, da diese durch heutiges Tun beeinflusst wird.
Göpfert (2022b)	Bildet die Entwicklung, die praktische Anwendung und die Überwachung von Methoden zur systematischen Analyse langfristiger Veränderungen und Neubildungen unterschiedlichster Realitätsausschnitte ab, in deren Ergebnis alternative und vorzuziehende Zukunftsbilder als Voraussetzung für eine aktive Zukunftsgestaltung entstehen.
Krafft (2022)	Orientiert sich an der positiven Version von Zukunftsdarstellungen, um für die Menschen eine lebenswertere und nachhaltige Welt zu entwickeln.
Schäfer et al. (2022)	Bewusstes systematisches Erzeugen und Verwenden von Zukunftsaussagen, sogenannten Zukunftsbildern, um für das gegenwärtige Handeln und Entscheiden eine Orientierung zu bieten. Zukunftsforschung legt den Fokus auf das Zeigen von Perspektiven und nicht auf das Erstellen von Prognosen, was bedeutet, dass die Erkenntnisse über die Gegenwart als Voraussetzung dienen, um über die Zukunft reden zu können.

Nach Analyse der angeführten Ausführungen zum Begriff Zukunftsforschung wird für diese Arbeit die Definition in Anlehnung an Kaucher et al. (2021) verwendet:

„Unter Zukunftsforschung wird die systematische Erkundung der Zukunft in Kombination mit einem vorausschauenden Verhalten verstanden, um mögliche Zukünfte und Strömungen durch valide Bilder zu visualisieren".

Die Zukunfts- und Trendforschung setzt sich zum Ziel, als Frühwarnung zu fungieren, um Veränderungen im Unternehmensumfeld, welche die Organisation betreffen ehestmöglich vorwegnehmen zu können und so mögliche Chancen bzw. Risiken zu identifizieren, die das Unternehmen bei der strategischen Ausrichtung unterstützen (Kuhn et al. 2014), wobei die Trendforschung als Grundlage für die Auseinandersetzung mit dieser Zukunftsforschung gilt (Gattringer 2018). Die

systematische Anwendung der Methoden der Zukunftsforschung im Unternehmenskontext wird als Foresight – langfristige Vorhersage – bezeichnet, die als
strukturierte Diskussionsform über mögliche Zukünfte identifiziert gilt und auf
die Überleitung auf die begrifflichen Abgrenzungen zu CF, StF und OF hinweist
(Kuhn et al. 2014; Möckel et al. 2019). Diese werden in folgendem Kapitel exem-
plarisch dargestellt und in die Arbeitsdefinitionen von CF, STF und OF dieser
Dissertation münden.

2.1.2 Corporate Foresight, Strategic Foresight und Open Foresight

In den letzten Jahren erschienen eine Fülle von wissenschaftlichen Arbeiten und
Studien, die sich mit dem Front-end of Innovation (FEI) befasst haben. Die Literatur zeigt dabei auf, dass diese FEI-Ansätze keine einheitliche Anleitung zur
strategischen Vorausschau bieten (Pereira et al. 2020). Pereira et al. (2020) gehen
beim FEI davon aus, dass es sich um einen multidisziplinären Bereich handelt, der
eine Anzahl von Aktivitäten umfasst, wie beispielsweise die Ideengenerierung,
Identifikation von Chancen, Machbarkeitsanalyse, umfassende Trendanalyse,
Definition von Unternehmenskonzepten, Kunden- und Wettbewerbsanalyse und
infolgedessen sogar die Entwicklung von neuen Geschäftsmodellen. Eines der
geläufigsten Konzepte der strategischen Frühwarnung und frühzeitigen Detek-
tion von Veränderungen im Front-end of Innovation ist der Ansatz von CF
(Brandtner et al. (2020). Der Ansatz von CF ermöglicht einem Unternehmen,
verändernde Faktoren zu identifizieren, zu beobachten und zu interpretieren,
mögliche unternehmensspezifische Auswirkungen zu bestimmen und daraufhin
angemessene Reaktionen im Unternehmen auszulösen (Schwarz et al. 2020). Eine
der bekanntesten wissenschaftlichen Arbeiten zum CF Ansatz ist die Langzeit-
studie von Rohrbeck und Kum (2018). Bei dieser Studie wurde der Bedarf an
unternehmerischer Vorausschau bewertet und mit dem im jeweiligen Großunternehmen bestehenden Reifegrad von CF Praktiken verglichen. Dabei wurde die
Bereitschaft von CF Anwendung und die Auswirkung auf die wirtschaftliche
Unternehmensleistung gemessen. Zukunftsorientierte Großunternehmen können
durch den Einsatz von CF auf Organisationsebene positive Auswirkungen auf
ihre Unternehmensleistung verzeichnen, wie die Ergebnisse zeigen (Rohrbeck
und Kum 2018).

   Im Zusammenhang mit Front-end of Innovationen fällt auch der Begriff
StF, den es im wissenschaftlichen Kontext seit mehr als 70 Jahren (Ehls
et al. 2022) gibt und als Prozess zu verstehen ist, der dazu dient, künftige

Entwicklungen und Trends, die sich auf ein Unternehmen auswirken können, vorherzusehen und zu planen. Dies beinhaltet das Erfassen und Auswerten von Informationen zu potentiellen Zukunftsszenarien sowie die Verwendung dieser Erkenntnisse als Grundlage für die strategische Entscheidungsfindung (Volkova 2019). Auch Müller-Stewens und Müller (2009) haben sich intensiv mit dem Begriff „Strategic Foresight" auseinandergesetzt und beziehen sich dabei grundsätzlich auf Annahmen und grundlegende Konzeptionen der Trend- und Zukunftsforschung. Müller-Stewens und Müller (2009) verstehen darunter das langfristig vorausschauende Verhalten hinsichtlich Organisationsentscheidungen. Dabei konzentriert sich das Aufgabenfeld von StF auf die Integration in die Unternehmensorganisation, wobei Konzepte, Methoden und Instrumente der Trend- und Zukunftsforschung miteinfließen. Mit diesem Vorgehen unterstützt StF die strategische Entscheidungsfindung im Unternehmen (Müller-Stewens und Müller 2009).

Nach Analyse der Literatur fällt beim Begriff OF auf, dass dieser im Vergleich zu den Begriffen CF und StF ein junger Begriff ist und nur wenige Erkenntnisse hinsichtlich Planung und Umsetzung von OF Prozessen vorliegen (Gattringer 2018). In den letzten Jahren hat der Begriff einen Anstieg zu verzeichnen, obwohl dieser in den Quellen unterschiedlich verwendet wird (Ehls et al. 2022). Aufgrund dieser Erkenntnis gilt der Begriff OF als neues und innovatives Forschungsfeld, welches laut Gattringer (2018) bedeutsam sein wird.

Basierend auf den erläuterten Entwicklungen zu den Foresight-Begrifflichkeiten bieten die folgenden Definitionen der jüngsten wissenschaftlichen Veröffentlichungen eine Übersicht in Tabelle 2.3, Tabelle 2.4 und Tabelle 2.5, die im Anschluss in entsprechende Arbeitsdefinitionen einmünden.

Nach Analyse der angeführten Begriffsverständnisse zu CF sind die genannten Definitionen von Rohrbeck et al. (2015a) und Marinković et al. (2022) als auch der trendbasierte Vorschauansatz mit Datenbanken als Überwachungssystem von Gattringer (2018) auf die Thematik der Dissertation umzulegen:

„Corporate Foresight antizipiert für Unternehmen die Zukunft und ermöglicht auch die flexible Ausrichtung bei Störungen gegenzusteuern. Corporate Foresight kann als die Fähigkeit eines Unternehmens angesehen werden, Veränderungen im Geschäftsumfeld zu interpretieren, die plausible Zukunft auf Grundlage dieser Veränderungen zu skizzieren und zu bewerten und diese Informationen dann zu nutzen, um Wettbewerbsvorteile aufzubauen und aufrechtzuerhalten. Die Anwendung trendbasierte Vorausschau mit der Verwendung von Datenbanken als Überwachungssysteme unterstützt bei der Darstellung".

Tabelle 2.3 Definitionen zu Corporate Foresight in chronologischer Reihenfolge

Autor*innen	Definitionen zu Corporate Foresight
Dadkhah et al. (2018)	Dadkhah et al. (2018) schließen sich der Definition von Højland und Rohrbeck (2018) an und bezeichnen Corporate Foresight als Reihe von Methoden, die die Erkundung neuer Unternehmen unterstützen, indem sie Stimulanzien oder Veränderungsdurchführungsfaktoren identifizieren und die Folgen von Stimulanzien sowohl einzeln als auch kollektiv beschreiben und Initiativen, die geschätzte Entscheidungen ermöglichen und Dienstleistungen, Produkte und Marktbewunderung entwerfen.
Gattringer (2018)	Bezeichnet die Zukunftsforschung im Unternehmen, konzentriert sich auf das Identifizieren von Chancen und Risiken in Bezug auf Märkte, Technologien, wirtschaftliche Umfeld und strategische Ausrichtung im Unternehmen und lässt sich in vier Phasen (experten-basierte, modellbasierte, trendbasierte, kontext-basierte „offene" Vorausschau) gliedern.
Kaivo-oja und Lauraeus (2018)	Foresight befasst sich generell mit der langfristigen Zukunft und nutzt die Aktivität der strategischen Vorausschau, um die Beziehung zwischen Corporate Foresight und Strategieformulierung zu hervorzuheben.
Rohrbeck und Kum (2018)	Dadurch wird es Unternehmen möglich gemacht, Trends vor der Konkurrenz zu erkennen, einen detaillierteren Einblick in die Trendauswirkungen für das Unternehmen zu erhalten, die sicherste Reaktion zu identifizieren und daraus einen Vorteil gegenüber Wettbewerbern zu erhalten.
Wiener und Boer (2019)	Wiener und Boer (2019) schließen sich der Definition von Rohrbeck et al. (2015a) an, indem CF als Prozess der Identifizierung, Beobachtung und Interpretation von Faktoren bezeichnet wird, der Veränderungen induziert sowie mögliche organisationsspezifische Implikationen bestimmt und angemessene organisatorische Reaktionen auslöst.

(Fortsetzung)

Tabelle 2.3 (Fortsetzung)

Autor*innen	Definitionen zu Corporate Foresight
Zeng et al. (2019)	Zeng et al. (2019) schließen sich der Definition von Rohrbeck et al. (2015a) und Slaughter (1997) an, bei der mit CF alle Aktivitäten verstanden werden, welche es ermöglichen Veränderungen frühzeitig zu erkennen, um eine zukunftsorientierte Sicht zu schaffen und zu erhalten und das Denken in verschiedene Zukunftsrichtungen zu fördern.
Gordon et al. (2020)	Gordon et al. (2020) schließen sich der Definition von Rohrbeck et al. (2015a) an, indem CF die Identifizierung, Beobachtung und Interpretation von Faktoren bedeutet, die Veränderungen induzieren, die mögliche organisationsspezifische Implikationen und Auslösung bestimmt und geeignete organisatorische Reaktionen auslöst. CF bezieht mehrere Stakeholder ein und schafft Wert, indem es Zugang zu kritischen Ressourcen vom Wettbewerb bietet, die Organisationen auf Veränderungen vorbereitet und es ihnen ermöglicht, proaktiv in eine gewünschte Zukunft zu steuern.
Liu and Hansen (2022)	Liu and Hansen (2022) schließen sich der Definition von Rohrbeck (2010) an, in dem CF die Fähigkeit hat, jedes strukturelle oder kulturelle Element, welches das Unternehmen in die Lage versetzt, diskontinuierliche Veränderungen frühzeitig zu erkennen, die Konsequenzen für das Unternehmen zu interpretieren und effektive Antworten zu formulieren, um das langfristige Überleben und den Erfolg des Unternehmens zu sichern.

(Fortsetzung)

Tabelle 2.3 (Fortsetzung)

Autor*innen	Definitionen zu Corporate Foresight
Marinković et al. (2022)	Fähigkeit eines Unternehmens um Veränderungen im Geschäftsumfeld zu interpretieren, die plausible Zukunft auf der Grundlager dieser Veränderungen zu skizzieren und zu bewerten und diese Informationen zu nutzen, um Wettbewerbsvorteile aufzubauen und aufrechtzuerhalten (Marinković et al. 2022). Marinković et al. (2022) unterstreicht die Definition von Rohrbeck et al. (2015a), dass Corporate Foresight das Identifizieren, Beobachten und Interpretieren von Faktoren beinhaltet, die Veränderungen induzieren, die Bestimmung möglicher organisationsspezifischer Implikationen und das Auslösen geeigneter organisatorischer Reaktionen hervorruft und auch mehrere Interessengruppen miteinbezieht und somit Wert schafft, indem es Zugang zu kritischen Ressourcen vor dem Wettbewerb bietet, die Organisationen auf Veränderungen vorbereitet und es der Organisationen ermöglicht, proaktiv in eine gewünschte Zukunft zu steuern.

Da sich neben den Begriffsdefinitionen von CF der Begriff StF im wissenschaftlichen Feld rasant weiterentwickelt hat (Coates et al. 2010; Klerx et al. 2018; Müller-Stewens und Müller 2009), bedarf es gemessen an der Zunahme der Veröffentlichungen einer definitorischen Bestimmung, welche Tabelle 2.4 erläutert.

Nach Analyse der genannten Definitionen kann für die gegenständliche Arbeit in Anlehnung an die Beschreibung von den Müller-Pietralla und Uerz (2022) folgende Arbeitsdefinition formuliert werden:

„Strategic Foresight umfasst alle Aktivitäten, die das Ziel verfolgen, strategische Entscheidungsfindungen im Unternehmen durch ganzheitliche Antizipation, Analyse und Interpretation langfristiger gesellschaftlicher, ökonomischer und technologischer Umfeldentwicklung sowie durch die aktive Gestaltung alternativer Zukunftsvorstellungen und -visionen zu unterstützen".

CF und StF verfolgen das Ziel die strategische Ausrichtungen im Unternehmen zu unterstützen (Müller-Stewens und Müller 2009), wobei CF eine dynamische Fähigkeit auf Unternehmensebene darstellt, die Veränderungen im Geschäftsumfeld interpretiert (Fergnani 2022) und StF die sich mit der ganzheitlichen

Tabelle 2.4 Definitionen zu Strategic Foresight in chronologischer Reihenfolge

Autor*innen	Definitionen zu Strategic Foresight
Iden et al. (2017)	Bedeutet die Zukunft zu verstehen und zukunftsorientierte Erkenntnisse auf die strategischen Aktivitäten und Entscheidungen in einer Organisation anzuwenden.
Maertins (2019)	Es geht um die (dynamische) organisatorische Fähigkeit, rechtzeitig strategisch relevante, aber zunächst schwache Signale in der organisationalen Umwelt zu entdecken, zu kommunizieren und zu interpretieren. Basierend darauf werden Reaktionsstrategien abgeleitet und umgesetzt, primär mit dem Ziel die bestehende Strategie zu realisieren.
Pinto und Medina (2020)	Wissensdisziplin, die Untersuchungen von Prozessen, die die Perspektiven der Zukunft strukturieren und bereichern, beinhaltet. Sie bedeutet die Entwicklung strategischer Gespräche, Berücksichtigung der Bedürfnisse zukünftiger Nutzer, Umgang mit Unsicherheit, Förderung eines nachhaltigen kreativen Umgangs mit Zukunftsbildern und Ansichten, Antizipation der Folgen zukünftiger Ereignisse und Förderung den Gedanken den Raum zu geben, sich die Zukunft auszumalen.
Schwarz et al. (2020)	Schwarz et al. (2020) schließen sich der Definition von Gavetti und Menon (2016) an und bezeichnen SF als die Fähigkeit einer strategisch ausgerichteten Person, eine unübertreffliche Handlungsweise zu erkennen und deren Folgen zu erahnen.
van der Laan (2021)	Ist ein beschreibender Begriff, der die enge Beziehung zwischen Strategie und Foresight darlegt und einerseits einen übergreifenden Rahmen zeigt der Foresight und Strategie verbindet und andererseits in der Anwendung einen Prozess darstellt, der einen Beitrag zum strategischen Denken, zur Konzeption und Formulierung leistet.

(Fortsetzung)

Tabelle 2.4 (Fortsetzung)

Autor*innen	Definitionen zu Strategic Foresight
Ehls et al. (2022)	Ist ein Prozess, der dazu dient, künftige Entwicklungen und Trends, die sich auf ein Unternehmen auswirken können, vorherzusehen und zu planen. Entwickelt Perspektiven und Praktiken, um transformative Wandlungen vorwegzunehmen und Vorkehrungen für das Unternehmen zu treffen, diese zu steuern. Durch die Anwendung von Strategic Foresight entwickeln Entscheidungsträger Fähigkeiten, zukünftige Situationen wahrzunehmen und zu bewerten, um alternative Handlungsoptionen und zukünftige Ergebnisse ihrer Entscheidungen besser zu berücksichtigen.
Li und Sullivan (2022)	Alle Definitionen zu Strategic Foresight weisen drei gemeinsame Merkmale auf: die Einbeziehung von Ideen, die Beachtung der Zukunft und die Relevanz für die Diskontinuität des Wandels.
Müller-Pietralla und Uerz (2022)	Umfasst alle Aktivitäten, die das Ziel verfolgen, eine strategische Entscheidung im Unternehmen durch die ganzheitliche Antizipation, Analyse und Interpretation langfristiger gesellschaftlicher, ökonomischer und technologischer Umfeldentwicklung zu finden sowie durch die aktive Gestaltung alternativer Zukunftsvorstellungen und -visionen zu unterstützen.

Antizipation von Umfeldentwicklungen durch aktive Gestaltung von Zukunftsvorstellungen auseinandersetzt und mit den Methoden der Zukunftsforschung mit denen des Strategischen Managements verschmelzt (Slaughter 1997).

Neben den Begriffen Corporate- und Strategic-Foresight gilt der Begriff OF als eine Weiterentwicklung des Foresight-Verständnisses und betont, dass die systematische Erkundung der Zukunft über die Unternehmensgrenzen hinweg stattfindet, um zukunftsrelevantes Wissen von außen zu integrieren (Gattringer 2018; Wiener et al. 2020; Daheim und Uerz 2008; Daheim et al. 2013).

Um zwischen den Foresight Begriffen zu unterscheiden und diese auch im Unternehmenskontext einzugliedern, werden die jüngst erschienen Definitionen zum Begriff OF in Tabelle 2.5 aufgelistet.

Tabelle 2.5 Definitionen zu Open Foresight in chronologischer Reihenfolge

Autor*innen	Definitionen zu Open Foresight
Gattringer et al. (2017)	Open Foresight kommt dem kollaborativen Foresight gleich, dass einen gemeinsamen Diskussions- und Analyseprozess verschiedener Unternehmen in Bezug auf zukünftige Richtungsweiser in bestimmten Suchfeldern bedeutet. Durch dieses Vorgehen ist es möglich, Ressourcen und fachliches Knowhow zu teilen, ein Mehr an qualitativ hochwertigen Daten zu sammeln und zusätzliche Perspektiven aus unterschiedlichen Hintergründen zu berücksichtigen.
Gattringer (2018)	Open Foresight ermöglicht über die Unternehmensgrenzen hinweg zu agieren und somit Analysen und mögliche zukünftige Entwicklungen mit anderen Unternehmen zu bewerkstelligen.
Wiener et al. (2018)	Bedeutet ein Diskussions- und Analyseprozess einiger Organisationen über zukünftige Entwicklungen in spezifischen Suchfeldern, die für die beteiligten Organisationen relevant sind und in dem Fragen zukünftiger individueller Strategie- und Innovationsoptionen gemeinsam betrachtet werden.
Wiener (2018a)	Ist eine Möglichkeit, die Anzahl der Akteure, die Datenmenge und die Qualität des Outputs für eine zukunftsorientierte Entscheidungsfindung zu erweitern (Wiener 2018b) und stellte eine Weiterentwicklung des Corporate Foresight Ansatzes dar.
Wiener und Boer (2019)	Wiener und Boer (2019) schließen sich der Definition von Gattringer et al. (2017) an und bezeichnen OF als einen Diskussions- und Analyseprozess einiger Organisationen über zukünftige Entwicklungen, die für die teilnehmenden Organisationen relevant sind und bei denen Fragen im Zusammenhang mit künftigen individuellen Strategien- und Innovationsoptionen gemeinsam betrachtet werden.

(Fortsetzung)

Tabelle 2.5 (Fortsetzung)

Autor*innen	Definitionen zu Open Foresight
Kim und Son (2022)	Beschreibt eine Kombination der Konzepte der Corporate Foresight mit der Forschung zu Open und User Innovation. Die Idee von Open Foresight ist die Bildung von kollektiver Intelligenz, die auf partizipativer Struktur und der daraus entwickelten Szenarien und Vorhersagen fußt.
Laurell und Sandström (2022)	Aktivitäten, die verteilte Informationsquellen nützen, um das zukünftige Geschäftsfeld eines Unternehmens zu antizipieren und die strategische Entscheidungsfindung einer Organisation zu unterstützen.

Zusammenfassend lässt sich feststellen, dass die Definitionen von Wiener et al. (2018) und Laurell und Sandström (2022) die grundlegende Beschreibung der Begrifflichkeit von OF abbildet und in kombinierter Darstellung als Arbeitsdefinition dieser Arbeit gesehen wird:

„Open Foresight ist ein Analyse- und Diskussionsprozess über zukünftige Entwicklungen in spezifischen Suchfeldern mittels Nutzung verteilter Informationsquellen, die für die beteiligten Organisationen relevant sind, um zukünftige Strategie- und Innovationsoptionen gemeinsam zu antizipieren und strategische Entscheidungsfindungen zu unterstützen".

Um die für diese Dissertation notwendigen definitorischen Grundlagen zu finalisieren und StTmgt in die vorweg erläuterten Arbeitsdefinitionen im Unternehmenskontext einzuordnen, veranschaulicht Abschnitt 2.1.3 die diesbezüglichen und in der Literatur häufig erwähnten Definitionen in Abfolge.

2.1.3 Trendmanagement und Strategisches Trendmanagement

Der Begriff des (Strategischen) Trendmanagements hat im Gegensatz zu CF und StF jedoch bis dato noch keinen breiten Raum in der wissenschaftlichen Literatur eingenommen (Durst C. et al. 2017). Jüngste Entwicklungen in der Wissenschaft lassen jedoch darauf schließen, dass der Ansatz von Trendmanagement mehr an Relevanz gewinnt (Blechschmidt 2020; Gracht und Kisgen 2022).

In erster Linie ist ein wegweisendes Verständnis von (Strategischem) Trendmanagement herzustellen. Dafür bedarf es einer Auflistung der in der Literatur gefilterten Definitionen, die in Tabelle 2.6 aufgeschlüsselt dargestellt und abschließend in Arbeitsdefinitionen zusammengefasst werden.

Unter Berücksichtigung der vorausgehenden Auflistungen an Definitionen, wird im Rahmen dieser Arbeit Trendmanagement in Anlehnung an Blechschmidt (2020) sowie StTmgt in Anlehnung an Durst M. et al. (2010), Bodemann et al. (2021b) und Gracht und Kisgen (2022) wie folgt definiert:

„Trendmanagement umfasst die Recherche sowie die Analyse als auch die unternehmensspezifische Interpretation von Trendinformationen, verbunden mit dem gezielten Anstoßen von Veränderungen".

„Strategisches Trendmanagement ist Bestandteil des Innovationsmanagements und Teil des Innovationsprozesses und nimmt in Unternehmen die Aufgabe wahr, unternehmensspezifisch bedeutsame Trends zu erkennen, diese strukturiert darzustellen und zu bewerten, um aus den gewonnenen Erkenntnissen geeignete strategische Maßnahmen umzusetzen, die zum individuellen Unternehmenserfolg beitragen".

Die in den Abschnitten 2.1.1 bis 2.1.3 angeführten Aufzählungen geben einen Überblick über aussagekräftige Definitionen zu den jeweiligen Begriffen. Die daraus abgeleiteten sowie formulierten Arbeitsdefinitionen werden nun im Folgekapitel zusammengefasst und im Unternehmenskontext voneinander abgegrenzt visualisiert.

Tabelle 2.6 Definitionen zu Trendmanagement und Strategischem Trendmanagement in chronologischer Reihenfolge

Autor*innen	Definitionen zu (Strategischem) Trendmanagement
Buck et al. (1998)	Gilt als verbindendes Element zwischen den unmittelbar wirksamen und den visionären Vorhaben im Unternehmen. Trendmanagement stellt sich als umfassende Managementaufgabe dar, dient der strategischen Früherkennung von Trends auf taktischer Ebene und ist für ein systematisches Vorgehen einerseits bei der Identifikation von Veränderungen und andererseits bei der Einschätzung des Einflusses auf das Unternehmen erforderlich. Trendmanagement wird, welche unerwartete Umfeldveränderungen des Unternehmens bearbeitet, der strategischen Planung, welche die generelle Ausrichtung eines Unternehmens als Aufgabe verfolgt, gleichgestellt. Trendmanagement gilt als informationszentrierter Ansatz, welcher mittels Datenbank-Konzepte die Recherche und Verwaltung von Informationen unterstützt und somit relevanten Entwicklungen visualisiert.
Kjaer (2014)	Ist ein vielschichtiger und kollektiver Austausch von Ideen und bedarf einer achtsamen Betrachtungsweise um Systeme, Annahmen und Prozesse kritisch zu überdenken, um infolgedessen einen strategischen Ausblick zu bekommen.
Durst und Durst (2016)	Bedeutet das Scannen des Umfelds, die Gewinnung von Marktkenntnis und die Analyse von Patenten und wird dem Scanning, welches die Marktforschung, Technologiescanning und Patentscanning betrifft, nachgereiht. Das Trendmanagement ist dem Ideenmanagements vorgereiht, welches in das integrierte Roadmapping, mündet. Im integrierten Roadmapping findet die strategische Ausrichtung von beispielsweise von den Produkt- und Technologieentwicklungen als auch die Koordination aller Aktivitäten in der Portfoliostrategie statt.
Armutat (2018)	In Anlehnung an die Deutsche Gesellschaft für Personalführung (2012) besteht Trendmanagement aus Prozessschritten wie der systematischen Umfeldanalyse, der Trendidentifikation, der der unternehmensspezifischen Trendbewertung und der Umsetzung in die Unternehmenspraxis.
Lettau et al. (2018)	Für Trendmanagement spielt das Innovationsmanagement als übergreifender Prozess eine bedeutsame Rolle, da die vor- und nachgelagerten Managementprozesse wie sowohl das Trendmanagement bzw. die Suchfeldbestimmung als auch die Ideenrealisierung mit dem Ideenmanagement integrativ verknüpft sind. Das bedeutet, dass zuerst Suchfelder mittels systematischen Trendmanagements definiert werden müssen.

(Fortsetzung)

Tabelle 2.6 (Fortsetzung)

Autor*innen	Definitionen zu (Strategischem) Trendmanagement
Siebe (2018)	Wird als Teilprozess des Frühaufklärungsprozesses nach Fink und Siebe (2006) eingereiht.
Wiser et al. (2019)	Ist neben der Beobachtung der Wettbewerber und das Netzwerken mit Kunden und Konkurrenten, das Scannen des Unternehmensumfeldes für die Schaffung einer breiten Wissensbasis verantwortlich. Trendmanagement beinhaltet das strukturierte Dokumentieren von Trendwissen, da es sonst nicht möglich ist, Trendinformationen zu speichern, zu aktualisieren und für das Innovationsmanagement bereitzustellen.
Blechschmidt (2020)	Beinhaltet die Erforschung, Analyse und individuelle Auslegung von Trendinformationen im Unternehmenskontext, verbunden mit gezielten Maßnahmen zur Initiierung von Veränderungen.
Birkel und Hartmann (2021)	Trendmanagement und die Prozesse des Trendmanagements, wie die Trendanalyse, verfolg das Ziel, Trends und die daraus abzuleitenden Aktivitäten für das Unternehmen zu identifizieren. Das bedeutet im Gegensatz zur Trendforschung, die einen isolierten Umgang mit Trends verfolgt, dass Trendmanagement einen ganzheitlichen Umgang mit Trends als Prozess in einem Unternehmen versteht.
Bodemann et al. (2021b)	Die Entstehung von Innovationen ist durch systematisches Innovationsmanagement möglich. In das systematische Innovationsmanagement reiht sich Trendmanagement, neben Ideenmanagement, Innovationsprozesse und Kreativitätsworkshops unter den strukturierenden Elementen ein.
Gracht und Kisgen (2022)	Es handelt sich bei Trendmanagement um systematisches/gezieltes Zukunftsmanagement, das einen strukturierten Trendmanagementprozess verfolgt und sechs Schritte – Trendidentifikation, Trendbewertung, Trendanalyse, Trendverknüpfung, Trendreporting und Trendmonitoring – umfasst. Trendmanagement wird für Unternehmen immer bedeutender, da sich in dieser Zeit die Gegenwart und Zukunft schneller verändern und somit eine frühzeitige Trenderkennung und vor allem die konkrete Einschätzung entscheidend für den Erfolg eines Unternehmens sind.

2.1.4 Begriffliche Einordnung der Erkenntnisse

Anhand eines morphologischen Kasten, der in Anlehnung an Kaufmann (2021) entwickelt, in den zugehörigen Daten in Anhang 06 im elektronischen Zusatzmaterial einsehbar sind, und dargestellt wird, können die abgeleiteten Arbeitsdefinitionen nach Merkmale inhaltlich abgegrenzt und in Kategorien verbal eingeteilt sowie graphisch dargestellt werden.

Dies stellt eine bewährte analytische Methode dar, um eine systemische Form von Ordnung in die Vielzahl von Begriffsdefinitionen die in der Literatur rund um Trend- und Zukunftsforschung, Corporate Foresight, Strategic Foresight, Open Foresight und Strategisches Trendmanagement angesiedelt werden, zu bringen (Kaufmann 2021). Diese Kreativitätsmethode ermöglicht die systematische Analyse komplexer Aufgabenstellungen (Kaufmann 2021) und in diesem Sinne die Begriffsdefinitionen, die in den Abschnitten 2.1.1, 2.1.2 und 2.1.3 extrahiert werden konnten, den relevanten unterscheidenden Merkmalen zuzuordnen und in Kategorien – Erklärung, Ausrichtung, Wechselbeziehungen, Methode, Haltung zur Zukunft, Zeitdimension, Betrachtungsfokus, Charakteristik, Anwendungsbereich, Relevanz und Wirksamkeit – einzuteilen. Durch die strukturierte Aufschlüsselung ist es möglich, das Wechselspiel der Begrifflichkeiten aus einer unternehmerischen Perspektive zu verstehen und in Abbildung 2.2 graphisch zu präsentieren. Diese Illustration zeigt die Einordnung der Begriffe aus Unternehmenssicht und welche Bereiche des Unternehmens sich mit welcher Art von Foresight Prozessen auseinandersetzen. Ersichtlich ist hierbei, dass Strategisches Trendmanagement ein Unternehmen von Beginn an, sobald es sich mit Trends auseinandersetzt, bis zum Ende, im Sinne der Implementierung von Trends im Unternehmen, begleitet. Dabei durchläuft Strategisches Trendmanagement alle genannten Begriffe, wenn das jeweilige Unternehmen den Entschluss fasst, sich sowohl mit Trend- und Zukunftsforschung als auch mit Foresight Prozessen auseinanderzusetzen.

In Anlehnung an Durst M. et al. (2010) und Blechschmidt (2020) wird StTmgt als „Bestandteil des Innovationsmanagements und als Teil des Innovationsprozesses" verstanden, welches im Unternehmen die Aufgabe wahrnimmt, unternehmensspezifisch bedeutsame Trends zu erkennen, diese strukturiert darzustellen und zu bewerten, um aus den gewonnenen Erkenntnissen geeignete strategische Maßnahmen umzusetzen, die zum individuellen Unternehmenserfolg beitragen.

Damit StTmgt, welches eine strukturierte Vorgehensweise bei der Auseinandersetzung mit unternehmensspezifisch identifizierten Trends vorsieht, in Unternehmen implementiert werden kann, gilt es sich mit KEFs auseinanderzusetzen, die für die Entscheidungsträger im Unternehmen als Orientierungshilfe gelten. Diese stellen wesentliche Schlüsselgrößen dar, die bei der Einführung von Prozessen, wie dem Prozess des StTmgt, und bei der Erreichung der Gesamtziele im Unternehmen eine zentrale Bedeutung zukommt (Raps 2017).

Basierend auf diesen Ergebnissen widmet sich das Folgekapitel der Erläuterung der inhaltlichen Grundlagen, um den Untersuchungsgegenstand dieser Dissertation abzustecken.

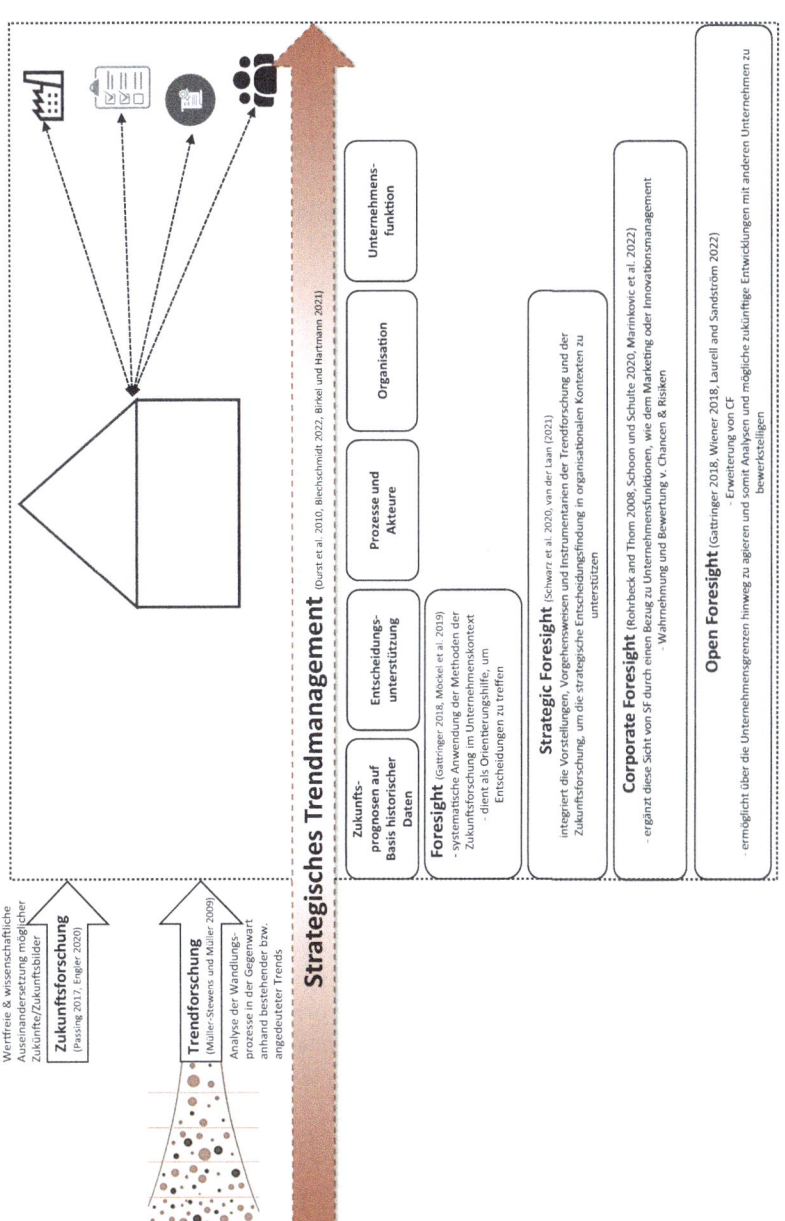

Abbildung 2.2 Begriffliche Einordnung (Eigene Darstellung in Anlehnung an Rohrbeck und Thom (2008), Granig et al. 2016 und Gattringer 2018))

2.2 Inhaltliche Abgrenzung von Erfolgsfaktoren-, Trendmanagement- und Vorgehensmodellforschung

2.2.1 Kritische Erfolgsfaktorenforschung

Die Erfolgsfaktorenforschung wird in der betriebswirtschaftlichen Forschung schon seit geraumer Zeit diskutiert. Studien wie zu Organisationsforschung, Entscheidungsforschung, Personalführungsforschung und auch die Marketingwissenschaft beschäftigten sich schon seit 1975 mit dieser Art von Erfolgsuntersuchungen (Fritz 1993). Bullen und Rockart (1981, S. 7) haben folgende Definition veröffentlicht: *"CSFs are the limited number of areas in which satisfactory results will ensure successful competitive performance for the individual, department or organization. CSFs are the few key areas where „things must go right" for the business to flourish and for the manager's goals to be attained."* Gemäß dieser Definition werden jene Faktoren als KEFs bezeichnet, die darüber entscheiden, ob ein Unternehmen erfolgreich oder erfolglos ist. Den Ausgangspunkt für die Erfolgsfaktorenforschung mit Innovationsfokus bildet der Forschungsbericht „Why new products fail", der im Jahr 1964 durch das U.S. National Industrial Conference Board publiziert wurde (Moroi und Sato 1975). Bis zum Jahr 2002 wurden mehr als 300 Studien mit Innovationserfolgsforschung in wissenschaftlichen Zeitschriften veröffentlicht, wobei der Fokus auf Misserfolgsfaktorenstudien abzielte, also warum die Einführung neuer Produkte erfolglos blieb (Cooper 1999).

Die Studie von General Electric „Profit Impact of Marketing Strategies", die unterschiedliche Geschäftsbereiche des Konzerns vergleicht, startete in den 1960er Jahren. Im Rahmen dieser Studie wurden die Unternehmensdaten von mehr als 300 Unternehmen mit rund 3.000 strategischen Geschäftseinheiten systematisch erfasst und verglichen. In dieser Studie sind mehr als 50 verschiedene interne und externe Erfolgsfaktoren erkannt und dokumentiert worden.

Die Forschung rund um die Erfolgsfaktoren gewinnt seit den 1980er Jahren sowohl im wissenschaftlichen als auch im praxisbezogenen Kontext sukzessive an Bekanntheit (Haenecke und Forsmann 2006; Sontag 2012). Anfänglich konzentrierten sich die Analysen auf branchenübergreifende Studien, später standen auch branchenspezifische Studien im Fokus. Die aus den Studien erzielten Erkenntnisse zeigten, dass die Erfolgsfaktorenforschung im Besonderen innerhalb des Strategischen Managements bedeutend war (Rese und Baier 2011; Haenecke und Forsmann 2006; Sontag 2012).

Um zukünftig als Unternehmen wettbewerbsfähig zu bleiben, wird es immer bedeutender, proaktiv und innovativ auf zunehmend komplexere Umgebungen zu agieren (Rese und Baier 2011). Das ist auch der Grund, warum es für das betriebliche Handeln essentiell ist, jene Variablen zu identifizieren und empirisch zu ermitteln, die über den Unternehmenserfolg bzw. Misserfolg entscheiden (Fritz 1993; Rese und Baier 2011). Jene Variablen, die als Erfolgsfaktoren bezeichnet werden und einen maßgeblichen Beitrag sowohl positiver als auch negativer Art für das Unternehmen liefern (Haenecke und Forsmann 2006), können durch das Unternehmen selbst, wie auch durch dessen Umwelt bestimmt sein (Fritz 1993; Hildebrandt 1992).

Einige konkrete Forschungsansätze, die im Rahmen der Erfolgsfaktoren verfolgt werden, unterscheiden sich nach den Aspekten wie grundlegendes Forschungsdesign, Operationalisierung des Unternehmenserfolgs, faktische vs. subjektiv wahrgenommene Erfolgsfaktoren, Repräsentativität und Datenerhebungs- und Datenanalyseverfahren. Beim letztgenannten Forschungsansatz, der in dieser Arbeit Anwendung findet, werden zum einen primärstatistische zum anderen sekundärstatistische als auch Kombinationsformen dieser Forschung durchgeführt (Fritz 1993). Hierbei kommen bei der direkten Erfolgsfaktorenermittlung Expert*inninteviews und bei der indirekten Erfolgsfaktorenermittlung qualitativ-explorative, quantitativ-explorative und quantitativ-konfirmatorische Methoden zur Anwendung (Haenecke und Forsmann 2006). Diese Untersuchungsmethode der Datenerhebungs- und Datenanalyseverfahren, wurde auch bei den weiteren Forschungsbemühungen verfolgt, die besagten, dass die wesentlich langfristig gültigen und gestaltbaren Einflussgrößen, die Auswirkungen auf den Unternehmenserfolg haben, empirisch zu ermitteln sind (Fritz 1993).

Zu dem sukzessiv steigenden Interesse an der Erfolgsfaktorenforschung wuchs parallel auch die Kritik an dieser Art von Forschung. Vor allem die in dieser Zeit erarbeiteten Metaanalysen, die keine identischen Ergebnisse erzielten, wiesen deutliche Mängel sowohl im wissenschaftlichen als auch im praxisbezogenen Kontext bezüglich Operationalisierung, Theorienvielfalt, methodischer Schwächen, selbstzerstörerischer Effekte, Kausalität und Zweifel an der Allgemeingültigkeit, auf (Sontag 2012).

Obwohl die Erfolgsfaktorenforschung einerseits hinsichtlich mangelhafter Messbarkeit der kausalen Zusammenhänge und deren Auswirkungen auf die betriebswirtschaftlichen Kennzahlen im Unternehmen (Biedermann 2018) und andererseits mangelnder Anwendbarkeit der erzielten Erkenntnisse in die Praxis (Sontag 2012) kritisiert wird, gilt diese Forschungsart als sehr nützliche Methode, um Faktoren zu filtern, die sich positiv auf den Innovationserfolg des Unternehmens auswirken. Gerade in Zeiten, die von unsicheren, volatilen, komplexen und ambivalenten Umweltbedingungen geprägt ist, sollten sich Unternehmen die Frage stellen, welche Erfolgsfaktoren sie bei der Einführung von erfolgreichem

Innovationsmanagement, wie es der Prozess des Trendmanagements darstellt, unterstützen beziehungsweise ob es sogar ein „Erfolgsrezept" dafür gibt (Gaubinger 2021). Somit kann die Identifizierung von Schlüsselfaktoren, für Merkmale, wie die Beschreibung von Einzelerfolgen bestimmter Maßnahmen, die generelle und zeitunabhängige Gültigkeit und die Darstellung von spezifischen Handlungsempfehlungen, als charakteristisch gelten und als notwendiger Beweggrund zur Verwirklichung der strategischen Ziele des Unternehmens angesehen werden (Sterrer 2014; Raps 2017).

Damit dies gelingt, werden in dieser Arbeit Sekundärforschung und in weiterer Folge Primärforschung (im sechsten Kapitel) angewendet, um KEFs zu identifizieren, die als zukünftige Orientierungshilfe bei der Implementierung von StTmgt für Unternehmen und deren Entscheidungsträger dienen sollen.

2.2.2 Trendmanagementforschung

Die Zukunftsforschung und die Innovationsforschung stellen beide gleichsam Ursprünge des Trendmanagements dar, verfolgen eine lange Tradition und sind auf die Autoren*innen Schumpeter (1961) und Flechtheim (1970) zurückzuführen (Zweck 2014). Dabei haben die Autor*innen herausgefunden, dass diese beiden Forschungsinhalte zwar Überschneidungen aufweisen, aber generell unterschiedliche wissenschaftliche Grundlagen verfolgen (Zweck 2014). Die Autor*innen Durst C. et al. (2017), Fink und Siebe (2011) und Buck et al. (1998) stellen neben der Sichtweise als Teil des Innovationsprozesses Trendmanagement als komplexe Managementaufgabe dar, die für die strategische Früherkennung auf taktischer Ebene, ein systematisches Vorgehen bei der Identifizierung von Veränderungen und die Einflusseinschätzung auf das Unternehmen erforderlich ist.

Abbildung 1.2 in Abschnitt 1.4.1 „Wissenschaftstheoretischer Einordung" zeigt, dass StTmgt Teil des Innovationsprozesses ist und somit als integraler Bestandteil des Strategischen Managements wesentlich für Unternehmen ist, da es sich mit Trendanalysen im Sinne von systematischen Trendidentifikation, -bewertung und -überwachung auseinandersetzt, um die Erkenntnisse daraus in die strategischen Überlegungen und Entscheidungen eines Unternehmens einfließen zu lassen (Blechschmidt 2020). Das Ziel besteht darin, langfristige Wettbewerbsvorteile zu erlangen und Risiken frühzeitig zu erkennen und zu minimieren, indem Trendinformationen genutzt werden. StTmgt kann somit auch eine wichtige Rolle bei der Gestaltung von Innovationsprozessen spielen und Unternehmen dabei unterstützen, aktuelle Herausforderungen erfolgreich zu meistern und ihre Zukunftsaussichten zu verbessern (Durst M. et al. 2010; Blechschmidt 2020).

Vor dem Hintergrund, dass sich Märkte immer schneller und auch Produkte immer differenzierter entwickeln, ist es für Unternehmen, die zukünftig erfolgreich sein wollen, bedeutend, sich mit dem Thema „Trends" auseinanderzusetzen. Vor allem die proaktive Auseinandersetzung mit Trends weist darauf hin, dass es für Unternehmen unerlässlich ist, sich mit Trendmanagement und in weiterer Folge mit StTmgt zu befassen (Buck et al. 1998). Unternehmen, die sich mit Trendmanagement beschäftigen, führen eine systematische Suche nach schwachen Signalen im Unternehmensumfeld durch, analysieren und dokumentieren die Informationen und wandeln diese in unternehmensinterne Szenarien um (Fink und Siebe 2008).

Duncker und Schütte (2017) heben die Wichtigkeit im Umgang mit Trends heraus, da diese aktuelle und zukünftige Entwicklungen abbilden und als zentrale Erfolgs- und Einflussfaktoren im Innovationsmanagement gelten. Um signifikante Wettbewerbsvorteile im Umgang mit Trends zu erzielen, ist es notwendig die Kundenbedürfnisse zu identifizieren. Die daraus erzielte Erkenntnis ermöglicht es Unternehmen, ihre Strategie auf das Morgen auszurichten. Ein erweitertes Modell für trendbasiertes Innovationsmanagement von Duncker und Schütte (2017, 2018) weist auf das holistische Innovationsmodell hin. Dieses Modell fokussiert auf das ganzheitliche Innovationsmanagementkonzept und verdeutlicht den jeweiligen Handlungsbedarf in den einzelnen Stufen (Vision, Wachstumsstoßrichtung, Business Idee und Case, Serienproduktion und Markteinführung und Produktpflege) und Ebenen (normative, strategische und operative) im Unternehmen, die zur Entwicklung einer Innovationsstrategie beitragen.

Einen Beitrag zum Innovationsmanagement leistet die Trendforschung darüber hinaus im Sinne von frühzeitigem Erkennen wesentlicher Entwicklungen im Unternehmens-, Markt- und Branchenumfeld. Nach Identifikation der relevanten Trends sind deren Chancen und Risiken gegenüberzustellen. Für Duncker und Schütte (2018) gilt das kontinuierliche Scannen und Monitoren von Trends in Abgleich mit den Kundenbedürfnissen als wesentlicher Erfolgsfaktor für die Unternehmensstrategie, um zu gewährleisten, dass keine zukünftigen Entwicklungen übersehen werden.

Der Trendmanagementansatz zielt darauf ab, aktuelle und zukünftige Trends in einer spezifischen Branche oder in einem bestimmten Markt zu verfolgen und zu untersuchen. Es dient dazu, Unternehmen frühzeitig über wichtige Ereignisse und Veränderungen in ihrem Tätigkeitsbereich zu informieren, sich darauf vorzubereiten und gegebenenfalls zu reagieren. Trendmanagement kann bei der Entwicklung neuer Produkte, Geschäftsmodelle oder Marketingstrategien eine wichtige Rolle spielen. Somit kann Trendmanagement als prozesshaftes Vorgehen beschrieben werden, mit dem Unternehmen Trends und Entwicklungen aller Art möglichst frühzeitig erkennen, die sowohl Chancen als auch Risiken bewerten und konkrete Handlungsempfehlungen ableiten können (Durst M. et al. 2010).

Um Entwicklungen konsequent vorherzusehen und in der Gegenwart fundierte Entscheidungen über die mögliche Zukunft treffen zu können, ist es für Unternehmen von Vorteil, über ein Trendmanagementsystem (Blechschmidt 2020) zu verfügen. Erst dadurch besteht die Möglichkeit, die Komplexität der Vielfalt der Informationen zu bewältigen. Trendanalysen und die Bildung von Szenarien sind Teil des Trendmanagementprozesses und bilden Modelle ab, die für zukünftige Geschäftsstrategien anwendbar sind (Kjaer 2014; Blechschmidt 2020). In seiner einfachsten Form überblickt Trendmanagement die Identifikation von spezifischen Veränderungen, deren Bewertung und Dokumentation und berücksichtigt die allgemeine Richtung, in die sich die Gesellschaft bewegt (Kjaer 2014; Blechschmidt 2020).

Das übergeordnete Ziel von Trendmanagement ist es, Unternehmen ganzheitlich zu betrachten, indem die aktuelle Position und die zukünftigen Entscheidungen des Unternehmens in einem gesamtgesellschaftlichen Kontext bewertet werden (Kjaer 2014; Durst C. et al. 2017; Blechschmidt 2020).

Die Initialisierung eines Trendmanagements unterstützt laut Siebe et al. (2018a) Unternehmen bei der Vorausschau und erweitert ihr Zukunftswissen über die Unternehmensgrenzen hinaus. Der Fokus liegt darauf, vom Unternehmen aus in die Zukunft zu blicken und externe Entwicklungen im Auge zu behalten (Blechschmidt 2020).

Dabei werden die Entwicklungen des wirtschaftlichen Umfelds analysiert und auf die individuelle Situation des Unternehmens umgelegt. Das heißt, dass Unternehmen, die sich mit Trendmanagement auseinandersetzen, zukünftige Entwicklungen und Herausforderungen mit unternehmerischen Entscheidungen verbinden.

2.2.3   Vorgehensmodellforschung

Die wissenschaftliche Auseinandersetzung mit Vorgehensmodellen zeigt, dass diese sowohl in der Praxis als auch im Forschungsbereich einen zentralen Bestandteil im Innovationsmanagement darstellen, die dafür sorgen, unternehmensinterne Prozesse standardisiert durchzuführen und eine strukturierte Herangehensweise zu bieten, die den gesamten Ablauf in Phasen und Handlungsschritte transparent unterteilt (Verworn und Herstatt 2000).

In der Literatur lässt sich feststellen, dass die Forschung zu Vorgehensmodellen für Innovationsprozesse weit zurückreicht und eine Vielzahl unterschiedlicher

Modellentwicklungen und -anwendungen umfasst. Hierbei werden unter anderem die Arbeiten von Grochla (1982), Cooper (1983), Brockhoff (1999), Vahs und Burmester (2002) und Schmidt (2003) genannt.

Die Wettbewerbsfähigkeit von Unternehmen ist abhängig von dessen Innovationskraft, welche Ideen unternehmensintern sowie -extern aufgegriffen und in marktfähige Innovationen umgesetzt werden (Feldmann et al. 2019). Um dieses Resultat zu erreichen, ist ein gezieltes Innovationsmanagement unerlässlich, das alle organisatorischen Ebenen von der Strategie bis über die Prozess- und Organisationsstruktur bis hin zur Kultur miteinbindet und gleichzeitig die Steuerung, Planung, Durchführung sowie Kontrolle von Innovationen transparent gestaltet (Feldmann et al. 2019). Um diese Zusammenhänge miteinander zu kombinieren, ist ein passendes Vorgehensmodell erforderlich, das einen Leitfaden für eine systematische Vorgehensweise hinsichtlich unternehmensinterner Kompetenzentwicklung und -optimierung darstellt (Feldmann et al. 2019).

Du Preez und Louw (2008) vertreten die Meinung, dass Unternehmen die Wichtigkeit im Umgang und in der Bedeutung von Innovationen und innovativen Ideen erkannt haben, jedoch aufgrund fehlender Steuerung von Innovationsprozessen oftmals kein Wettbewerbsvorteil generiert werden kann.

In Anlehnung an Miller et al. (2020) unterstreichen zahlreiche Studien die Bedeutung dessen, dass Innovationsprozesse zu strukturieren sind, um eine erfolgreiche Implementierung zu gestalten.

Je nachdem wie Innovation in Unternehmen gesehen wird, handelt es sich entweder um einen Prozess, der in der Regel linear gestaltet und mittels Prozessverantwortlichen gesteuert ist oder um einen ganzheitlichen Ansatz mit stark ausgeprägten agilen und partizipativen Ansätzen, der vom Top-Management gelenkt wird (Lercher 2016).

Demgemäß wurden verschiedene Modelle und Aktivitätskombinationen entwickelt, um die Effizienz der Umsetzung von Innovationsideen zu steigern, die von Unternehmen genutzt werden können (Miller et al. 2020).

Folglich erfordert das Innovationsmanagement eine ganzheitliche Betrachtung unterschiedlicher Faktoren, um als Unternehmen effektiv zu sein (Miller et al. 2020). In der wissenschaftlichen Literatur werden die Begrifflichkeiten „Vorgehensmodell" und „Prozessmodell" häufig synonym verwendet (Fritzsche und Keil 2007; Grande 2014), was ihre inhaltliche Nähe verdeutlicht.

2.3   Kritische Reflexion der Befunde

Gestützt auf den wissenschaftstheoretischen Ansatz dieser Dissertation und die Erarbeitung der definitorischen Grundlagen und inhaltlichen Abgrenzung (Abschnitt 2.1 und 2.2) wird eine evolutionäre Betrachtungsweise aufgrund von literaturbasierenden Entwicklungen der verwendeten Begrifflichkeiten von Trend- und Zukunftsforschung, Corporate-, Strategic- und Open-Foresight sowie Trendmanagement vertreten. Dabei nimmt StTmgt den Denkansatz in Anlehnung an Durst M. et al. (2010), Blechschmidt (2020), Bodemann et al. (2021b), Voigt und Müller (2021) und Gracht und Kisgen (2022) ein, ordnet sich dem Innovationsmanagement zu und wird als Teil des Innovationsprozesses verstanden, der die Aufgabe in Unternehmen wahrnimmt, unternehmensspezifisch bedeutsame Trends zu erkennen, strukturiert darzustellen und zu bewerten, um geeignete strategische Maßnahmen abzuleiten, die zum individuellen Unternehmenserfolg beitragen. Die Ziele von StTmgt liegen zum einen in der proaktiven Auseinandersetzung mit unternehmenseigenen und -fremden Trends und zum anderen im ganzheitlichen Trendumgang, um Unternehmen von der Ideengenerierung bis hin zu marktreifen Innovationen zu begleiten (vgl. Abschnitt 1.2).

Durch Identifikation von unternehmensinternen betriebliche Fähigkeiten, sogenannte KEFs, um externe Einflussfaktoren und Trends antizipieren zu können, gelingt es Unternehmen, eine proaktive, ganzheitliche sowie innovative Vorgehensweise zu verfolgen, um wettbewerbsfähig zu sein (Heinemann et al. 2016). In Anlehnung an Bullen und Rockart (1981), Fritz (1993) und Rese und Baier (2011) werden im Rahmen dieser Arbeit unter KEFs jene Schlüsselbereiche im Unternehmen verstanden, die einen maßgeblichen Beitrag sowohl positiver als auch negativer Art für das Unternehmen liefern, um zukunftsfähige Ergebnisse für das gesamte Unternehmen sicherzustellen (vgl. Abschnitt 2.2.1).

Um diese Herangehensweise aufeinander abgestimmt zusammenzuführen, wird ein Vorgehensmodell erarbeitet, welches im Rahmen dieser Arbeit als zentraler Leitfaden sowie organisatorischer Rahmen verstanden wird (Fritzsche und Keil 2007; Gaubinger 2021) und festlegt, welche Aktivitäten in welcher Reihenfolge von welchen Akteur*innen durchzuführen sind, um unternehmensspezifisch definierte Ergebnisse zu erzielen. Im Besonderen liefert dieses Modell einen Beitrag zur Kommunikationsförderung und generellen Qualitätssicherung (Schallmo et al. 2018b), was einerseits für einen übersichtlichen, strukturierten sowie auch transparenten Ablauf hinsichtlich Standardisierung und Gestaltung unternehmensinterner Innovationsprozesse sowie Einbeziehung von externen Perspektiven sorgt und andererseits wegweisende Maßnahmenschritte für eine holistische Positionierung in Handelsunternehmen bietet (Gaubinger 2021) (vgl. Abschnitt 2.2.3).

Da Trendmanagement – siehe Abbildung 1.2 – als Teil des Innovationsprozesses qualifiziert werden kann, wird im weiteren Verlauf auf diejenigen Modelle eingegangen, die in Zusammenhang mit Innovationsprozessen und deren Einführung regelmäßig genannt werden und ein ganzheitliches und in weiterer Folge generalisierbares Vorgehensmodell darstellen (Ertl et al. 2019).

Unter Berücksichtigung der im zweiten Kapitel dargelegten definitorischen sowie inhaltlichen Grundlagen gilt es nun im folgenden Kapitel, mittels systematischer Literaturanalyse eine kritische Bestandsaufnahme zum State-of-the-Art des Untersuchungsgegenstandes methodisch transparent darzustellen sowie die Ergebnisse inhaltskritisch zu analysieren und zu reflektieren.

Kritische Bestandsaufnahme zum State-of-the-Art des Untersuchungsgegenstandes

3

3.1 Vorgehensweise der kritischen Bestandsaufnahme

Das Hauptziel dieses Kapitels besteht darin, relevante Veröffentlichungen für die vorliegende Arbeit zu sammeln und zu interpretieren. Die daraus erhaltenen und überprüften Erkenntnisse liefern auf der einen Seite einen Beitrag zum Theoriebildungsprozess, der dazu führt, in Abschnitt 4.2 und 4.3 die Forschungslücke sowie die Abgrenzung des Untersuchungsgegenstandes zu begründen, und darauf aufbauend auf der anderen Seite den konzeptionellen Bezugsrahmen im fünften Kapitel zu entwickeln.

Abbildung 3.1 skizziert die Kapitelstruktur gegliedert in Schritten, Inhalten und Ergebnissen.

Ergänzende Information Die elektronische Version dieses Kapitels enthält Zusatzmaterial, auf das über folgenden Link zugegriffen werden kann https://doi.org/10.1007/978-3-658-46412-7_3.

A. Massimiani, *Kritische Erfolgsfaktoren zur Implementierung von Strategischem Trendmanagement in Handelsunternehmen*, https://doi.org/10.1007/978-3-658-46412-7_3

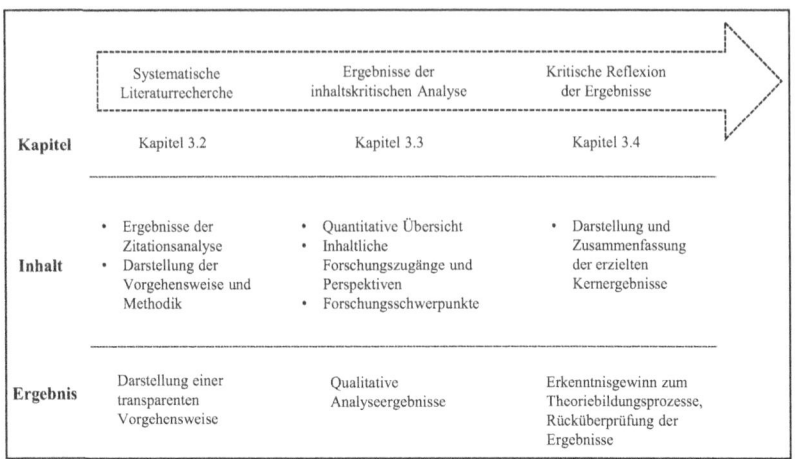

Abbildung 3.1 Strukturelle Darstellung der kritischen Bestandsaufnahme zum State-of-the-Art des Untersuchungsgegenstandes

Die Analyse des wissenschaftlichen Untersuchungsgegenstandes ist entscheidend für die Vertiefung der wissenschaftlichen Kenntnisse und die wissenschaftliche Weiterentwicklung (Cooper et al. 2009). Daher widmet sich dieses Kapitel einer umfassenden Erkundung und strukturierten Herangehensweise an den aktuellen State-of-the-Art der Forschung zu Trendmanagement allgemein, zu den KEFs und zu Vorgehensmodellen mit Innovationscharakter und für Innovationsprozesse.

Die kritische Bestandsaufnahme zum State-of-the-Art dient dazu, eine umfassende Übersicht über einen bestimmten Forschungsbereich zu erstellen und die Erkenntnisse daraus zu synthetisieren. Dabei werden durch systematisches und methodisches Vorgehen alle relevanten Studien identifiziert, bewertet und zusammengefasst, um ein klares Bild der aktuellen Forschungslage hinsichtlich Forschungsobjekt zu erhalten und eventuelle Lücken zu identifizieren. Die kritische Bestandsaufnahme zum State-of-the-Art ist ein wichtiger Bestandteil der wissenschaftlichen Forschung und trägt dazu bei, die Qualität und die Integrität der Forschung zu erhöhen (Becker et al. 2018).

Die Methodik von Denyer und Tranfield (2009) die in dieser Arbeit Anwendung findet, bezieht sich auf eine systematische Vorgehensweise zur Durchführung von Literaturübersichten sowie Metaanalysen in der Forschung und stellt sicher, dass der Prozess der Literaturrecherche objektiv erfolgt. Dadurch ist eine fundierte, qualitative und inhaltskritische Analyse durchführbar, sodass die Ergebnisse der identifizierten Veröffentlichungen interpretiert werden können und in weiterer Folge in einer zusammenfassenden Bewertung münden. Diese Methodik dient der Identifikation und Formulierung von Kernaussagen hinsichtlich des Untersuchungsgegenstandes und trägt zur Darstellung einer transparenten Vorgehensweise und zum wissenschaftlichen Erkenntnisgewinn aus der Theorie bei (Denyer und Tranfield 2009).

Um die inhaltskritische Analyse der identifizierten Publikationen auf die definierten Forschungsgebiete Trendmanagement allgemein, die KEFs mit Innovationsfokus und Vorgehensmodelle mit Innovationscharakter sowie Innovationsprozesse einzugrenzen, konnten die in Abbildung 3.2 dargestellten sieben Leitfragen ausgearbeitet werden, die dazu dienen, zusammenfassende Erkenntnisse aus den wissenschaftlichen Veröffentlichung zu beschreiben und in weiterer Folge die für diese Arbeit formulierten Subforschungsfragen aus Abschnitt 1.2 aus einem theoretischen Blickwinkel zu beantworten.

3.2 Systematische Literaturrecherche

Für die Identifikation der Primärliteratur wird die Literaturauswahl mithilfe der Suchmaschine PRIMO vorgenommen. PRIMO ist eine Bibliotheksdatenbank der FH OÖ, die alle Suchfelder des KatalogPlus umfasst. Dabei werden lizenzierte Datenbanken, wie ACM, Belz Juventa Zeitschriften und E-Books, Brockhaus Enzyklopädie, EBSCO Business Source Elite, Emerald Collections, Hanser E-Books, IEEE/IEL, LexisNexis Online (nur E-Books), LindeOnline, Nomos eLibrary, OECD, Sage Humanities and Social Sciences Package, ScienceDirect College Edition, SpringerLink Portal (Journals und E-Books), Taylor & Francis, UTB-Studi-e-Book, Verlag Österreich E-Library, Wiley-Online-Library, WISO (jedoch nicht vollständig), Open Access Datenbanken und Google Scholar, durchsucht. Ergänzend zur Suchmaschine PRIMO findet die Datenbank SCOPUS Anwendung.

Die systematische Literaturanalyse für (Strategisches) Trendmanagement, KEFs mit Innovationsbezug sowie Vorgehensmodellen mit Innovationscharakter und zur Implementierung von Innovationsprozessen, die in dieser Dissertation Verwendung findet, richtet sich nach dem fünfstufigen Vorgehensmodell von Denyer und Tranfield (2009), das aus der Festlegung des Untersuchungsrahmens, der Suche in elektronischen Datenbanken, der Auswahl relevanter Beiträge, der qualitativen und quantitativen Analyse sowie der Darstellung der Ergebnisse und Interpretation besteht und eine interdisziplinäre Ausrichtung verfolgt, die eine

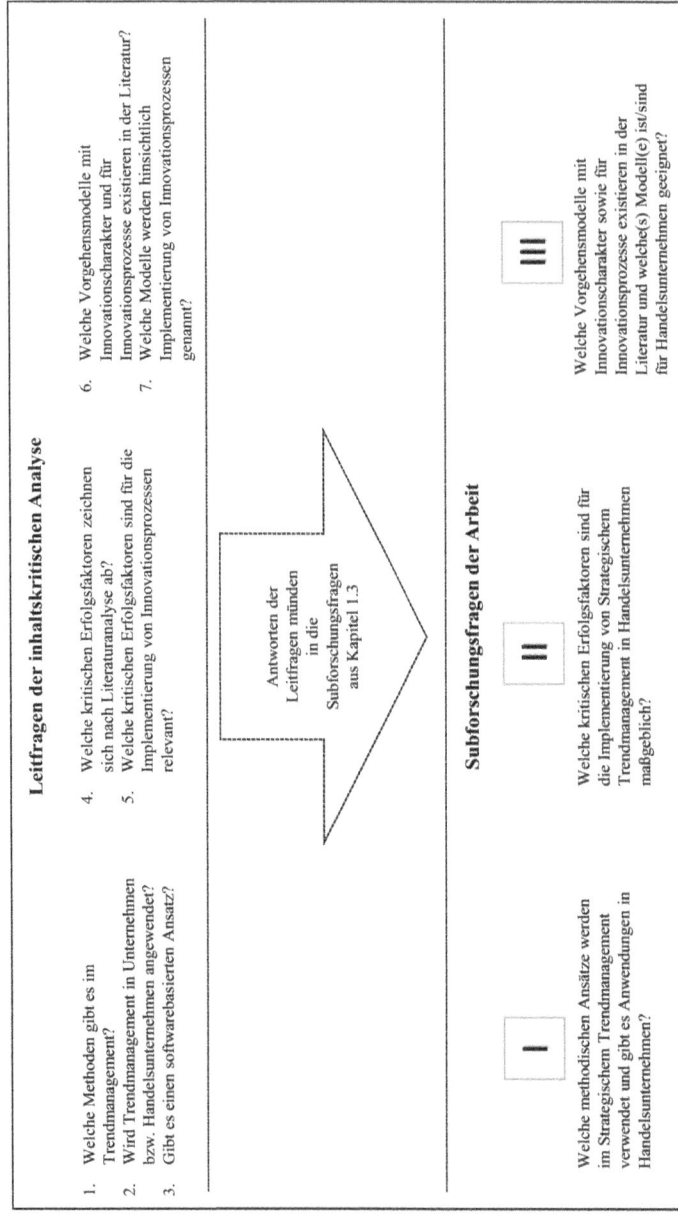

Abbildung 3.2 Zusammenhang zwischen Leitfragen zur inhaltskritischen Analyse und Subforschungsfragen der Dissertation

transparente und umfassende Darstellung ermöglicht. Der Filter bei der Such-
maschine PRIMO wird auf begutachtete Artikel gelegt und in der Datenbank
SCOPUS je nach Forschungsfeld auf alle Metadaten oder auf die Metadaten
Abstract, Titel und Schlüsselwörter gelegt.

3.2.1 Festlegung des Untersuchungsrahmens

Der erste Schritt in der Methodik nach Denyer und Tranfield (2009) legt den
Untersuchungsrahmen fest.

Dabei stehen die Festlegung des Zeitrahmens und die gewählte Art von Publikationen mit inhaltlichem Bezug zu Trendmanagement allgemein, zu kritischen
Erfolgsfaktoren mit Innovationsbezug, zu Vorgehensmodellen mit Innovationscharakter und zur Implementierung von Innovationsprozessen im Vordergrund.
Nachkommend wird die Suchstrategie im Detail dargestellt.

3.2.1.1 Trendmanagement
Nach der Durchführung der Literaturrecherche und der Themenspezifikation
wird aufgrund der wenig erforschten Begrifflichkeiten von Trendmanagement der
Zeitrahmen nicht eingegrenzt und auch das Anwendungsfeld Innovation nicht
berücksichtigt. Bei der Analyse wird der Fokus auf das gewählte begutachtete
Medium wie Bücher, Buchbeiträgen, Konferenzbeiträge und Artikel, erweitert,
da die Ergebnisse bei einer Einschränkung zu gering ausfallen würden. Diese
Erkenntnis hebt die Relevanz des Themas hervor und bestätigt die Tatsache, dass
es sich bei Trendmanagement um eine junge Forschungsdisziplin handelt.

3.2.1.2 Kritischen Erfolgsfaktoren
Bei der Literaturrecherche zu KEFs begrenzt sich der Zeitrahmen aufgrund der
großen Anzahl an Veröffentlichungen auf 2017 bis 2022 und der Fokus wird
auf das Anwendungsfeld Innovation gelegt. Inhaltlich richtet sich der Fokus
auf begutachtete Publikationen in Form von Buchbeiträgen, Artikeln sowie
Konferenz- und Referenzbeiträgen, die in ihrem Abstract auf den direkten Bezug
von KEFs mit Innovationskontext verweisen.

3.2.1.3 Vorgehensmodelle
Bei den wissenschaftlichen Veröffentlichungen rund um Vorgehensmodelle werden bei der systematischen Literaturrecherche die Fokusse auf deren Innovationscharakter und auf die Implementierung von Innovationsprozessen gelegt. Der
Grund für diese Suchbegriffergänzung liegt darin, dass sich Trendmanagement

als Anwendungsfeld in den Innovationsprozess von Unternehmen eingliedert. Zusätzlich erfolgt in PRIMO eine zeitliche Eingrenzung von 2017 bis 2022, und in der Datenbank SCOPUS wird der Filter auf „unbegrenzt" gesetzt. Begutachtete Artikel und Buchbeiträge erhalten bei den Ausgabenmedien die inhaltliche Priorisierung. Um eine gänzlich vollständige Auflistung der möglich relevanten Literaturquellen darzustellen, werden auch einige wenige Bücher in die Literaturrecherche und -analyse mitaufgenommen.

3.2.2   Suche in elektronischen Datenbanken

Um dem Anspruch der möglichst vollständigen Darstellung der Literaturübersicht gerecht zu werden und die relevante Sekundärliteratur zu identifizieren, erfolgt in diesem Schritt die Definition von Suchbegriffen, die in die Literaturrecherche mitaufgenommen werden. Mit der Suchmaschine PRIMO, die branchen- und fachspezifischen Datenbanken beinhaltet und mit der Datenbank SCOPUS kann die Analyse einer breiten Datenbasis und eine flächendeckende Suche der genannten Suchbegriffe erfolgen. Publikationen, in denen die genannten Suchbegriffe in Abstract, Titel oder als Schlagwort identifiziert werden konnten und die dem Thema entsprechen, werden im Detail untersucht.

3.2.2.1 Trendmanagement
Zum Suchbegriff „Trendmanagement" gilt auch der Suchbegriff „Trendmonitoring" als begriffsverwandt und wird in der systematischen Literaturrecherche berücksichtigt. Anhand dieser Suchstrategie wird eine Gesamtanzahl von 86 begutachteten Publikationen erreicht (die zugehörigen Daten sind in Anhang 07 im elektronischen Zusatzmaterial einsehbar), wobei diese sich in 13 Artikel inkl. Konferenzbeiträge und 73 Bücher, Buchbeiträge und Artikel gliedern.

3.2.2.2 Kritischen Erfolgsfaktoren
Aufgrund der Popularität des Begriffes „Kritische Erfolgsfaktoren" wird das Anwendungsfeld „Innovation" miteinbezogen und die Suchbegriffe „critical success factor* innovation" und „Kritische Erfolgsfaktoren Innovation" werden für die Durchführung der systematischen Literaturrecherche definiert. Als Ergebnis wird die Gesamtsumme von 1.670 Veröffentlichungen erzielt (die zugehörigen Daten sind in Anhang 08 im elektronischen Zusatzmaterial einsehbar), wobei 494 begutachtete Publikationen auf Artikel, Konferenz- und Referenzbeiträge und Reviews sowie 1.176 begutachtete Veröffentlichungen auf Buchbeiträge fallen.

3.2.2.3 Vorgehensmodelle

In der Literatur werden, wie auch die Zitationsanalyseergebnisse in den zugehörigen Daten in Anhang 01 im elektronischen Zusatzmaterial einsehbar sind,
für den Begriff „Vorgehensmodelle" sowohl das Synonym „Prozessmodelle"
als auch „process model" verwendet (Grande 2014; Schallmo et al. 2022).
Zu diesen Begrifflichkeiten und Synonymen werden die Suchfelder „Innovati-
onsmanagememementprozess" oder „Innovationsprozess" ergänzt, um treffgenaue
und ergebnisrelevante Literaturquellen zu erzielen. Die zuhörigen Daten sind
in Anhang 09 im elektronischen Zusatzmaterial einsehbar und zeigen das
erreichte Resultat von insgesamt 1.933 begutachteten Veröffentlichungen, wobei
die Aufteilung auf 1.162 Artikel und 771 Buchbeiträge fällt.

3.2.3 Auswahl relevanter Beiträge

In diesem Schritt erfolgt die Bewertung der ausgewählten Veröffentlichungen,
die als inhaltlich relevant erachtet wurden. Dafür werden die erzielten Ergebnisse
aus der systematischen Literaturrecherche aus Abschnitt 3.2.1 mit auserwählten
Quellen aus der Zitationsanalyse (die zugehörigen Daten sind in Anhang 01
im elektronischen Zusatzmaterial einsehbar) ergänzt, um alle relevanten Publikationen einer Detailanalyse zu unterziehen. Mit der Bestimmung von Ein- und
Ausschlusskriterien (die zugehörigen Daten sind in Anhang 18 im elektronischen
Zusatzmaterial einsehbar) sowie dem Ausschluss von Duplikaten kann eine weitere Abgrenzung der Literaturquellen vorgenommen werden. Dabei werden die
definierten Suchbegriffe in den Publikationstiteln, Abstracts und als Schlagwörter
gesucht und untersucht, ob ein direkter Bezug zu den genannten Begriffen mit
Innovationskontext erkennbar ist, um themenrelevante Studien daraus abzuleiten.
    Auf diese Weise können relevante themenspezifische Veröffentlichungen iden-
tifiziert werden. Die zugehörigen Daten in Anhang 19, welche im ektronischen
Zusatzmaterial einsehbar sind, visualisiert die Vorgehensweise und bildet den
Untersuchungsrahmen der Literaturrecherche ab. Um dem Anspruch einer vollständigen Literaturrecherche gerecht zu werden, erfolgt die Durchführung der
Recherche im September 2022 und im März 2023, um die relevanten Literaturquellen zu filtern, die in Schritt vier für die inhaltskritische Analyse vorbereitet
und in den jeweiligen Kapiteln 3.3.1.2, 3.3.2.2 und 3.3.3.2 dargestellt werden.

3.2.4   Quantitative und qualitative Analyse

Für die quantitative Analyse wird die Zitationsanalyse verwendet, die als Teil der Bibliometrie gilt und in der Wissenschaft einen systematischen, reproduzierbaren und transparenten Überprüfungsprozess des quantitativen Literaturansatzes darstellt (Aria und Cuccurullo 2017). Dadurch ist eine detaillierte Untersuchung des Forschungsfeldes möglich, die sämtliche wissenschaftliche Publikationen und Journale hinsichtlich ihrer Häufigkeit in der Literatur erhebt und aufgelistet (Pohl und Engel 2021). Um die wesentlichen Publikationen der Grundlagenliteratur des Forschungsfeldes (Strategisches) Trendmanagement, KEFs und Vorgehensmodelle zu visualisieren, wird zuerst eine Zitationsanalyse ohne Zeitraumeinschränkung durchgeführt (die zugehörigen Daten sind in Anhang 01 im elektronischen Zusatzmaterial einsehbar).

Aus der Zitationsanalyse (die zugehörigen Daten sind in Anhang 01 im elektronischen Zusatzmaterial einsehbar) werden themenrelevante Veröffentlichungen ausgewählt, die in die inhaltskritische (qualitative) Analyse miteinfließen. Um die inhaltskritischen Analyse durchführen zu können, wird eine einheitliche Darstellung der Quellen nach Autor*innen, Publikationstitel und -jahr, Art der Ausgabe und des Journals gewählt und mit Auswertungskategorien wie gewählten Theorien bzw. Theorieverknüpfungen, Forschungsmethoden, inhaltlichen Forschungszugängen und wesentlichen Eigenschaften in Anlehnung an Mayring (2015) und Seuring und Müller (2008), ergänzt dargestellt und untersucht. Dabei wird bei der Klassifizierung der zu begutachtenden Literatur der deduktive Ansatz verwendet, bei dem die Literatur zuerst ausgewählt wird, in der die Begrifflichkeiten in Abstrakt, Schlagwort und Publikationstitel vorkommen. Im Anschluss erfolgt dann die Analyse.

3.2.5   Darstellung der Interpretation und der Ergebnisse

Die Interpretation und kritische Reflexion der erzielten Ergebnisse zu (Strategischem) Trendmanagement, KEFs mit Innovationskontext und Vorgehensmodellen mit Innovationscharakter und zur Implementierung von Innovationsprozesse sind Inhalte des fünften Schrittes nach der Methodik von Denyer und Tranfield (2009) und Bestandteil von Abschnitt 3.4.

3.3 Ergebnisse der inhaltskritischen Analyse und Interpretation

3.3.1 Trendmanagement

3.3.1.1 Quantitative Verteilung

Insgesamt zeigen die Ergebnisse der Literaturrecherche in Summe 86 Veröffentlichungen zu (Strategischem) Trendmanagement im Zeitraum 1998 bis 2022. Initial werden die relevanten Veröffentlichungen in Form einer Verteilungskurve dargestellt, wobei die Abbildung 3.3 die Publikationen nach Anzahl und Jahr präsentiert und in weiterer Folge um die Art der Ausgabemedien erweitert, die für die inhaltskritische Analyse bedeutsam sind. Dabei werden auch auserwählte Quellen mit den häufigsten Zitationen, die in den zugehörigen Daten in Anhang 01 im elektronischen Zusatzmaterial einsehbar sind, in die Analyse integriert, da diese als wesentlich zu berücksichtigen gelten.

Die folgende Verteilung zeigt eine überschaubare Veröffentlichungsanzahl an Literaturquellen zum Thema Trendmanagement im Zeitraum 1998 bis 2022. Auffallend ist, dass zum Thema Trendmanagement – mit den Suchbegriffen „Trendmanagement" und „Trendmonitoring" – deutlich mehr wissenschaftliche Beiträge in Form von Büchern, Buchbeiträgen und Artikeln im Zeitraum 1998 bis 2022 veröffentlicht wurden. Das unterstreicht die Tatsache eines eher unerforschten Themenfeldes und den bestehenden Forschungsbedarf im Bereich des Trendmanagements. Es zeigt auf, dass der Umgang mit Trendmanagement sowohl für die Wissenschaft als auch für Unternehmen zunehmend an Bedeutung gewinnt (Gracht und Kisgen 2022).

3.3.1.2 Qualitative Inhaltsanalyse

Um die Leitfragen Eins, Zwei und Drei aus Abbildung 3.2 beantworten zu können, findet neben der Methode nach Denyer und Tranfield (2009) auch die Methode in Anlehnung an Mayring (2015), insbesondere die Bildung von (übergeordneten) Kategorien, Anwendung. Diese bezieht sich auf die qualitative Inhaltsanalyse, die häufig zur Analyse von Textdaten verwendet wird und eine strukturierte Vorgehensweise zur systematischen Auswertung von qualitativen Daten bietet. Hintergrund dafür ist, dass für die qualitative Inhaltsanalyse der Trendmanagementliteratur im Allgemeinen ein Kategoriensystem, das auch iterativ während des Analyseprozesses entstehen und erweitert werden kann, zu entwickeln ist. Dadurch können Muster interpretiert werden, die zuverlässige und methodisch fundierte Erkenntnisse ergeben. Bei der Methode nach Mayring (2015) gilt insbesondere die Grundtechnik der strukturierten Analyse als

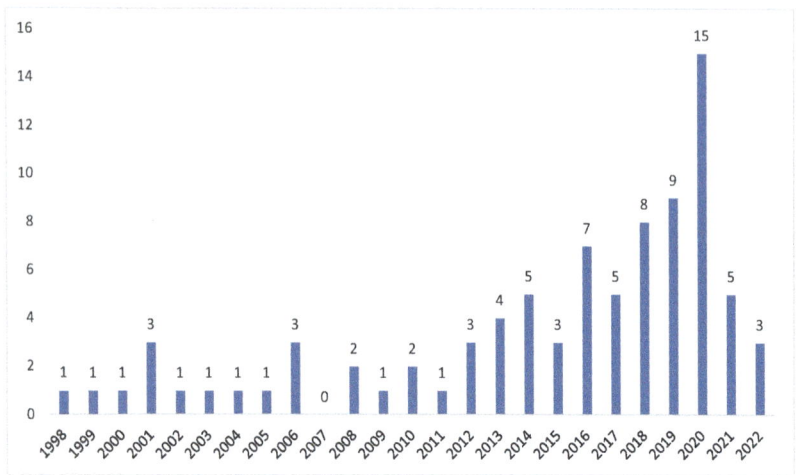

Abbildung 3.3 Verteilung der Veröffentlichung von 1998–2022 zum Thema (Strategisches) Trendmanagement

etabliertes Analyseverfahren, die aus den fünf Schritten Materialsammlung, Kategorienbildung, Kodierung, Datenauswertung und Interpretation besteht. Dafür wird die Vorgehensweise verfolgt, bestimmte Aspekte direkt aus den relevanten Quellen für (Strategisches) Trendmanagement herauszufiltern, um diese aufgrund vorweg bestimmter Kategorien einzuordnen. Dieses deduktive Verfahren wird nach Analyse der Publikationen mittels erweiternder Kategorienbildung, dem induktiven Verfahren, ergänzt, um die erzielten Ergebnisse der Daten mittels Kodierleitfaden zu interpretieren (Mayring 2015). Mit dieser Herangehensweise werden die Gütekriterien – Objektivität, Reliabilität und Validität – sichergestellt, um die Qualität der wissenschaftlichen Analyse zu erfüllen (Mayring 2015). Mit dieser Exploration ist die Vorbereitung von Hypothesen über die gefilterten und als relevant erachteten Literaturquellen möglich (Bortz und Döring 2006).

Mit dem in Abschnitt 3.2.3 darstellten Ablauf werden, wie Abbildung 3.4 visualisiert, in Summe 86 Veröffentlichungen gefiltert, wobei 56 begutachtete Literaturquellen als relevant erachtet werden, die sich aus 30 Buchbeiträgen, 14 Artikeln, elf Büchern und einem Konferenzbeitrag zusammensetzen, die in weiterer Folge für die inhaltskritische Analyse aufbereitet und in den zugehörigen Daten in Anhang 02 im elektronischen Zusatzmaterial einsehbar und aufgelistet sind.

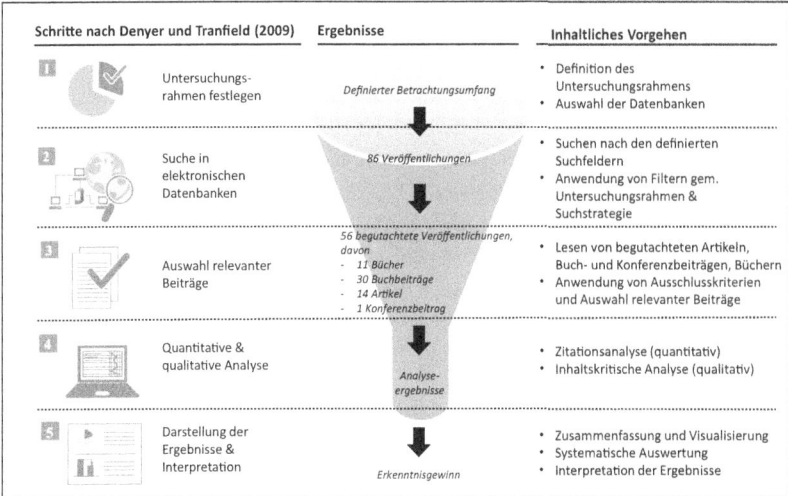

Schritte nach Denyer und Tranfield (2009)		Ergebnisse	Inhaltliches Vorgehen
1	Untersuchungs-rahmen festlegen	*Definierter Betrachtungsumfang*	• Definition des Untersuchungsrahmens • Auswahl der Datenbanken
2	Suche in elektronischen Datenbanken	*86 Veröffentlichungen*	• Suchen nach den definierten Suchfeldern • Anwendung von Filtern gem. Untersuchungsrahmen & Suchstrategie
3	Auswahl relevanter Beiträge	*56 begutachtete Veröffentlichungen, davon* - *11 Bücher* - *30 Buchbeiträge* - *14 Artikel* - *1 Konferenzbeitrag*	• Lesen von begutachteten Artikeln, Buch- und Konferenzbeiträgen, Büchern • Anwendung von Ausschlusskriterien und Auswahl relevanter Beiträge
4	Quantitative & qualitative Analyse	*Analyse-ergebnisse*	• Zitationsanalyse (quantitativ) • Inhaltskritische Analyse (qualitativ)
5	Darstellung der Ergebnisse & Interpretation	*Erkenntnisgewinn*	• Zusammenfassung und Visualisierung • Systematische Auswertung • Interpretation der Ergebnisse

Abbildung 3.4 Vorgehensweise zur systematischen Literaturrecherche inklusive Darstellung aufsummierter Ergebnisse zu (Strategischem) Trendmanagement

Für die Beantwortung der formulierten Leitfragen Eins, Zwei und Drei aus Abbildung 3.2 werden einerseits Kategorien, die die Literaturquellen nach theoretischen/praktischen, branchenspezifischen/inhaltlichen, methodischen und softwarebasierten Ansätzen untersuchen, und andererseits Subkategorien gebildet, die im Zuge der kritischen Inhaltsanalyse durch induktives Verfahren erweitert werden. Damit gelingt es, eine große Datenmenge zu verarbeiten und auf ihren Kern zu reduzieren, um die zweite Subforschungsfrage beantworten zu können.

Mit dieser Kategorisierung qualifizieren sich 36 begutachtete Publikationen, die im Zeitrahmen von 1998 bis 2022 verfasst worden sind. Die Klassifizierung der als relevant erachteten Veröffentlichungen setzt sich aus 19 Buchbeiträgen, zehn Artikeln, sechs Büchern und einem Konferenzbeitrag zusammen. Die Untersuchung der Studien erfolgt nach den Gesichtspunkten „ob Trendmanagement einen methodischen Forschungsansatz verfolgt, dieser rein theoretischer Forschung zuzuordnen ist, oder ob ein Handelsbezug hergestellt wurde und inwieweit die Veröffentlichungen eine softwarebasierte Darstellung beinhalten".

Nach kritischer Analyse der 36 Veröffentlichungen lässt sich ein überwiegenden Anzahl von knapp 95 % einer theoretischen Forschung zuordnen, die zu 41 % keinen direkten Praxisbezug (Branchenhinweis) aufweisen. Die Ergebnisse der Auswertung zeigen, dass rund 72 % der relevanten Literatur auf keinen Handelskontext verweisen, lediglich knapp 17 % der Quellen wenden einen branchenübergreifenden Ansatz (ohne Branchennennung) an, der den Handelskontext nicht gänzlich auszuschließen. Auffallend ist, dass rund 36 % der identifizierten Quellen Softwaretools für den Darstellungsprozess von Trends verwendet, jedoch diese Quellen keinen Handelsfokus aufweisen. Nach Inhaltsanalyse der Trendmanagementliteratur kann die Schlussfolgerung gezogen werden, dass die theoretischen Forschungsströme dominieren und sich Trendmanagement als Anwendungsfeld im Handel vereinzelt findet.

Fichter und Kiehne (2006) stellen fest, dass die Verwendung von Softwaretools zunehmend verbreitet ist. Diese Aussage kann auch nach Untersuchung der 36 Publikationen bestätigt werden, nämlich dass zwölf Publikationen (alle nach 2006) ohne spezifischen Handelsbezug softwarebasierte Tools im Umgang mit Trendmanagement einsetzen. Diese Beobachtung lässt darauf schließen, dass die softwarebasierte Abbildung von Trends, insbesondere für Unternehmen mit Handelskontext, an Bedeutung gewinnt. Dies liegt daran, dass Softwaretools das Sammeln, die Analyse und Verarbeitung von Daten automatisieren. Zusammenfassend lässt sich feststellen, dass Softwaretools im Trendmanagement – in der Prozessabbildung – eine Vielzahl von Aufgaben im Unternehmen übernehmen, um Trends und ihre Auswirkungen verstehen zu können, und infolgedessen angemessene Maßnahmen zu setzen. Bei einem überwiegenden Anteil der 36 analysierten Literaturquellen können Forschungsmethoden, wie Literaturanalysen, Veranstaltung von (Expert*innen)-Workshops, Durchführung von (Expert*innen)-Interviews und Fallstudien, identifiziert werden. Nur vereinzelt sind auch Trenddatenbanken sowie -berichte als Forschungsmethoden im Einsatz. Diese Erkenntnis ist richtungsweisend für die im sechsten Kapitel gewählte empirische Untersuchung der qualitativen Methode nach Mayring (2015) mit explorativer Forschung, in der zuerst die interne Validität durch Fokusgruppen und im Anschluss die externe Validität durch Expert*inneninterviews überprüft wird. Die Publikationen von Liebl (2003), Pfadenhauer (2004), Fink und Siebe (2006), Durst M. et al. (2010) und Liebl und Schwarz (2010) bilden den Grundstein für die Vorgehensweise der strategischen Methode von Trendmanagement, die einen sechsstufigen linearen Prozess, bestehend aus Trendidentifikation und -diagnose, Trendbewertung, Trendanalyse, Trendverknüpfung, Trendreporting und Trendmonitoring, darstellt, wobei Trendmonitoring alle Prozessphasen begleitet. Tabelle 3.1 präsentiert die Literaturergebnisse in Prozent und absoluten Zahlen basierend auf den 36 identifizierten Literaturquellen und schlüsselt diese in die definierten Kategorien und Subkategorien auf:

Tabelle 3.1 Ergebnisdarstellung nach Literaturanalyse eingeteilt in Kategorien und Subkategorien

Kategorie	Subkategorien	Aufteilung der Ergebnisse in Prozent	Aufteilung der Ergebnisse in absolute Zahlen
Theoretischer/ Praktischer Ansatz	Theorie	95 % verfolgen einen theoretischen Forschungsansatz	34
	Branchen	41 % der 95 % der Quellen sind ohne direkten Praxisbezug	14
Non Retail / Retail / branchenübergreifend	Non Retail	72 % ohne Handelsbezug	26
	Retail	17 % verweisen auf einen branchenübergreifenden Ansatz, jedoch ohne Branchennennung	6
	Branchenübergreifend		
Methodischer Ansatz	Theorie	100 % verfolgen einen rein theoriegeleiteten methodischen Ansatz ohne Branchenbezug	36
	Branchen		
Softwarebasierter Ansatz	Theorie	36 % verwenden in der Theorie unterschiedliche Softwaretools, jedoch ohne Branchen- sowie Handelsbezug	13
	Branchen		

Insgesamt verfolgen von den 56 inhaltlich analysierten Publikationen fünf branchenübergreifende, zwei ohne Branchennennung und 24 ohne Handelskontext diesen theoretischen Prozess. In den jüngeren Veröffentlichungen von Durst und Durst (2016), Durst C. et al. (2017), Durst und Lumme (2018), Wiser et al. (2019) und Gracht und Kisgen (2022) wird auf dieses Vorgehen verwiesen.

Die Publikation von Blechschmidt (2020) beschreibt eine weitere Vorgehensweise der strategischen Methode, bei der erste Schritt die Trendrecherche darstellt, gefolgt von den Trendanalysen und der unternehmensspezifischen Interpretation der Trendinformationen. Demzufolge leitet sich bei der Vereinigung dieser beider Methoden der folgende siebenstufige strategische Forschungsansatz für Trendmanagement ab, der in Abbildung 3.5 als linear verlaufender Prozess visualisiert wird.

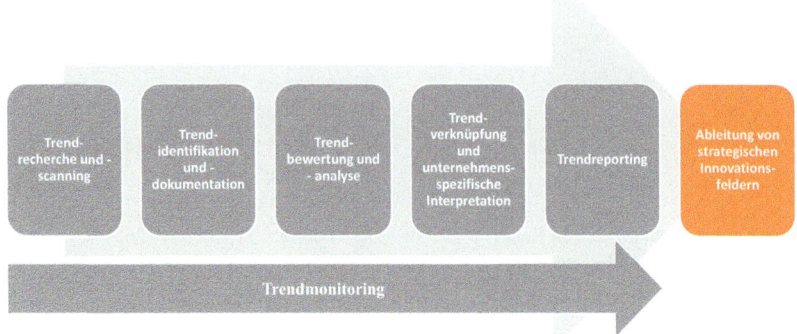

Abbildung 3.5 Siebenstufiger strategischer Forschungsansatz von Trendmanagement. (Eigene Darstellung in Anlehnung an Fink und Siebe (2008), Durst und Durst (2016), Durst C. et al. (2017), Durst und Lumme (2018), Wiser et al. (2019), Blechschmidt (2020) und Gracht und Kisgen (2022))

Die einzelnen Phasen des Trendmanagementprozesses werden inhaltlich nach Fink und Siebe (2008), Liebl und Schwarz (2010), Fink und Siebe (2011), Durst C. et al. (2017), Durst und Lumme (2018), Blechschmidt (2020) und Gracht und Kisgen (2022) wie folgt beschrieben:

Trendrecherche und -scanning:
Die Trendrecherche bildet zusammen mit Trendscanning die erste Phase des Trendmanagementprozesses. Bei der Trendrecherche werden möglichst breite Informationen aus unterschiedlichen Recherchequellen gesammelt werden (Blechschmidt 2020). Hierbei gilt es, keine Themengebiete auszuschließen und einen 360-Grad-Scan durchzuführen (Durst C. et al. 2017). Im Allgemeinen kann die Kategorisierung unterschiedlicher Datenquellen wie folgt erfolgen: Externen Primärdaten umfassen unternehmensexterne Netzwerke, Medien (Fachliteratur und Zeitschriften), Messen, (Zukunfts-)Konferenzen. Externen Sekundärdaten beinhalten wissenschaftliche Veröffentlichungen, Agenturen, Branchenberichte, Trend- und Patentdatenbanken. Primäre interne Informationsquellen sind unternehmensinterne Netzwerke von Mitarbeiter*innen, während sekundäre interne Informationsquellen interne Dokumente (wie Verkaufsberichte) und interne

Datenbanken zur Ideengenerierung umfassen (Durst C. et al. 2017; Blechschmidt 2020).

Das Trendscanning fokussiert sich auf die Identifikation von schwachen Signalen, die auf zukünftige Trends hinweisen können. Es ist daher zukunftsorientiert und bezieht sich auf mögliche Entwicklungen.

Dieser Prozess findet einerseits durch Umfeldscanning des organisationalen, transaktionalen und kontextuellen globalen Umfelds (Gracht und Kisgen 2022) und andererseits durch Expert*inneninterviews, ausgewählte Websites (mittels Algorithmus oder Künstlicher Intelligenz) bzw. Social Media Plattformen sowie Gesprächen mit Startups und Trend- und Beratungsunternehmen statt (Gracht und Kisgen 2022; Blechschmidt 2020).

Zusammenfassend lässt sich sagen, dass beide Methoden bedeutend sind, um die Marktentwicklungen sowie Chancen wie auch Risiken für Unternehmen zu erkennen.

Trendidentifikation und -dokumentation:
Die nächste Phase besteht auf der einen Seite aus der Trendidentifikation, die auf die strukturierte und systematische Analyse von Daten fokussiert und daraus Muster erkennen lässt, um für Unternehmen relevante Trends zu identifizieren (Massimiani et al. 2021a). Unternehmen können sich durch die Trendidentifikation auf Veränderungen und Herausforderungen proaktiv vorbereiten und auftretende Unsicherheiten hinsichtlich Marktentwicklungen reduzieren.

Bei der Trenddokumentation hat die regelmäßige Aktualisierung der Trendinformationen Priorität. Durch die fortlaufende Dokumentation von Trends wird Trendwissen gespeichert und für das Innovationsmanagement zur weiteren Verarbeitung bereitgestellt.

Eine mögliche Darstellungsvariante bietet laut Durst C. et al. (2017) der Trendsteckbrief mit folgenden Inhalten:

- Trendbezeichnung und -beschreibung
- Trendklassifizierung (Mikro-, Makro- und Megatrend)
- Wirkungsbereich (Gesellschaft, Wirtschaft, Technologie, Umwelt, Politik und Werte) und Markt- bzw. Branchenspezifika
- Trendtreiber und trendrelevante Regionen
- Konkrete Anwendungsfälle der/des Trends
- Wechselwirkungsweise auf andere Trends und Entwicklungen

Trendbewertung und -analyse:
Im ersten Schritt befasst sich die Trendbewertung mit dem Einfluss von Trends auf das Unternehmen und dessen Eintrittswahrscheinlichkeit. Die Bewertung der Trends kann sowohl unternehmensintern als auch -extern erfolgen. Während sich für eine interne Bewertung die Durchführung von Workshops eignet, können für die externe Bewertung Befragungen mit Expert*innen durchgeführt werden (Gaubinger 2021).

Somit können Mitarbeiter*innen und/oder Expert*innen die Trends bewerten. Diese Bewertung dient der groben Einschätzung, ob ein Trend für das Unternehmen relevant ist und eine tiefergehende Betrachtung des Trends erforderlich ist.

Im zweiten Schritt erfolgt die Trendanalyse mithilfe unterschiedlicher Kriterien (siehe Tabelle 3.2) (Blechschmidt 2020; Durst M. et al. 2010), die mögliche Eintrittswahrscheinlichkeiten und Einflusswahrscheinlichkeiten innerhalb und für das Unternehmen bewerten (Durst M. et al. 2010).

Tabelle 3.2 Mögliche Kriterien zur Trendbewertung und -analyse. (Eigene Darstellung in Anlehnung an Durst M. et al. (2010) und Blechschmidt (2020)

Kriterien	Interpretation
Potential	Welche/s Chance/Potential hat der Trend am Markt und für das Unternehmen?
Reifegrad	Welchen Entwicklungsstand hat der Trend am Markt? Existieren etablierte Anwendungen dieses Trends am Markt?
Kompetenz	Wie gut ist das Unternehmen auf diesen Trend vorbereitet? Wurden bereits Projekte zur Umsetzungsphase initiiert oder ist der Trend noch nicht im Unternehmensbewusstsein angelangt?
Relevanz	Hat dieser Trend generell einen Einfluss auf das Unternehmen?
Zeithorizont	Über welchen Zeitraum ist der Trend für das Unternehmen relevant?
Nachhaltigkeit	Ist dieser Trend für den Markt/das Unternehmen nachhaltig?

Damit der Nutzen der Trendanalyse für das Unternehmen maximiert wird, ist die zielgerichtete Kommunikation der erzielten Ergebnisse, die systematische Einbindung in die Unternehmensprozesse sowie die Akzeptanz der Akteur*innen im Unternehmen Voraussetzungen (Blechschmidt 2020).

Trendverknüpfung und unternehmensspezifische Interpretation:
Unter Trendverknüpfung wird der Umgang mit Trends im Sinne ihrer Wechselwirkung aufeinander verstanden. Die isolierte Betrachtungsweise liefert gewinnbringende Informationen, jedoch üben viele Trends aufeinander Einflüsse aus, was mit einer Cross-Impact-Analyse visualisiert werden kann (Gracht und Kisgen 2022).

Im Zuge dessen ist die unternehmensspezifische Interpretation der definierten Trendverknüpfungen entscheidend, um im Unternehmen ein einheitliches Verständnis der Trends und ihrer Verknüpfungen herzustellen. Erst durch die präzise Formulierung unternehmensrelevanter Trendinterpretationen ist das gezielte Anstoßen von Veränderungen durch Maßnahmensetzung möglich (Blechschmidt 2020; Fink und Siebe 2008).

Trendreporting:
Das Ergebnis der Trendbewertung und -analyse sowie der Trendverknüpfung und unternehmensspezifischen Interpretation bildet die Grundlage für die Visualisierung und die Ableitung von Handlungsempfehlungen, die in die Phasen Beobachten, Vorbereiten und Anwenden eingeordnet wird.

Dieses Trendportfolio in Anlehnung an Fink und Siebe (2006), Durst und Durst (2016) und Blechschmidt (2020) kann in Form einer Trendlandkarte (Durst C. et al. 2017), eines Achsendiagramms oder Trendradars (Blechschmidt 2020; Durst M. et al. 2010) abgebildet werden und bildet das Kerninstrument im Trendmanagementprozess (Gracht und Kisgen 2022). Während mithilfe der Trendlandkarte relevante Trends und Trendverknüpfungen dargestellt werden (Durst C. et al. 2017), visualisiert der Trendradar eine Gesamtübersicht der definierten und für relevant erachteten und bewerteten Trends für spezifische Bereiche, wie ein Unternehmen, die Märkte, Produkte oder interne Prozesse, und ist als Big Picture der Zukunft bestens geeignet, um Veränderungen sowie konkrete Aktivitäten auf einer allgemein verständlichen und hohen Flugebene zu kommunizieren (Blechschmidt 2020). Ein Trendreport wird zur unternehmensweiten Kommunikation eingesetzt.

Das Ziel eines Trendreports ist es, nicht involvierte Personen zu informieren. Der Report beschreibt detailliert Trends und ihre Auswirkungen, zeigt Beispiele und gibt eine Einschätzung über die Relevanz, das Potenzial und die Eintrittswahrscheinlichkeit ab (Durst C. et al. 2017).

Trendmonitoring:
Das Trendmonitoring legt sich über die ersten fünf Sektoren des Trendmanagementprozesses und bezieht sich auf die systematische Überwachung von

Entwicklungen am Markt. Es umfasst die Verfolgung von Schlüsselindikatoren, um auf Veränderungen von Verbraucher-, Kunden- und Konkurrenzverhalten oder des Unternehmensumfeldes zu agieren. Dadurch können Erkenntnisse abgebildet werden, die es ermöglichen, das Unternehmen proaktiv auf Herausforderungen vorzubereiten, um intern gezielte operative oder strategische Entscheidungen zu treffen (Durst M. et al. 2010).

Ableitung von strategischen Innovationsfeldern:
Zum Abschluss des in Abbildung 3.5 visualisierten Trendmanagementprozesses erfolgt die Ableitung von strategischen Innovationsfeldern im Unternehmen (Blechschmidt 2020; Liebl und Schwarz 2010).

Grundvoraussetzung für die Ableitung von Innovationsfeldern ist, dass Trends und Trendverknüpfungen im Detail verstanden werden. Diese Innovationsfelder beinhalten in der Regel eine systematische Analyse der unterschiedlichen Arten von Trends, die Sichtweise der Kundenbedürfnisse sowie der Mit- und Wettbewerber*innen des Unternehmens (Blechschmidt 2020). Als ein mögliches Werkzeug eignet sich das Consumer Trend Canvas, welches zwar auf die Analyse und Anwendung von Consumer Trends ausgerichtet ist, allerdings wird der Ansatz auch in anderen Vorgehensmodellen zur Bestimmung von Innovationsfeldern angewendet (Durst und Lumme 2018).

Gracht und Kisgen (2022) zeigen 40 unterschiedliche qualitative, quantitative und semi-quantitative Methoden auf, die Unternehmen für die Ableitung von strategischen Innovationsfeldern im Unternehmen begleitend verwenden können. Je nach Forschungszweck soll/en die geeignete/n Methode/n angewendet werden.

3.3.2 Kritische Erfolgsfaktoren

3.3.2.1 Quantitative Verteilung

Insgesamt zeigen im Zeitraum 2000 bis 2022 die Ergebnisse der Literaturrecherche zu KEFs mit Innovationsfokus 299.740 Veröffentlichungen, die nach Anzahl und Jahr in Form einer Verteilkurve in Abbildung 3.6 dargestellt und in weiterer Folge um die Art des Ausgabemediums erweitert wird, die für die inhaltskritische Analyse bedeutsam ist.

Zusätzlich werden auch auserwählte Quellen mit den häufigsten Zitationen, die in den zugehörigen Daten in Anhang 01 im elektronischen Zusatzmaterial einsehbar sind, in die Analyse integriert, da es diese zu berücksichtigen gilt.

Abbildung 3.6 visualisiert die Anzahl der KEFs-Veröffentlichungen ab dem Jahr 2000 und zeigt einen jährlichen Anstieg der Publikationen das Thema KEFs mit Innovationskontext betreffend und eine ausgeprägt größere Publikationsanzahl im Vergleich zu den Trendmanagementveröffentlichungen. Aufgrund dessen wird der Zeitraum auf 2017 bis 2022 eingegrenzt, um den Fokus auf die neuesten wissenschaftlichen Beiträge zu legen.

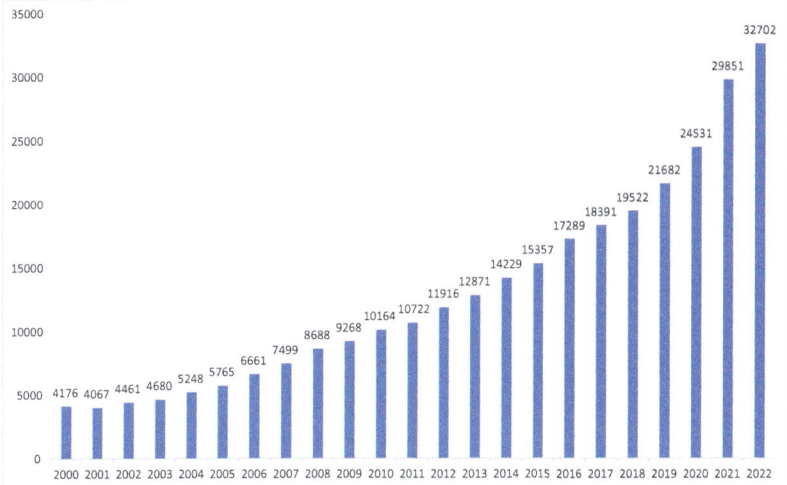

Abbildung 3.6 Jährliche Verteilung der Veröffentlichungen zu KEFs mit Innovationskontext im Zeitraum 2000–2022

3.3.2.2 Qualitative Inhaltsanalyse

Um die Leitfragen Vier und Fünf aus Abbildung 3.2 beantworten zu können, wird bei der qualitativen Inhaltsanalyse zum Begriff der KEFs mit Innovationskontext neben der Methode nach Denyer und Tranfield (2009) auch die Methode in Anlehnung an Mayring (2015), angewendet. Die in Abschnitt 3.2 dargestellten Vorgehensweise gilt es nunmehr, auch für den analysierten Begriffskomplex analog anzuwenden.

Folgendes Diagramm (Abbildung 3.7) zeigt im zeitlichen Verlauf die gewählte Literatur zu KEFs mit Innovationskontext im Betrachtungszeitraumes 1981 bis 2022. Für die inhaltskritische Analyse werden auch viel zitierte Publikationen aufgenommen, die sich unter anderem mit dem Ursprung der Erfolgsfaktorenforschung (Bullen und Rockart 1981; Fritz 1993; Moroi und Sato 1975; Haenecke und Forsmann 2006), der Implementierung (Wong 2005; Achanga et al.

2006; Banuelas Coronado und Antony 2002; Cooper 1999), Produktentwicklung (Cooper und Kleinschmidt 1995), Produktinnovation (Johne und Snelson 1988), Projektmanagement (Pinto und Slevin 1988; Sontag 2012) und in Zusammenhang mit Geschäftsprozessmanagement (Trkman 2010) von KEFs auseinandersetzen.

Die inhaltskritische Untersuchung der Quellen für diese Arbeit wird auf den Zeitraum 2017 bis 2022 gelegt, da die Anzahl an wissenschaftlichen Veröffentlichungen bezüglich KEFs zu hoch wäre.

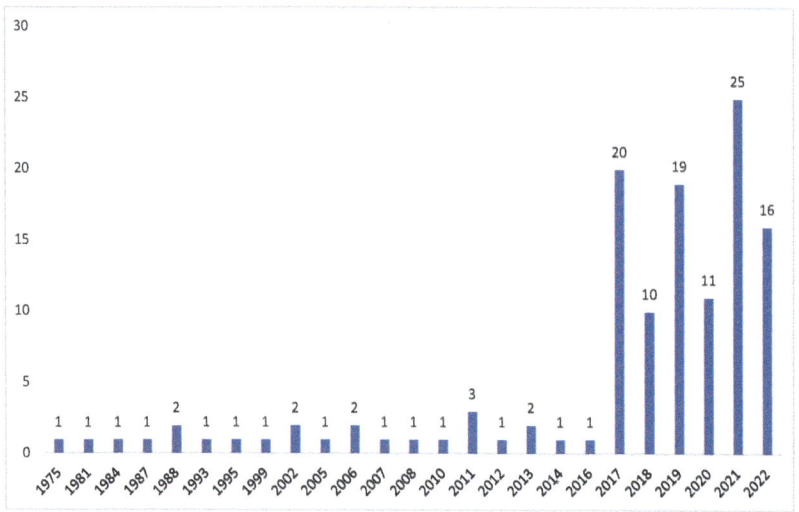

Abbildung 3.7 Verteilung der Veröffentlichungen zu KEFs mit Innovationskontext nach Anzahl und Jahr, die für die inhaltskritische Analyse vorbereitet wurden

Nach Anwendung der Ein- und Ausschlusskriterien, die in den zugehörigen Daten in Anhang 18 im elektronischen Zusatzmaterial einzusehen sind, und der erläuterten Vorgehensweise können insgesamt 126 begutachtete Publikationen identifiziert werden, die sich aus 67 Artikeln, 39 Buchbeiträgen, 13 Konferenz- und Referenzbeiträgen, vier Büchern und drei Reviews zusammensetzen und in Abbildung 3.8 dargestellt sind.

Für die inhaltskritische Analyse gilt es nun die 126 als relevant erachteten Publikationen zum genannten Analyseschwerpunkt aufzubereiten. Im Zuge

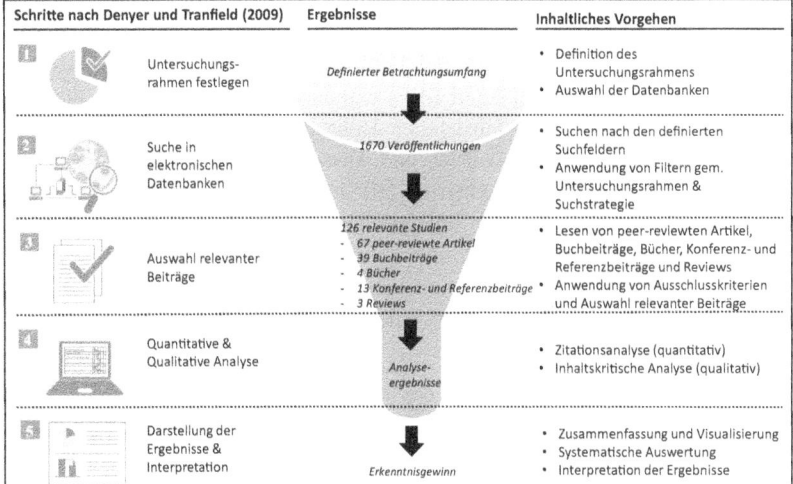

Abbildung 3.8 Vorgehensweise zur systematischen Literaturrecherche inkl. Darstellung aufsummierter Ergebnisse zu KEFs mit Innovationskontext

dessen werden 61 Veröffentlichungen entweder aufgrund fehlendem Innovationsbezug, unvollständiger Verfügbarkeit, unzureichender Bearbeitung der Erfolgsfaktorenthematik bzw. als Randthema behandelt oder als gänzlich unpassend erklärt. Für die kritische Inhaltsanalyse lassen sich somit 65 begutachtete Literaturquellen identifizieren, die in den zugehörigen Daten in Anhang 10 im elektronischen Zusatzmaterial einzusehen sind und sich aus 31 Artikeln, 25 Buchbeiträgen, sechs Konferenzbeiträgen bzw. Referenzeinträgen, zwei Büchern, und einem Review zusammensetzen. Bei der Auswertung nach Ausgabemedium ist unverkennbar, dass vor allem begutachtete Artikel und Buchbeiträge dominieren.

Um die zweite Subforschungsfrage beantworten zu können, erfolgt nach Auswahl der entsprechend angeführten Studien die Extraktion der vorhandenen Erfolgsfaktoren aus der Literatur. Hierfür werden die Suchbegriffe „critical success factor* innovation" und „Kritische Erfolgsfaktoren Innovation" in die als relevant erachteten Quellen eingegeben. Um ein umfassendes Bild zur bestehenden Literatur abzudecken, erfolgt keine Brancheneingrenzung, um sicherzustellen, dass sowohl praxisrelevante und damit auch handelsspezifische und theoretische Erkenntnisse aus den wissenschaftlichen Veröffentlichungen Berücksichtigung finden (Schwarz und Mühlroth 2013). Mit dieser Vorgehensweise werden pro Studie die jeweiligen recherchierten Daten zu KEFs mit Innovationsbezug gelistet. Im anschließenden Verdichtungs- und Füllwörterbereinigungsverfahren werden die aus der Literatur identifizierten KEFs extrahiert. Demnach können alle sich inhaltlich gleichenden KEFs hinsichtlich Höhe des Sättigungsgrades in einem mehrfach iterativen Prozess gelistet und anschließend übergeordneten KEFs aggregiert visualisiert werden (Mayring 2015). Durch den Vorgang des Zusammenführens von Daten und der numerisch statischen sowie objektbezogenen Datenerhebung, die grundsätzlich der quantitativen Forschung zuzuschreiben ist (Röbken und Wetzel 2017), kann eine ganzheitliche Perspektive gewonnen werden, welche in Tabelle 3.3 gezeigt wird.

Tabelle 3.3 Gesamtanzahl an KEFs und deren übergeordnete Zuordnung

Zuordnung der übergeordneten KEFs	Anzahl unterschiedlicher KEFs aus der Literatur, die zugeordnet wurden
Wissensmanagement	23
Changemanagement	19
Governance	38
Hard Skills	60
IKT	48
Innovation & Kultur	89
Kommunikation & Marketing	47
Managementunterstützung	37
Organisation	54
Prozessqualität	69
Ressourcen	85
Soft Skills	124
Team	46
Umfeldwissen	103
Unternehmensinterne und -externe Netzwerkbildung	36
Vision & Mission & Strategie & Ziele	133
SUMME	1011

Die zugehörigen Daten, die in Anhang 11 im elektronischen Zusatzmaterial einsehbar sind, visualisiert eine Übersichtstabelle, die eine Auflistung der

Autor*innen sowie der verwendeten Literaturquellen und die Anzahl an extrahierten KEFs präsentiert, die in weiterer Folge den übergeordneten KEFs zugeteilt
wurden.

In Summe werden 1.011 KEFs mit Innovationsbezug gefiltert, die im
Anschluss in Anlehnung an die sechs Kategoriencluster von Subtil de Oliveira et al. (2018) unter Berücksichtigung der Ergebnisse von Wong und Chin
(2007) und den ausgewählten Kategorien von Romero-Hidalgo et al. (2021) und
Gaubinger (2021) zugeordnet werden können.

Diese Kategorien umfassen ein Wissens- und Innovationsmanagementmodell
im organisatorischen Umfeld sowie ein hybrides Innovationsmanagementmodell
für den Mittelstand. Aufgrund der inhaltlichen Zusammengehörigkeit und der
dadurch gegebenen wechselseitigen Beeinflussung werden KEFs gruppiert und
Überbegriffe konsolidiert zugeschrieben (Raps 2017; Hische und Hische 2019).
Dies ist in Tabelle 3.4 zusammengefasst dargestellt.

Tabelle 3.4 Kategorien inkl. Zuordnung der KEFs. (Eigene Darstellung in Anlehnung an
Subtil de Oliveira et al. (2018), Romero-Hidalgo et al. (2021) und Gaubinger (2021))

Kategorien	Zuordnung der KEFs
Führung & Organisation	Managementunterstützung, Kommunikation & Marketing, Governance, Organisation, Changemanagement
Interne Innovationsfähigkeit	Wissensmanagement, Prozessqualität
Netzwerk und Beziehungen	Umfeldwissen, unternehmensinterne und -externe Netzwerkbildung
Strategie	Vision & Mission & Strategie & Ziele
Technologiemanagement	IKT
Menschen & Ressourcen & Kultur	Hard Skills, Soft Skills, Team, Innovation & Kultur, Ressourcen

Diese Darstellung gilt als Ergebnis der inhaltskritischen Analyse der Literatur und soll im sechsten Kapitel durch die zu generierenden Resultate aus den
Fokusgruppen und Expert*inneninterviews Ergänzungen erhalten.

3.3.3   Vorgehensmodelle

3.3.3.1 Quantitative Verteilung

Das Ergebnis der Literaturrecherche im Zeitraum 2000 bis 2022 weist im Forschungsfeld Vorgehensmodelle mit Innovationscharakter sowie für Innovationsprozesse 39.908 Veröffentlichungen aus, die in Form einer Verteilkurve dargestellt und Abbildung 3.9 visualisiert sind:

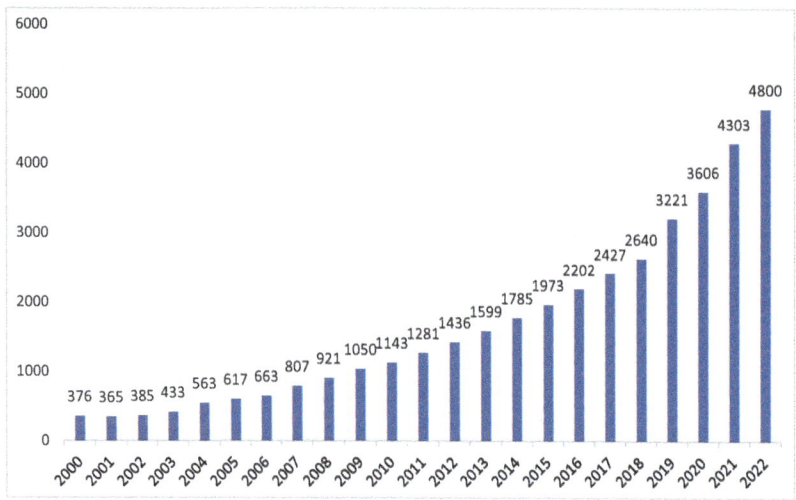

Abbildung 3.9 Jährliche Verteilung der Veröffentlichungen zu Vorgehensmodellen mit Innovationsfokus im Zeitraum 2000–2022

Die relevanten Publikationen werden nach Anzahl und Jahr präsentiert und folglich um die Art des Ausgabemediums ergänzt, um die für die inhaltskritische Analyse relevanten Veröffentlichungen zu filtern.

Dabei wurden auch auserwählte Quellen mit den häufigsten Zitationen (die zugehörigen Daten sind in Anhang 01 im elektronischen Zusatzmaterial einsehbar) in die Analyse integriert, da diese für das untersuchte Themenfeld als prägend gelten.

Die dargestellte Verteilung weist die Publikationsanzahl ab dem Jahr 2000 zu den Suchbegriffen „Vorgehensmodell*" Innovation, „Prozessmodell*" Innovation und „process model*" innovation auf. Der kontinuierliche Aufwärtstrend an

Publikationen zu Vorgehensmodellen in Zusammenhang mit dem Anwendungsfeld Innovation bestätigt den weiteren Forschungsbedarf zu diesem Thema.

Im Zuge der Literaturrecherche ist aufgefallen, dass der Begriff „Vorgehensmodell" und sein Synonym „process model" die häufigsten publizierten Quellen
erzielten. Dies bestätigt die Synonymverwendung der definierten Suchbegriffe.

3.3.3.2 Qualitative Inhaltsanalyse

Für die inhaltskritische Analyse und Beantwortung der Leitfragen Sechs und
Sieben aus Abbildung 3.2, die sich mit Vorgehensmodellstudien mit Innovationscharakter und mit Implementierungsoptionen von Innovationsprozessen
beschäftigen, wird ausschließlich die Methode nach Denyer und Tranfield (2009)
verwendet.

Diese spezifische Vorgehensweise sieht die Durchführung von systematischen
Literaturübersichten in der Managementforschung vor, um eine strukturierte und
transparente Herangehensweise an die Analyse vorhandener Forschungsliteratur
zu gewährleisten. Dadurch ist es möglich, bereits veröffentlichte Beiträge zu
identifizieren, zu bewerten, zu synthetisieren und daraus Erkenntnisse abzuleiten, die zur Weiterentwicklung des Wissensstandes im genannten Forschungsfeld
beitragen und als Grundlage für weitere Feststellungen dienen.

Das aus wissenschaftlichen Quellen gesammelte Datenmaterial, das dem
Untersuchungsgegenstand von Vorgehensmodellen und Prozessmodellen in Verbindung mit Innovationscharakter und -prozessen entspricht, wird in weiterer
Folge für die inhaltskritische Analyse aufbereitet. Obwohl das Hauptaugenmerk
auf den Veröffentlichungen von 2017 bis 2022 liegt, werden sowohl Exemplare
der Grundlagenliteratur als auch oft zitierte Publikationen in die Verteilung und
in die Analyse inkludiert, was im anschließenden Diagramm (Abbildung 3.10)
visualisiert wird.

Nach Berücksichtigung der angeführten Ein- und Ausschlusskriterien, die in
den zugehörigen Daten in Anhang 18 im elektronischen Zusatzmaterial einsehbar
sind und der Vorgehensweise in Abschnitt 3.3.3 werden in Summe 91 begutachtete Veröffentlichungen als relevante Quellen für die inhaltskritische Analyse in
vereinheitlichter Form aufbereitet. Die genannten Publikationen setzen sich aus
39 Artikeln, 32 Buchbeiträgen, 14 Büchern, drei Kapiteln, einem Konferenzbeitrag, einem Working Paper und einer Web-Ressource zusammen, die folgende
Darstellung (Abbildung 3.11) abbildet.

In Summe werden 91 Vorgehensmodell- bzw. Prozessmodell-Publikationen
mit Fokus auf „Innovationscharakter" und „Implementierung von Innovationsprozessen" für die Analyse herangezogen. 29 Veröffentlichungen finden für die
inhaltskritische Analyse keine Berücksichtigung, da die beschriebenen Modelle

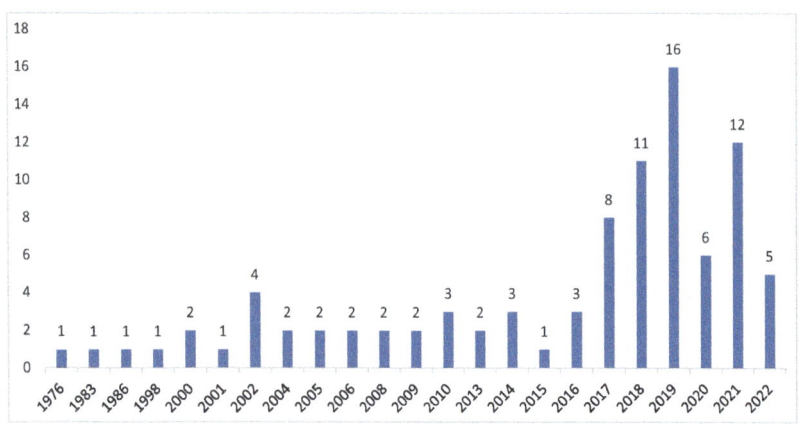

Abbildung 3.10 Verteilung der Veröffentlichungen zu Vorgehensmodellen nach Anzahl und Jahr, die für die inhaltskritische Analyse vorbereitet wurden

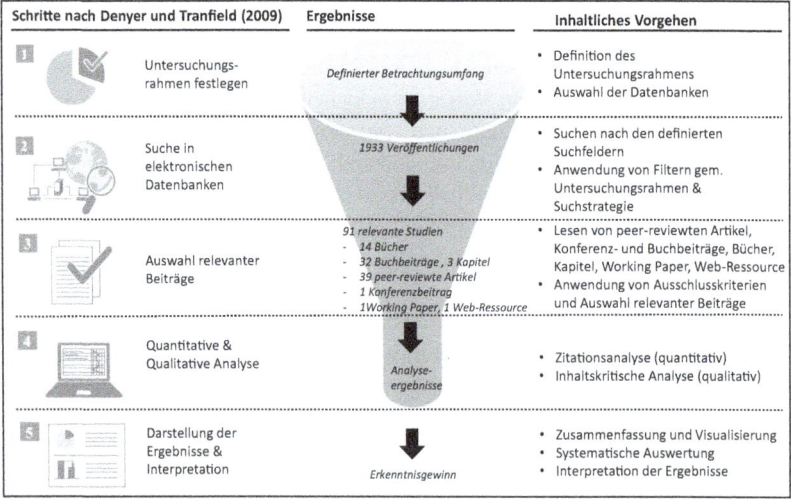

Abbildung 3.11 Vorgehensweise zu systematischen Literaturrecherche inkl. (Darstellung aufsummierter Ergebnisse zu Vorgehensmodellen)

entweder speziell für Produktentwicklungen, IT-Lösungen oder zur Umsetzung/ Implementierung digitaler Transformationen entwickelt worden sind. Im Sinne des Anspruchs die dritte Subforschungsfrage beantworten zu können, werden insgesamt 62 begutachtete Veröffentlichungen, die aus 23 Buchbeiträgen, 22 Artikeln, zwölf Büchern, zwei Kapiteln, einem Konferenzbeitrag, einem Working Paper und eine Web-Ressource bestehen, für die Analyse aufbereitet. Im Detail sind diese Literaturquellen in den zugehörigen Daten in Anhang 12 im elektronischen Zusatzmaterial ersichtlich.

Die Begriffe „Vorgehensmodell" und „Prozessmodell" haben ihren Ursprung im technischen Bereich und kommen verstärkt in Zusammenhang mit Softwareentwicklungen bzw. innerhalb des Projektmanagements vor (Grande 2014; Dechange 2020). Die bekanntesten in der Theorie und in der Praxis verwendeten Modelle unterteilen sich in sequenzielle Modelle, überlappende Modelle, iterative Modelle, auch traditionelle Modelle genannt, und agile Modelle (Dechange 2020). Diese Arten von Vorgehensmodellen sind nicht isoliert zu betrachten – je nach Zielsetzung werden auch Modellarten vermischt angewendet, wobei in der Literatur dann von hybriden oder adaptiven Modellen gesprochen wird (Dechange 2020).

Zu den sequenziellen Modellen, zählen das Wasserfallmodell (phasenorientierte lineare Vorgehensweise) und das V-Modell (phasenorientierte Vorgehensweise im Speziellen für die Produktentwicklung). Bei den überlappenden Modellen erfolgt die Abwicklung der Prozesse und Phasen überlappend oder parallel, wobei als Voraussetzung die ausreichende Informationsverfügbarkeit gilt (Dechange 2020). Iterative Modelle werden bei Projekten mit hohem Wiederholungsgrad bei Teilprojekten eingesetzt und unterteilen sich in inkrementelle Modelle (schrittweise Annäherung an das Produktziel) und in Spiralmodelle (Zyklenablauf, bis Produktziel erreicht wird). Den agilen Modellen, wie Scrum, Kanban oder hybriden Modellen kommen in der Literatur immer mehr an Bedeutung zu. Diese werden vor allem im IT-Umfeld angewendet und stehen für ihre Wendigkeit, Anpassungsfähigkeit, Werte und Prinzipien sowie iterativen Abläufe (Dechange 2020). Außerdem wird der Fokus auf das Selbstmanagement im Team, die Kommunikation mit Stakeholdern und Kundeneinbindung und Transparenz gelegt (Dechange 2020).

Grundsätzlich kann bei den sequentiellen, überlappenden und iterativen Modellen von einem direktiven unipolaren, streng nach einer Richtung verlaufenden Prozess gesprochen werden, während die agilen Modelle einen Schleifenprozess darstellen, der durch mehrfache Rückkoppelung funktioniert (Dechange 2020).

Eine Ausgangsbasis zur kritischen Analyse der Literatur stellt die Quelle von Verworn und Herstatt (2000) dar, die Prozessmodelle als einen festen Bestandteil des Innovationsmanagements darstellen, da ein Großteil der Innovationsmanagementlehrbücher Prozessmodelle beinhaltet, um die Abläufe im Innovationsprozess zu verdeutlichen. Insofern ist zu Beginn der kritischen Analyse zu untersuchen, warum unterschiedliche Prozessmodelle hinsichtlich Innovationstätigkeit existieren und welche Unterschiede zwischen wissenschaftlichen Prozessmodellen bzw. praktikablen Prozessmodellen und deren Ausgestaltung darstellbar sind (Verworn und Herstatt 2000).

Um die Vielzahl von Prozessmodellen, die hinsichtlich Innovationsprozess in der Literatur zu finden sind, einzuordnen, stellt die Unterscheidung nach der Zielsetzung eine mögliche Vorgehensweise dar. Dabei lassen sich die Prozesse in normative und deskriptive Modelle aufteilen, wobei die Differenzierung darin besteht, dass normative Modelle als Managementtool in Unternehmen eingesetzt werden und deskriptive Modelle versuchen, die in der Praxis erfassten Prozesse abzubilden (Verworn und Herstatt 2000).

Neben der Unterscheidung nach der Zielsetzung gelten Kriterien, wie die Phasenmodelle, bei denen der Innovationsprozess in sequentiellen Phasen unterteilt wird, als Differenzierungsmerkmal (Verworn und Herstatt 2000). Hinsichtlich Modelle für Innovationsprozesse sind nach Verworn und Herstatt (2000) Abgrenzungen und deren Besonderheiten anzuführen, die nachstehend analysiert werden.

Da es in der Literatur eine Vielzahl von unterschiedlichen Vorgehens- und Prozessmodellen gibt, repräsentiert die folgende Auflistung in Tabelle 3.5 keine taxative Aufzählung.

Die dargestellten 23 Modelle und Prozesse weisen in Summe einen Bezug zu Innovationsprozessen betreffend Produkt- und Dienstleistungsinnovationen auf und werden zuerst tabellarisch in chronologischen Reihenfolge nach Publikationsjahr und Autor*innen sowie im Anschluss im Detail erläutert.

Tabelle 3.5 Auflistung von Prozess- und Vorgehensmodellen in chronologischer Reihenfolge

Autor*innen	Name des Prozesses/Modells	Anmerkungen
Huber (1985)	Implementierungsprozess	Ausgehend von einer strategischen Stoßkraft als Ziel mit synergetischem Zusammenspiel von qualitativen und quantitativen Dimensionen
Cooper und Kleinschmidt (1990)	Stage-Gate-Prozess der zweiten Generation	Normatives Modell; bereichsübergreifend; Integration aller beteiligten Funktionen; Tätigkeiten erfolgen überlappend; transparente Gestaltung
Thom (1992)	3-Phasen-Modell des Innovationsprozesses	Bestehend aus drei Hauptphasen – Ideengenerierung, Ideenakzeptierung und Ideenrealisierung
Rothwell (1995)	Kopplungsmodell	Integration von Rückkopplungsschleifen; sequenzielles Modell mit eingeschränkter funktionaler Integration
Ulrich und Eppinger (1995)	Prozessmodell	Erfolgreiches Managementinstrument für praktische Anwendung mit interdisziplinärem Ansatz
Cooper (1996)	Stage-Gate-Prozess der dritten Generation	Verbindung klassischer Phasensegmentierung und projektorientierter Sichtweise
Hughes und Chafin (1996)	Phase-Review Prozess	Managementtool, durch Reviewprozess sehr langsamer Prozess
Witt (1996)	8-Phasen-Prozessmodell	Praxisbezogener Orientierungsrahmen
Brockhoff (1999)	Phasenmodell	Prozess kann aufgrund Misserfolges oder Ideenverwerfung abgebrochen werden

(Fortsetzung)

Tabelle 3.5 (Fortsetzung)

Autor*innen	Name des Prozesses/Modells	Anmerkungen
Herstatt (1999)	5-Phasen-Modell	Innovationsprozess zeichnet sich durch fließende Phasenübergänge inkl. iterativ ablaufende Aktivitäten aus
Vahs and Burmester (1999)	Prozessmodell	Innovationscontrolling begleitet gesamtes Prozessmodell
Brecht (2002)	Vorgehensmodell	Bestehend aus fünf aufeinander aufbauenden Moduln, die Aktivitäten abbilden und Ergebnisse erläutern
Allweyer (2005)	Vorgehensmodell	Zyklischer Ablauf, bestehend aus vier Hauptphasen (Strategisches Prozessmanagement, Prozessentwurf, Prozessimplementierung, Prozesscontrolling)
Docherty (2006)	Offenes Innovationsmodell	Generierung von internen und externen Innovationsideen; Vernetzung aller Phasen des Open-Innovation-Modells
Galanakis (2006)	Innovationsprozessmodell	Ganzheitliches Prozessmodell; Unternehmensstrategie und -struktur nimmt zentrale Position; externe und interne Faktoren nehmen auf den Prozess Einfluss
Du Preez und Louw (2008)	Innovationsprozessmodell	Lineares und spiralförmiges Innovationskonzept; verfolgt einen generischen Innovationsprozess
Trott (2008)	Netzwerkmodell	Einbindung von internen und externen Stakeholdern

(Fortsetzung)

Tabelle 3.5 (Fortsetzung)

Autor*innen	Name des Prozesses/Modells	Anmerkungen
Noori et al. (2009)	Integrierter Innovationsmanagementprozess	Bereichsorientierter Prozessansatz – Ergebnis aufeinanderfolgender Funktionen mit Einbezug unterschiedlicher Unternehmensabteilungen
Acklin (2010)	Designorientiertes Innovationsmanagementmodell	Generisches theoretisches Innovationsmanagementmodell, bestehend aus sechs Phasen (Impuls, Forschung, Entwicklung, Strategie, Implementierung und Evolution)
Lindegaard (2010)	Innovationsmanagement-Prozessmodell	Innovationsmanagementprozess mit Fokus auf Aktivitäten und Feedback nach Implementierung der Innovation
Kolks (2013)	Vorgehensmodell	Normatives Phasenschema; Tätigkeitsbeschreibung für die Strategieimplementierung
Cooper (2014)	Stage-Gate Modell der vierten Generation („Tripe-A"-System oder Agile-Stage-Gate Hybridansatz)	Prozess ist anpassungsfähig, flexibel, agil und aktiv; gesamter Prozess ist mit iterativen Schleifen mit Kund*innen/Nutzer*innen ausgestattet
Cooper (2022)	Stage-Gate-Modell der fünften Generation	Vollstufenmodell ergänzt um zwei weitere flexible Prozesse (StageGateLite, StageGateXpress)

Nach Du Preez und Louw (2008) können Prozessmodelle mit Innovationskontext grundsätzlich in sechs Generationen (Tabelle 3.6) unterteilt werden:

Nachfolgende Innovationsprozessmodelle, die in den zugehörigen Daten in Anhang 21 im elektronischen Zusatzmaterial einsehbar sind, graphisch visualisiert sind, werden generationenspezifisch aufsteigend erläutert, beginnend bei der ersten und zweiten Generation, die einen einfachen linearen, sequentiellen Verlauf aufweisen (Du Preez und Louw 2008):

Tabelle 3.6 Innovationsprozessmodelle eingeteilt in Generationen. (Eigene Darstellung in Anlehnung an Du Preez und Louw (2008))

Generationeneinteilung	Modellart	Modellbeschreibung
Erste Generation	Treiber: Technologischer Fortschritt oder Innovationen	Einfacher linearer sequenzieller Prozess (Schwerpunkt liegt auf F&E und Wissenschaft)
Zweite Generation	Marktanziehungskraft	Einfacher linearer sequenzieller Prozess (Schwerpunkt liegt auf Marketing)
Dritte Generation	Kopplungsmodell	Erkennen von Wechselwirkungen zwischen Elementen inkl. deren Feedbackschleifen
Vierte Generation	Interaktives Modell	Verbindung von Push- und Pull-Modellen, unternehmensinterne Integration, Fokus auf externen Verknüpfungen
Fünfte Generation	Netzwerkmodell	Fokus liegt auf Wissensaufbau und externe Verknüpfungen, Systemintegration und weitgehende Vernetzung
Sechste Generation	Offene Innovation	Kombination von internen/externen Ideen und Wege zur Markteinführung, um neue Innovationsentwicklungen voranzutreiben

In der Praxis wird der Phase-Review-Prozess, der ersten Generation von Prozessmodellen zugeordnet und als Management-Tool verwendet, bei dem der Innovationsprozess in diskrete Phasen unterteilt wird (Hughes und Chafin 1996). Nach Abschluss jeder Phase dieses Prozessmodells findet ein Managementreview statt, bei dem darüber entschieden wird, ob die nächste Phase eingeleitet wird (Verworn und Herstatt 2000). Durch diesen Vorgang ist die Fertigstellung jeder einzelnen Aufgabe sichergestellt und kann standardisiert werden. Als negative Merkmale gelten, dass keine Marketingaktivitäten ins Modell integriert sind, der gesamte Innovationsprozess nicht bis zur Marktdurchdringung aufgezeichnet ist und durch die Managementreviews der Prozess verlangsamt wird.

Die Autor*innen Ulrich und Eppinger (1995) vertreten die Meinung, dass Prozessmodelle ein erfolgreiches Managementinstrument darstellen und ent-wickelten ein Modell als Anregung für die praktische Anwendung. Dieses

Prozessmodell verfolgt einen interdisziplinären Ansatz, der verschiedene Unternehmensfunktionen in die Entwicklungsprozessphasen integriert (Verworn und Herstatt 2000).

Das 5-Phasen-Modell von Herstatt (1999) visualisiert einen Innovationsprozess, bei dem die einzelnen Phasen – Ideengenerierung und -bewertung, Konzepterarbeitung und Produktplanung, Entwicklung, Prototypenbau und Pilotanwendung/Testing, Produktion sowie Markteinführung und -durchdringung – sich durch einen fließenden Übergang inklusive iterativ ablaufenden Aktivitäten auszeichnet.

Brechts Vorgehensmodell (Brecht 2002) beinhaltet fünf aufeinander aufbauende Module – Strategische Prozessgestaltung, Operative Prozessgestaltung, Strategische Prozesslenkung, Operative Prozesslenkung und Prozessentwicklung, das die jeweiligen Aktivitäten abbildet sowie die untergliederten Techniken und Ergebnisse erläutert (Schallmo et al. 2018a).

Ein weiteres Vorgehensmodell in Zusammenhang mit Prozessmanagement hat Allweyer (2005) entwickelt, welches einen zyklischen Ablauf verfolgt und in vier Hauptphasen – Strategisches Prozessmanagement, Prozessentwurf, Prozessimplementierung, Prozesscontrolling – linear dargestellt ist (Schallmo et al. 2018a).

Beim 3-Phasen-Modell von Thom (1992) stehen die Hauptphasen der Ideengenerierung, Ideenakzeptierung und Ideenrealisierung im Zentrum, die in weiterer Folge in Suchfeldbestimmung, Ideenfindung, Ideenvorschlag, Ideenprüfung, Erstellung von Realisierungsplänen, Entscheidung für einen zu realisierenden Plan, Konkrete Verwirklichung neuer Ideen, Absatz neuer Idee an Adressat und Akzeptanzkontrolle spezifiziert werden.

Das 8-Phasen-Prozessmodell von Witt (1996) gilt als praxisbezogener Orientierungsrahmen, der sich aus den sequentiell ablaufenden Phasen – Festlegung des Suchfelds, Ideengewinnung, Rohentwurf für Produktkonzept, Grobauswahl mit Eignungsanalyse, Feinauswahl mit Rentabilitätsanalyse, Technische Entwicklung und Entwicklung des Marketing-Konzepts, Durchführung von Markttests und Markteinführung – zusammensetzt. Dabei ist festzustellen, dass die Phasen der technischen Entwicklung und der Marketingkonzeptentwicklung parallel ablaufen.

Mit der Erweiterung von strategischen Komponenten, wie der Integration von mehreren Meilensteinen oder Checkpoints, wird Vorgehensmodellen eine abstraktere Sicht auf Innovationsentwicklungsprojekte ermöglicht, ohne sich auf organisatorische Rollen der jeweiligen Aufgaben zu beziehen. Somit wird die Basis für integrierte Innovationsmanagementprozesse gebildet, die auf Aktivitäten und Funktionen basieren (Miller et al. 2020).

Der bereichsorientierte Prozessansatz von Noori et al. (2009) betrachtet eine Innovation als Ergebnis aufeinanderfolgender Funktionen, die durch verschiedene Abteilungen eines Unternehmen vertreten werden und somit einen integrierten Innovationsprozess für Projekte der Forschung und Entwicklung einschließlich Abteilungen und Funktionen darstellen (Miller et al. 2020).

Ein ähnliches Modell zu Noori et al. (2009) wurde von Lindegaard (2010) entwickelt, welches sich nicht ausschließlich auf den Innovationsmanagementprozess bezieht, sondern auf die Aktivitäten und das Feedback nach Implementierung der Innovation fokussiert. Dieses Modell steht für die klare Zuordnung von Abteilungen hinsichtlich Aufgaben und Funktionen, impliziert jedoch wie das Modell von Noori et al. (2009) einen streng linearen Zyklus, bei dem die einzelnen Phasen nacheinander bearbeitet werden. Aufgrund des Fehlens eines Kontrollmechanismus erfolgen keine gegenseitigen Rückkopplungen, da die Bereiche unabhängig voneinander agieren (Miller et al. 2020).

Folgende Modelle, die von *Cooper* (Cooper und Kleinschmidt 1990; Cooper 1994, 1996, 2014, 2022; Cooper und Sommer 2016) entwickelt worden sind, bilden die Kombination von aktivitäts- und bereichsbasierten Ansätzen zur Strukturierung von Innovationsmanagementprozessen sowie zur Implementierung übergeordneter Kontrollmechanismen ab (Miller et al. 2020). Stage-Gate-Modelle werden im Allgemeinen als planbasierte Ansätze betrachtet und bilden Prozessmodelle für die Innovations- und Produktentwicklung ab, um Prozesse maßgeblich zu optimieren (Cooper und Sommer 2016).

Das von Kolks (2013) entwickelte Vorgehensmodell stellt ein normatives Phasenschema dar und beschreibt die Abfolge von Tätigkeiten, die für die Strategieimplementierung bedeutend sind. Dabei geht der Autor davon aus, dass im Zuge der Implementierung inhaltliche Tätigkeiten aggregierbar sind und in zeitlich aufeinanderfolgenden Aspekten in eine logisch-genetische Reihenfolge gebracht werden können, die in dem Modell als Implementierungsplanung, Implementierungsrealisation und Implementierungskontrolle dargestellt sind (Raps 2017; Kolks 2013). Das Vorgehensmodell von Kolks (2013) gilt im deutschsprachigen Raum als richtungsweisend (Raps 2017).

Der Implementierungsprozess von Huber (1985), der eine strategische Stoßkraft als Ziel verfolgt, besteht aus einem zweidimensionalen Konzept, welches die Komponenten Anpassung (qualitative Dimension) und Durchsetzung (quantitative Dimension) beinhaltet und deren synergetisches Zusammenspiel hervorbringt (Raps 2017). Bei diesem Prozess dominiert der theoretische Betrachtungswinkel, der wissenschaftlich einen wesentlichen Beitrag liefert, während in der Praxis die beiden Komponenten soweit wie möglich parallel ablaufen sollen

(Raps 2017). *Hubers* Implementierungsprozess, der sich in die Anpassung verschiedener Elemente an die gewählte Strategie und Durchsetzung im Sinne einer Operationalisierung unterteilt, bietet im Gegensatz zu *Kolks* Modell einen ganzheitlichen Ansatz, der vor allem die Unternehmenskomponenten, insbesondere den bedeutenden Stellenwert der Unternehmenskultur, hervorhebt (Kolks 2013; Raps 2017).

Die zweite Generation von Prozessmodellen wird von den Autoren*innen Cooper und Kleinschmidt (1990) geprägt, die die Vorgehensweise und Profile von (nicht) erfolgreichen Unternehmen gegenüberstellen, die Handlungsempfehlungen aus ihren erfolgreichen Studien aggregieren und daraus ein Prozessmodell entwickeln. Bei diesem Prozess handelt es sich um ein lineares oder sequentielles Modell mit eingeschränkter funktionaler Integration (Du Preez und Louw 2008). Dieser Stage-Gate-Prozess zeichnet sich durch die Integration aller beteiligten Funktionen, wie Marketing und Produktion aus, funktioniert bereichsübergreifend, die einzelnen Tätigkeiten können überlappend erfolgen und beschleunigen den Prozess. Durch die transparente Gestaltung wird ein gemeinsames Verständnis aller Akteur*innen entwickelt, welches die Kommunikation im Team und mit dem Top-Management begünstigt.

Eine Weiterentwicklung der linearen Phasenmodelle bildet das von Robert G. Copper entwickelte Stage-Gate-Modell der dritten Generation, das in der Praxis häufig Verwendung findet (Cooper 1996). Dieses operationale Modell hebt den Richtliniencharakter hervor (Verworn und Herstatt 2000), gibt dem Innovationsprozess Struktur und verbindet die klassische Phasensegmentierung mit einer projektorientierten Sichtweise (Kaschny und Nolden 2018). Der Stage-Gate-Prozess dient der systematischen Integration, Steuerung und Kontrolle und unterstützt durch sein strukturiertes Vorgehen die Entscheidungsfindung im Innovationsprozess. Zu diesem Zweck wird der gesamte Prozess in eine vorweg definierte Anzahl von „Stufen" (= Phasen der Phasenmodelle) gegliedert, die durch integrierte „Gates" (= Entscheidungstore) in Form von Kriterienkatalogen eingeführt werden. In Summe besteht das gesamte Stage-Gate-Modell aus einer Entdeckungsphase, jeweils fünf Stufen und „Gates" und einer Reflexionsphase (Kaschny und Nolden 2018). Zusammenfassend bildet das Modell Handlungsempfehlungen ab, zeigt realistisch die ablaufenden Prozesse und verringert dadurch den Aufwand der Implementierung (Verworn und Herstatt 2000).

Ein weiteres Modell der dritten Generation bildet das Kopplungsmodell von Rothwell (1995) ab, welches bereits Rückkopplungsschleifen integriert hat, jedoch in der zentralen Funktionalität als sequentiell mit eingeschränkter funktionaler Integration gilt (Du Preez und Louw 2008). Die Besonderheit beim Prozessmodell von Brockhoff (1999) besteht darin, dass während des Prozesses auch aufgrund von technischem oder ökonomischem Misserfolg oder Ideenverwerfung abgebrochen werden kann. Beim Prozessmodell von Vahs and Burmester (1999) erstreckt sich das Innovationscontrolling über die einzelnen Phasen des Innovationsprozesses, die aus Innovationsanstoß, Ideengewinnungsphase, Bewertung, Auswahl, Umsetzung und Markteinführung bestehen, wobei die erste Phase, die des Innovationsanstoßes, ausgenommen ist.

Innovationsmodelle der vierten Generation zeichnen sich durch den interaktiven Ansatz aus (Du Preez und Louw 2008). Das „Triple-A"-System oder auch Agile-Stage-Gate Hybridansatz genannt (Cooper und Sommer 2016), formiert das Stage-Gate-Modell der vierten Generation in Kombination mit Methoden, die den Prozess anpassungsfähig, flexibel, agil und aktivierend gestalten. Somit wird der gesamte Innovationsprozess mit iterativen Schleifen gemeinsam mit Kund*innen bzw. Nutzer*innen ergänzt (Cooper 2014). Diese ermöglichen es, dass deren Bedürfnisse rasch adaptiert werden können, weil diese nicht alle „Gates" durchlaufen müssen und die Agilität in jede Phase integriert ist (Kaschny und Nolden 2018; Cooper und Sommer 2016).

Die fünfte Generation der Innovationsprozesse beschreibt die Netzwerkmodelle, welche den Einfluss der externen Umgebung und die effektive Kommunikation mit der externen Umgebung als Hauptmerkmale vertreten (Du Preez und Louw 2008). Diese Art von Modell unterstreicht die steigende Komplexität von Innovationsprozessen, da interne und externe Stakeholder miteingebunden werden.

Das Netzwerkmodell der Innovation von Trott (2008) zeigt die Verbindung zwischen allen Rollen, intern sowie extern, das jedoch den Fokus auf die Entwicklung von Produktinnovationen legt.

Ein sehr umfassendes Modell der fünften Generation wurde vom Autor Galanakis (2006) entwickelt, welches einen systemischen Denkansatz verfolgt und das Ganze als die Summe seiner Teile ins Zentrum rückt. Somit nimmt das Unternehmen eine zentrale Position ein, welches die Funktion des Innovationsgenerators und -förderers am Markt, im Industriesektor und in der Nation gleichzeitig wahrnimmt. Dieses ganzheitliche Innovationsprozessmodell besteht aus drei Hauptprozessen – dem Wissensgenerierungsprozess, dem Entwicklungsprozess für Produktneuerungen und des Produkterfolgs auf dem Markt. Dieser Innovationsprozess wird einerseits von unternehmensinternen Faktoren, wie beispielsweise der Unternehmensstrategie sowie -struktur und andererseits von externen Faktoren im nationalen Innovationsumfeld, wie zum Beispiel Regulierungen, beeinflusst (Du Preez und Louw 2008).

Eine weitere Version von Modellen der fünften Generation wurde von Cooper (2022) entworfen, der zu seinem bekannten und häufig zitierten Stage-Gate-Vollstufenmodell zwei weitere flexible Prozesse, den StageGate Lite (für Produktänderung und -erneuerungen) und den StageGate Xpress (kleine Änderungen oder individuelle Kundenwünsche) hinzufügte, um dadurch eine schlanke und flexible Umsetzung zu ermöglichen.

Bei den Modellen der fünften Generation handelt es sich hauptsächlich um geschlossene Innovationsnetzwerke, bei denen unternehmensinterne Mitarbeiter*innen eine Innovationsidee isoliert entwickeln und den bekannten Trichter von Docherty (2006), der aus drei Phasen – Fuzzy-Front-End – Entwicklung – Markteinführung – besteht, durchläuft (Du Preez und Louw 2008).

Die weiteren Ausführungen von Modellen werden als „Modelle der sechsten Generation" oder als „offene Innovationsmodelle" bezeichnet. Bei diesen Innovationsprozessen werden interne und externe Innovationsideen generiert und entwickelt sowie auf internen und externen Wegen zur Markteinführung begleitet. Dieser Open-Innovation-Ansatz wurde von Chesbrough (2003) entwickelt, generiert über einen breiten Inputkanal eine größere Menge an Ideen und wird von zahlreichen Unternehmen als strategisches Instrument gesehen.

Durch die Vernetzung des Open-Innovation-Modells in allen Phasen haben sich die Bereiche der Offenheit und Zusammenarbeit verändert und bilden den Kern des Modells (Du Preez und Louw 2008). Das folgende, von Du Preez und Louw (2008) entwickelte Innovationsprozessmodell, wird „Fugle Innovationsprozessmodell" genannt, das auf Produkt- und Dienstleistungsinnovationen anwendbar ist und ein lineares und spiralförmiges Innovationskonzept abbildet. Dieses Modell verfolgt einen generischen Innovationsprozess und soll Unternehmen dabei unterstützen, die konvergenten Innovationstrichter (Identifikation und Bewertung von Produkt- und Dienstleistungsinnovationen) mit dem divergierenden Einsatz und der Nutzung der Innovationen zu kombinieren. Der Innovationstrichter, wie in folgender Abbildung 3.12 visualisiert ist, läuft unternehmensintern ab, jedoch sind alle Prozessphasen mit dem externen Umfeld verbunden, was auch den Open-Innovation-Ansatz sowie das Innovationsnetzwerk hervorhebt.

Gelenkt wird der ganzheitlich skizzierte Innovationsprozess in Abbildung 3.12 von der Unternehmensstrategie und -kultur, den Mitarbeiter*innen, den Prozessen und Strukturen der Organisation sowie von Informations- und Wissensmanagement. Das Innovationsmodell ist gekennzeichnet von sich überschneidende Phasen und iterativen Schleifen im gesamten Prozessverlauf (Du Preez und Louw 2008).

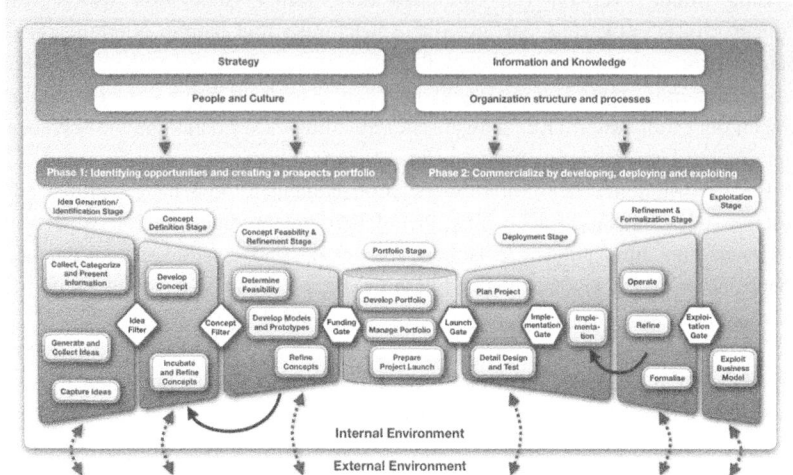

Abbildung 3.12 Der Fugle-Innovationsprozess von Du Preez und Louw (2008)

Das folgende Modell von Acklin (2010) wurde speziell für Klein- und Mittelbetriebe entwickelt. Bei diesem Modell wird auf theoretischer Ebene Designmanagement in ein generisches Innovationsmanagementmodell eingeführt und ein designgetriebenes Innovationsprozessmodell, bestehend aus sechs Phasen – Impuls, Forschung, Entwicklung, Strategie, Implementierung und Evolution – entwickelt.

Dieses Innovationsmodell bindet im Vergleich zu den vorher genannten Modellen von beispielsweise Cooper und Kleinschmidt (1990) und Cooper (1996) die Verwendung von Design mit ein und vereint Strategieentwicklung, Innovationsmanagement und Designmanagement zu einem Prozess, der in parallel durchführbaren Phasen, wie Abbildung 3.13 zeigt, und nicht linear erfolgt.

Das designorientierte Innovationsmodell stellt einen ganzheitlichen, interdisziplinären und offenen Ansatz dar (Acklin 2010).

Auf Basis der genannten Prozess- und Vorgehensmodelle mit Innovationscharakter und für Innovationsprozesse konnte für die Beantwortung der dritten Subforschungsfrage die Erkenntnis gewonnen werden, dass in der Literatur eine Vielzahl von unterschiedlichen Modellen in breitgefächerten Anwendungsgebieten angeführt wird, die abhängig von der Unternehmenszielsetzung verschiedene Ausgestaltungen annehmen können. Diese Modelle dienen als strukturierte Rahmenbedingungen, um wissenschaftliche Untersuchungen zum Anwendungsfeld

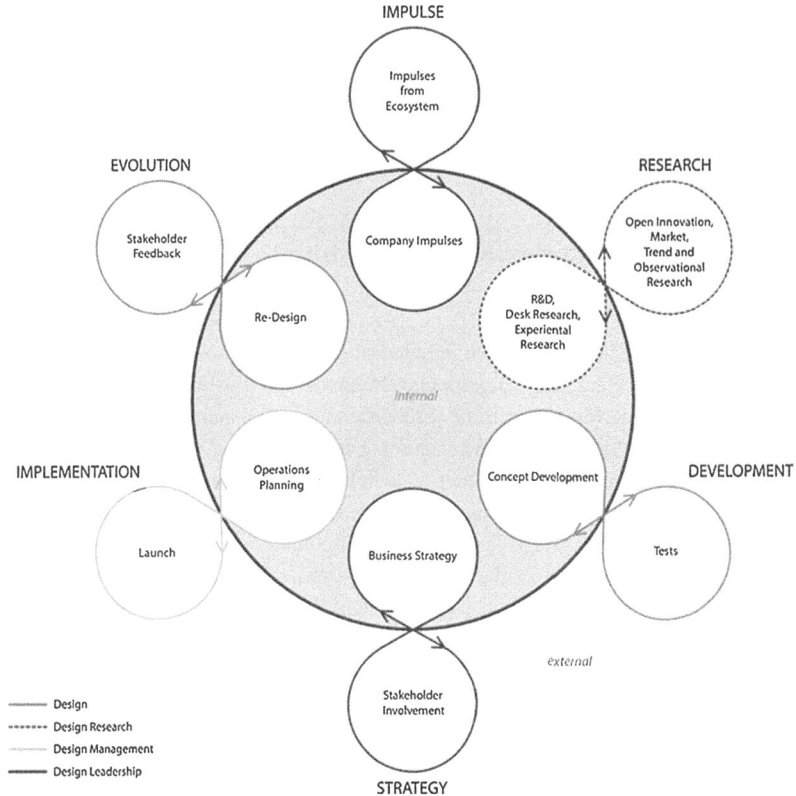

Abbildung 3.13   Designorientiertes Innovationsmanagementmodell von Acklin (2010)

Innovationsprozesse durchzuführen und ermöglichen eine systematische Herangehensweise. Aufgrund dieser Erkenntnisse kann davon ausgegangen werden, dass
es kein einheitliches Standardmodell für die Implementierung von Innovationsprozessen gibt (Verworn und Herstatt 2000). Dennoch besteht die Möglichkeit,
durch die Vereinigung verschiedener Ansätze zu einer gemeinsamen Lösung zu
gelangen (Du Preez und Louw 2008).

   Im Allgemeinen kann festgestellt werden, dass sich im Verlauf der Zeit das
Innovationsumfeld von einfachen linearen Modellen zu komplexeren integrierten
Netzwerkmodellen entwickelt hat, die durch Vernetzung und Zusammenarbeit

geprägt sind. Der Open-Innovation-Ansatz stellt Themen, wie Offenheit, Kommunikation und Zusammenarbeit, in den Mittelpunkt. Vernetzte Modelle und Communities sind die Treiber von Offenheit und Agilität, um Open-Innovation-Konzepte anwendungsbezogen zu realisieren. Dadurch wird auch die Möglichkeit geboten, linearverlaufende Prozesse sowie Kopplungsprozesse je nach Anforderung in Kombination zu nutzen (Du Preez und Louw 2008).

3.4   Kritische Reflexion der Ergebnisse

Trendmanagement

Zusammenfassend lässt sich nach inhaltskritischer Analyse der Trendmanagementliteratur feststellen, dass Trendmanagement als Teil des Innovationsprozesses und als Instrument für strategische Früherkennung und somit als strategische Methode mit dem Strategischen Management in Verbindung steht.

Trendmanagement verfolgt einen ganzheitlichen Umgang mit Trends, die unternehmensunabhängig auftreten und einen externen Einfluss auf das Unternehmen ausüben, im Sinne von systematischem Vorgehen, beginnend bei Trendscanning und -recherche bis hin zur Ableitung von strategischen Innovationsfeldern. Nach Analyse der Publikationen zum Themenfeld Trendmanagement lässt sich Trendmanagement hinsichtlich Anwendung und Funktionalität als strategische Methode darstellen, bei der ein siebenstufiger Prozess jedoch nicht linear, sondern iterativ (Fink und Siebe 2011; Kjaer 2014; Siebe 2018) verlaufend sowie in zyklischer Abfolge dargestellt ist. Dieser wird in Abbildung 3.14 visualisiert. Dabei übernimmt Trendmonitoring die kontinuierliche Überwachung des Trendmanagementprozesses und tangiert alle Trendmanagementprozessphasen.

Eine weitere Erkenntnis aus der inhaltskritischen Analyse konnte hinsichtlich Verwendung und Bedeutung von Softwaretools in Zusammenhang mit Trendmanagement erzielt werden. Dabei bestätigt sich die Hypothese, dass Softwaretools insofern eine bedeutende Rolle einnehmen, indem sie die Datensammlung, -analyse, -verarbeitung und -überwachung automatisiert übernehmen und dadurch Unternehmen agil und frühzeitig agieren zu können. Zusätzlich werden durch die Softwaretoolanwendung Prognosemodellierung und Risikoanalyse ermöglicht, damit Organisationen angemessene Maßnahmen ergreifen können. Somit kann davon ausgegangen werden, dass Unternehmen, die Trendmanagement softwarebasiert anwenden, auf ein gegenwärtig, komplexes und risikoreiches Unternehmensumfeld flexibel agieren können, um langfristiges Bestehen am Markt zu erreichen.

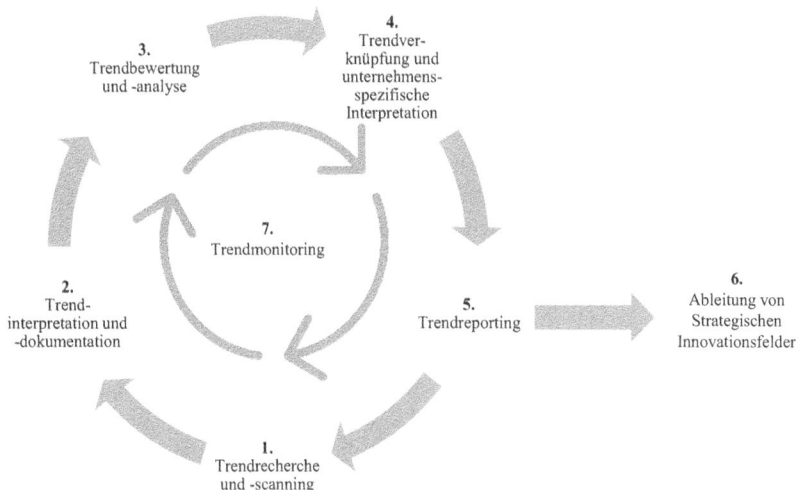

Abbildung 3.14 Trendmanagement als iterativ verlaufende strategische Methode

Kritische Erfolgsfaktoren

Die Analyseergebnisse aus der Literatur zeigen, dass es sich bei der Forschung betreffend KEFs mit Innovationskontext um ein breites Forschungsfeld handelt, das auf der Annahme basiert, dass Variablen, Faktoren, Elemente sowie Determinanten über Erfolg oder Misserfolg eines Unternehmens entscheiden (Dömötör 2011). Die Identifikation von KEFs stellt einen bedeutsamen Schritt bei der Entwicklung einer Strategie für Trendmanagement dar, um Unternehmen dabei zu unterstützen, Aktivitäten und Ressourcen sicherzustellen. Dadurch können Unternehmen ihre gesetzten strategischen Ziele realisieren (Dömötör 2011).

In der Literatur gibt es eine Vielzahl an KEFs, die von unterschiedlichen Autor*innen, in verschiedenen Situationen unterschiedliche Bedeutungen für strategische Entscheidungen aufweisen. In dieser Arbeit wird der Fokus auf KEFs mit Innovationskontext gelegt, da Trendmanagement einen Teil des Innovationsprozesses darstellt. Grundsätzlich ist es für den Organisationskontext mit Innovationsfokus wesentlich, Erfolgsfaktoren zu definieren, da dadurch die Konkurrenzfähigkeit des Unternehmens gefördert und kundenorientiert gehandelt wird sowie Ressourcen effektiv eingesetzt und Risiken reduziert werden, um sich an ändernde Marktbedingungen anpassen zu können. Dadurch wird die Innovationsfähigkeit gestärkt, um wettbewerbsfähig zu bleiben. Insgesamt können KEFs als Kennzahlenindikatoren dienen, die den Innovationsfortschritt eines Unternehmens zu überwachen, sowie gegebenenfalls auch Anpassungen vorzunehmen, um die gesteckten Unternehmensziele zu erreichen.

Bei der kritischen Inhaltsanalyse konnten in Summe 1.011 KEFs ausgewiesen werden, die in 16 Faktorencluster zusammengefasst wurden. Diese Faktoren wurden anschließend in sechs übergeordnete Kategorien in Anlehnung an Wong und Chin (2007), Subtil de Oliveira et al. (2018), Romero-Hidalgo et al. (2021) und Gaubinger (2021) – Führung und Organisation, Interne Innovationsfähigkeit, Netzwerk und Beziehungen, Strategie, Technologiemanagement sowie Menschen, Ressourcen und Kultur – zusammengefasst.

Die Erkenntnisse aus der literaturbasierenden kritischen Inhaltsanalyse dienen als Basis für die Befragung der Fokusgruppen in Abschnitt 6.3.2.1 und als Ausgangslage für den zu entwickelnden Interviewleitfaden für die später folgenden Expert*inneninterviews in Abschnitt 6.3.2.2, um abzugleichen, ob aus der Praxis Ergänzungen zu erfolgen haben bzw. ob etwaige Übereinstimmungen existieren.

Vorgehensmodelle

Eine Grundaussage zu Innovationen, die in der Literatur zu finden ist, lautet, dass Innovationen, die einem Zufallsvorgang überlassen werden, wenig Umsetzungskraft besitzen und deswegen als organisierter Prozess mit Abläufe und Verfahren zu verstehen sind (Disselkamp 2012). Damit Innovationen in Unternehmen erfolgreich umgesetzt werden können und Ideen nicht bereits in der Entstehungsphase versickern, kommt dem Strategischen Management mit dessen Werte und Faktoren, wie Unternehmensziel und -strategie, Unternehmensstruktur und -kultur, Abläufen, Prozessen und Steuerung, den Mitarbeiter*innen und der Rollen des Managements, eine zentrale Bedeutung zu (Disselkamp 2012; Hutzschenreuter 2015).

Die Ergebnisse der kritischen Inhaltsanalyse zu Vorgehensmodellen mit Innovationscharakter und für Innovationsprozesse zeigen, dass in der Literatur eine Vielzahl an Modellen unterschiedlicher Ausprägungen und Anwendungen entwickelt wurden. Ein Großteil der dargelegten Prozess- und Vorgehensmodelle sind in sequentielle Phasen eingeteilt und unterscheiden sich im Detaillierungsgrad (Kaschny und Nolden 2018). Innovationsmodelle von Acklin (2010), Du Preez und Louw (2008) und Docherty (2006) heben bereits die designgetriebene, offene und vernetzte Komponente hervor, um ganzheitliche Innovationsprozesse ins Unternehmen zu implementieren und abzubilden. Weniger detaillierte Phasenmodelle weisen eine eingeschränkte Aussagekraft aus, während detailliertere Modelle auf bestimmte Branchen oder Innovationsprojekte zugeschnitten sind und für die allgemeine Anwendung weniger relevant sind.

Daraus resultiert die Erkenntnis, dass kein allgemein gültiger Standardablauf, also keine universellen Vorgehensmodelle mit Innovationscharakter und für Innovationsprozesse, existieren. Vorgehensmodelle können je nach Art und Umfang der Einführung von strategischen Prozessen in einem Unternehmen angepasst und kombiniert werden, um ein individuelles und erfolgreiches Vorgehen zu ermöglichen (Kaschny und Nolden 2018). Folgende Synthesen veranschaulichen die Innovationsprozessmodelle generell:

- Innovationsprozessmodelle verfolgen ein Muster, welches in den Phasen – Ideengenerierung, Ideenidentifikation, Konzeptentwicklung, Konzeptbewertung, Konzeptauswahl, Entwicklung und Implementierung – verläuft.
- Die Treiber für Innovationen sind der Markt durch die Kund*innen, die Technologieentwicklung und -anwendung oder eine Kombination daraus.
- Wesentlich für einen strukturieren und transparenten Prozessablauf ist die Integration verschiedener Funktionen im Innovationsprozess.
- Die jüngsten Innovationsprozessmodelle heben den Netzwerkansatz hervor und die Bedeutung dessen, externe sowie interne Perspektiven miteinzubeziehen.
- Zunehmender Bedeutung kommt der Strategieausrichtung, Regulierung, den iterativen Kreisläufen und den funktionsübergreifenden Teams betreffend der Modelle für Innovationsprozesse zu.

Hinsichtlich des Vorhabens in dieser Arbeit, ein Vorgehensmodell zur Implementierung von Trendmanagement zu entwickeln, werden dem Fugle-Innovationsprozessmodell von Du Preez und Louw (2008), da ein ganzheitliches lineares und spiralförmiges Innovationskonzept abbildet, dem offenen Innovationsmodell von Docherty (2006), indem Wissen und Ideen von externen Quellen, wie Kund*innen, Lieferant*innen und Wettbewerber*innen einfließen, und dem designgetriebenen, humanzentrierten Innovationsprozessmodell von Acklin (2010), das einen interdisziplinären, offenen, iterativen und ganzheitlichen Ansatz darstellt, besondere Aufmerksamkeit geschenkt.

Die Ergebnisse aus der inhaltskritischen Analyse sowie Zitationsanalyse[1] reflektieren ein in sich geschlossenes, jedoch umfassendes thematisches Bild des Trendmanagement-, Kritische Erfolgsfaktoren- und Vorgehensmodellforschungsfeldes. Dies manifestiert sich einerseits in der Vielzahl von eingebrachten wissenschaftlichen Theorien aus verschiedenen, größtenteils theoretisch versierten

---

[1] Siehe ANHANG_01.

Anwendungsfällen und andererseits in den umfangreichen sowie facettenrei-
chen Forschungsperspektiven.[2] Die Heterogenität und die überschneidungsfreie
Abgrenzung der angeführten Forschungsfelder erschweren die Strukturierung des
Forschungsgebietes. Die präsentierten Ergebnisse der Literaturanalyse münden
jedoch in die übergeordnete Ebene der Strategischen Managementforschung als
Bestandteil der Innovationsmanagementforschung und ermöglichen somit eine
vollständige sowie konsolidierte Einordnung der aktuellen wissenschaftlichen
Literatur in diesen Bereich.

Die Ergebnisse aus der Zitationsanalyse ergänzen die qualitative Reflexion der inhaltskritischen Analyse, und somit gelingt es in diesem Kapitel,
einen umfassenden wissenschaftstheoretischen Überblick über (Strategisches)
Trendmanagement, KEFs mit Innovationsfokus und Vorgehensmodellen mit Innovationscharakter und für Innovationsprozesse darzulegen und neue theoretische
Erkenntnisse aufzuzeigen, die die Basis für die Erläuterung der Forschungslücke und die Abgrenzung des Untersuchungsgegenstandes bilden und Inhalt des
anschließenden vierten Kapitels darstellen.

---

[2] Aktuelle Untersuchungsergebnisse bestätigen damit die Aussagen von Kjaer 2014, Gracht
und Kisgen 2022, Blechschmidt 2020, Durst M. et al. 2010, Wong und Chin 2007, Subtil
de Oliveira et al. 2018, Romero-Hidalgo et al. 2021, Gaubinger 2021, Kaschny und Nolden 2018, Acklin 2010, Du Preez und Louw 2008, Docherty 2006, Disselkamp 2012 und
Hutzschenreuter 2015.

Forschungslücke und Abgrenzung des Untersuchungsgegenstandes

4

4.1 Kapitelübergreifender Ablauf

Basierend auf den in den vorangegangenen Kapiteln gewonnenen Erkenntnissen widmet sich das vierte Kapitel in einem ersten Schritt der Problemstellung und der Forschungslücke (Abschnitt 4.2) und im zweiten Schritt der Abgrenzung des Untersuchungsgegenstandes (Abschnitt 4.3). Darauf aufbauend gilt es im fünften Kapitel, den konzeptionellen Bezugsrahmen dieser Dissertation zu entwickeln, der das Fundament für die empirische Untersuchung in Kapitel sechs repräsentiert.

Abbildung 4.1 illustriert die kapitelübergreifende Vorgehensweise, die in Abschnitt 6.4 darauf abzielt, die Ergebnisse der empirischen Untersuchung hinsichtlich der Identifizierung handelsspezifischer KEFs für die Implementierung von StTmgt und die Resultate zur organisatorischen Einbettung von StTmgt in Handelsunternehmen darzustellen. Im Anschluss daran gilt es, die Erkenntnisse kritisch zu diskutieren.

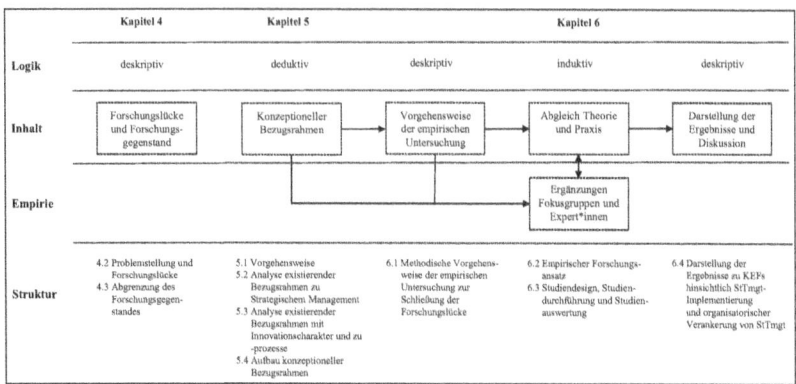

Abbildung 4.1   Kapitelübergreifende Vorgehensweise

4.2   Problemstellung und Forschungslücke

Der Einblick in den Stand der Trendmanagementtheorie und -praxis offenbart einige eklatante Mängel (Buck et al. 1998). Laut Buck et al. (1998) fehlen sowohl eine klare theoretische Basis als auch spezifische Analysemethoden, Managementsysteme und Operationalisierungsraster, die es erlauben, Trends bei unternehmensspezifischen Entscheidungen zu berücksichtigen. Das ist auch das ausschlaggebende Motiv, um sich als Unternehmen mit der Anwendung von Trendmanagement sowie dessen Implementierung auseinanderzusetzen, um sich auf volatilen Märkten zu behaupten (Buck et al. 1998).

Auch Liebl (2003) unterstreicht die Wichtigkeit von Trendmanagement für Unternehmen und spricht in diesem Zusammenhang von Umfeldanalyse und Aktivitäten, wie dem Einholen und Sammeln von Informationen, der Systematisierung und Auswertung von Informationen, der internen Kommunikation der Ergebnisse und letzten Endes der strategischen Umsetzung der Ergebnisse im Unternehmen (Liebl 2003). Ein großes Manko sieht der Autor in der praktischen Implementierung im Unternehmen, da die Regelmäßigkeit der Durchführung von Umfeldanalysen fehlt (Liebl 2003) und hebt in diesem Kontext hervor, dass effektives Trendmanagement nur möglich ist, wenn die Schnittstelle zwischen Unternehmen in den Bereichen Marketing, Marktforschung, Vertrieb, PR, strategische Planung, F&E und Umfeld, mit dem Blick nach außen, aktiv agiert (Liebl 2003). Nur durch die Einbettung in die jeweiligen Unternehmensprozesse kann Trendmanagement lebbar sein, sie stellt eine notwendige Kernkompetenz für Unternehmen in turbulenten Umfeldern dar (Liebl 2003).

Ergänzend vertreten Durst M. et al. (2010) die Meinung, dass Trendmanagement in das Innovationsmanagement integriert werden, jedoch nicht vorgelagert werden soll und sieht Trendmanagement als Teil des Innovationsprozesses, der der Ideengenerierung dient und für Unternehmen die Aufgabe wahrnimmt, bedeutsame Trends zu erkennen, strukturiert zu erfassen und zu bewerten, um aus den daraus gewonnenen Erkenntnissen geeignete Maßnahmen zur Umsetzung oder zur Beobachtung zu setzen. Durch dieses Vorgehen kann Trendmanagement somit zum individuellen Unternehmenserfolg beitragen (Durst M. et al. 2010), wobei softwaregestützte Lösungen kollaboratives Trendmanagement ermöglichen und dadurch ein kollektives und gruppiertes Erfassen von Trends möglich ist (Durst M. et al. 2010).

Fink und Siebe (2011) unterstreichen den Standpunkt von (Liebl 2003) und fügen hinzu, dass sich Trendmanagement auf taktischer Ebene einordnet, die eher qualitativ und mittelfristig ausgerichtet. Diese Ebene fokussiert sich auf die externe Umfeldperspektive, die zur Orientierung und Erkenntnisgewinnung dient. Die Autor*innen sehen Trendmanagement als strategische Früherkennung, die im Rahmen der Markt- und Umfeldbeobachtung darauf abzielt, den Prozess der Erstellung und der Nutzung von Prognosen durch kontinuierliche Beobachtung sowie Trendinterpretation und -bewertung zu optimieren, um anschließend maßgeschneiderte Handlungen auf Unternehmen aufzugreifen (Fink und Siebe 2011).

In weiterer Folge hat Trendmanagement laut Kjaer (2014) eine entscheidende Bedeutung für Unternehmen im 21. Jahrhundert, da dadurch eine solide Zukunftsstrategie entwickelt werden kann , die unterschiedliche Einflüsse und Umgebungen berücksichtigt.

Demnach stellt Trendmanagement eine komplexe Managementaufgabe dar, die sich mit der strategischen Früherkennung von Trends auf taktischer Ebene und mit einem systematischen Vorgehen bei der Identifizierung von Veränderungen auseinandersetzt, die für die Einschätzung der Einflüsse auf das Unternehmen erforderlich sind (Buck et al. 1998; Fink und Siebe 2011; Durst C. et al. 2017).

Die Ansichten von Weissenberger-Eibl et al. (2019) bestätigen und ergänzen diese Ansicht der Integration in den strategischen Prozess von Unternehmen, um dadurch in den Abteilungen zielgerichtet vorgehen zu können und lässt darauf schließen, dass StTmgt zukünftig immer bedeutender für Unternehmen wird. Darauf gestützt, untersuchte Wiser et al. (2019) die Aktivitäten und Herausforderungen, mit denen sich Unternehmen im Umgang mit Trendmanagement zu beschäftigen haben.

In Folge dieser Analyse konnten Kritikpunkte mit den jeweiligen Begründungen gefiltert werden, die in Tabelle 4.1 erläutert sind.

Tabelle 4.1 Kritikpunkte im unternehmensinternen Umgang mit Trendmanagement. (Eigene Darstellung in Anlehnung an (Wiser et al. 2019))

Kritik	Begründung
Schwache Positionierung des Trendmanagements in der Unternehmensstruktur	Dezentrale Verteilung des Trendmanagements auf Forschung und Entwicklung, obwohl es in den strategischen Themen agieren sollte. Diese Ausrichtung führt zu langwierigen Entscheidungsprozessen, die zu großen Problemen im Unternehmen führen, aufgrund zu späten Verständnisses und zu spätem Treffen von Entscheidungen.
Einseitige Interpretation von Trendinformationen	Interpretation von Trendinformationen sind komplex und in hohem Maße von personenbezogenen Daten, wie Wissen und Erfahrung, abhängig. Gefahr, dass Mitarbeiter*innen im Innovationsmanagement Informationen unterschiedlich auswerten und dies zu gegenläufige Handlungsempfehlungen führt.
Schwierig externe Informationen zu erhalten	Die Ergebnisse des Trendmanagements sind teilweise lückenhaft, da nicht alle Datenquellen verfügbar bzw. genützt werden können, wie z. B. Sprachbarrieren, mangelnder Zugang zu wissenschaftlicher Literatur und Patentdatenbank

Die angeführten Kritikpunkte von Wiser et al. (2019) lassen darauf schließen, dass Trendmanagement in Unternehmen generell noch wenig Anwendung findet, da die internen Entscheidungsprozesse zu viel Zeit in Anspruch nehmen, die Ergebnisse der Trenddatenquellen lückenhaft erscheinen und auch das Trendmanagementverständnis der unternehmensinternen Mitarbeiter*innen unterschiedlich ist. Auch das Aneignen einer breiten Wissensbasis im Sinne von Informationssammlung, diese in transparenter und strukturierten Form festzuhalten und wiederholend sowie regelmäßig durchzuführen, ist notwendig, um Trendmanagement anzuwenden und als Entscheidungsgrundlage für Unternehmen nutzbar zu machen (Wiser et al. 2019). Somit stellt die gleichgestimmte Interpretation von Trendinformationen der Mitarbeiter*innen eine Grundvoraussetzung dar, um Trends gleichartig zu bewerten und somit für das Unternehmen richtungsweisende Handlungsempfehlungen abgeben zu können. Um diese Grundvoraussetzung zu gewährleisten, ist die Auseinandersetzung mit Datenquellen, die Trendinformationen enthalten eine Notwendigkeit, da dadurch eine strukturierte Dokumentation von Trendwissen für das Innovationsmanagement im Unternehmen möglich ist. Erst dadurch kann die Implementierung von Trendmanagement zu einer Entscheidungsunterstützung bei strategischen Vorhaben im Unternehmen führen und somit zu einem besseren Mitarbeiter*innenverständnis hinsichtlich Innovationsprozesse beitragen.

Damit Unternehmen strukturiert Trends verfolgen sowie für das eigene Unternehmen identifizieren und deren Einfluss klassifizieren zu können, ist ein systematisches Vorgehen erforderlich, welches durch die Implementierung von StTmgt möglich ist und somit praktische Relevanz für Unternehmen hat. Obwohl eine zuverlässige Prognose für die Zukunft aufgrund der hohen Komplexität schwer getroffen werden kann, ist durch methodisches Vorgehen, wie Trendmanagement es repräsentiert, eine gute Einschätzung möglich, um vorbereitet in die Zukunft zu blicken (Blechschmidt 2020). Das ist auch der Grund, warum die Auseinandersetzung mit grundlegenden Konzepten und methodischem Wissen eine Notwendigkeit darstellt, um StTmgt zu etablieren.

KEFs gelten hierbei als Schlüsselvariablen (Dömötör 2011), die wesentlich dazu beitragen, dass Unternehmen erfolgreich sind und die gesetzten unternehmensspezifischen Ziele erreichen. KEFs stellen für jedes Unternehmens, so auch für Handelsunternehmen, spezifische Ausprägungsformen dar und bedürfen einer Identifikation und Berücksichtigung bei der Implementierung von StTmgt, da sie entscheidend für Erfolg und Misserfolg und eng mit der strategischen Unternehmensausrichtung verbunden sind (Wong 2005; Durst et al. 2011).

Vor diesem Hintergrund ist das Zusammenspiel von KEFs mit der Implementierung von StTmgt in Handelsunternehmen zu analysieren, da in der wissenschaftlichen Literatur die Erfolgsfaktorenforschung speziell mit Geschäftsmodellen mit Innovationsfokus in Verbindung gebracht wird, jedoch ohne Berücksichtigung der Handelsspezifika (Becker et al. 2018; Voigt und Müller 2021; Bruhn und Hadwich 2018). Insgesamt sind KEFs ein bedeutendes Instrument, und deren Identifizierung erfordert eine gründliche Analyse der internen und externen Unternehmensumgebung. Es ist jedoch festzustellen, dass eine strukturierte Auseinandersetzung mit KEFs im Zusammenhang mit der Einführung von StTmgt in Handelsunternehmen im Rahmen von aktuellen Literaturquellen noch nicht behandelt wurde.

Nach aktuellem Wissenstand gehen Unternehmen, insbesondere Handelsunternehmen bei der Anwendung von StTmgt sehr zögerlich mit deren Verzahnung in Unternehmensprozesse der zugrunde liegenden Unternehmensstrategie um

(Blechschmidt 2020). Es fehlt auch ein systematisches und strukturiertes Vorgehen hinsichtlich dessen Implementierung. Unter Anwendung eines zu entwickelnden Vorgehensmodells ist für Praktiker*innen im Handelskontext möglich, ein spezifisches, strukturiertes und beschreibendes Vorgehen im Umgang mit Trends sowie internen und externen Einflussfaktoren zu implementieren. Dadurch wird gewährleistet, zukunftsfähige Entscheidungen zu treffen und die mit Trends einhergehenden Auswirkungen für das Unternehmen nutzbar zu machen. Mithilfe dieses praxisbezogenen Modells entstehen eine transparente Abbildung von Abläufen, eine Effizienzsteigerung des Gesamtprozesses, Ressourcen- und Kommunikationsoptimierung, Überwachungsmechanismen sowie Skalierbarkeit bei der Umsetzung von innovativen Konzepten. Vor allem für Handelsunternehmen wird dies immer bedeutender, um aufgrund des Wandels und der Flut an verfügbaren Informationen, im Branchenumfeld zu agieren (Bodemann et al. 2021b).

Aus den in Kapitel 3 inhaltskritisch analysierten Veröffentlichungen und der erläuterten Problemstellung, lässt sich die Forschungslücke, wie in Tabelle 4.2 gelistet, herleiten.

Zusammenfassend kann im Forschungsfeld (Strategisches) Trendmanagement vorwiegend auf theoretische Ergebnisse zurückgegriffen werden (Blechschmidt 2020). Auch die unternehmensinterne Anwendung findet in geringem Maße statt (Wiser et al. 2019). Die praktische Implementierung in Unternehmen (Liebl 2003), die aus Praktiker*innensicht auch anwendbar ist, fehlt gänzlich. Sowohl die Implementierung StTmgt in Unternehmen allgemein als auch speziell in Handelsunternehmen als systematisches und strukturiertes Vorgehen sind bisher unerforscht (Blechschmidt 2020; Kaschny und Nolden 2018). Auch die strukturierte Auseinandersetzung mit KEFs in diesem Zusammenhang stellt hier eine Forschungslücke dar und verspricht neue wissenschaftliche Erkenntnisse (Becker et al. 2018; Bruhn und Hadwich 2018; Voigt und Müller 2021).

Um die dargestellten Lücken, zu schließen, ist es erforderlich, den Untersuchungsgegenstand für diese Arbeit abzugrenzen. Die illustrierte Erläuterung dessen ist Inhalt von Abschnitt 4.3.

Tabelle 4.2 Herleitung der Forschungslücke

Autor*innen	Herleitung der Forschungslücke
Buck et al. (1998)	Im Umgang mit Trendmanagement fehlt sowohl eine klare theoretische Basis als auch eine spezifische Analysemethode, wie Managementsysteme und Operationalisierungsraster, um Trends bei unternehmensspezifischen Entscheidungen berücksichtigen zu können.
Liebl (2003)	Es fehlt die praktische Implementierung im Unternehmen.
Becker et al. (2018), Bruhn und Hadwich (2018), Voigt und Müller (2021)	In Zusammenhang mit der Einführung von StTmgt in Unternehmen und somit auch in Handelsunternehmen fehlt die strukturierte Auseinandersetzung mit KEFs.
Kaschny und Nolden (2018)	Fehlen eines allgemein gültigen Standardablaufs, im Sinne eines Vorgehensmodells, zu Innovationsprozessen.
Wiser et al. (2019)	Trendmanagement findet in Unternehmen generell noch wenig Anwendung.
Blechschmidt (2020)	Hinsichtlich der Etablierung von StTmgt kann bislang überwiegend auf theoretische Forschungsergebnisse zurückgegriffen werden. Bei der Implementierung von StTmgt fehlt ein systematisches und strukturiertes Vorgehen.
Massimiani et al. (2021a)	Im Handelskontext fehlen praktische Anwendungen und evaluierte Ansätze zur Implementierung von StTmgt, die aus Praktiker*innensicht anwendbar und umsetzbar sind.

4.3   Abgrenzung des Untersuchungsgegenstandes

Die im dritten Kapitel dargestellten Analyseergebnisse der kritischen Bestandsaufnahme zum State-of-the-Art des Forschungsfeldes (Strategisches) Trendmanagement zeigen ein vielfältiges Bild. Dies manifestiert sich unter anderem durch die Fülle an Theorien (Siebe 2018), die aus unterschiedlichen wissenschaftlichen Disziplinen eingebracht werden (Durst M. et al. 2010), sowie durch die unterschiedlichen und individuellen Forschungsperspektiven (Blechschmidt 2020; Gracht und Kisgen 2022).

Im Zuge dessen wird in Abschnitt 2.1 das (Strategische) Trendmanagement abgegrenzt zu verwandten Forschungsgebieten dargestellt.

Die Analyseergebnisse zu KEFs mit Innovationskontext stellen einen etablierten und bedeutenden Bereich in vielen wissenschaftlichen Forschungsfeldern sowie Industriezweigen dar und variieren je nach Fachgebiet und Branche (Raps 2017). Vor allem in den Bereichen Management, Unternehmensstrategie und Projektmanagement ist die Forschung zu KEFs weit verbreitet (Sterrer 2014). Das Interesse an diesem Forschungsfeld ist darauf zurückzuführen, dass die Identifizierung und das Verständnis Kritischer Erfolgsfaktoren für Organisationen und Projekte von entscheidender Bedeutung sind, um erfolgreich zu sein (Sterrer 2014; Raps 2017). Daher beschäftigen sich sowohl die Wissenschaft als auch Entscheidungsträger*innen von Unternehmen in verschiedenen Bereichen mit der Analyse und Anwendung von KEFs (Gaubinger 2021).

Die Literatur hat gezeigt, dass das Forschungsfeld rund um Vorgehensmodelle mit Innovationscharakter und für Innovationsprozesse immer mehr an Bedeutung gewinnt. Der Grund liegt vor allem darin, dass für Unternehmen der strukturierte und systematische Umgang mit Innovationen fortwährend wichtiger wird, um in einem sich schnell entwickelnden Wirtschaftsumfeld wettbewerbsfähig zu bleiben (Schallmo et al. 2018b). Wie die inhaltskritische Analyse und Interpretation in Abschnitt 3.3.3 zeigen, passen sich Vorgehensmodelle kontinuierlich an neue Anforderungen an und entwickeln sich weiter, sodass dieses Forschungsfeld verstärkt erforscht wird und dynamisch bleibt (Roth 2016).

Die präsentierten Ergebnisse der inhaltskritischen Analyse und Interpretation sowie deren kritische Reflexion zeigen die Heterogenität der genannten Forschungsfelder und erschweren die Strukturierung des Untersuchungsgegenstandes, da in der Literatur keine wesentliche Überschneidung der einzelnen Forschungsfelder vorliegt.

Um dies zu erreichen, erscheint es sinnvoll, den Untersuchungsgegenstand abzugrenzen, und

1. relevante KEFs (Subtil de Oliveira et al. 2018; Romero-Hidalgo et al. 2021; Gaubinger 2021) für Handelsunternehmen zu identifizieren, um
2. StTmgt in Handelsunternehmen zu implementieren, welches als Teil des Innovationsprozesses (Durst M. et al. 2010) dem übergeordneten Innovationsmanagement (Disselkamp 2012) zugeordnet ist, einen vorgelagerten

iterativen Managementprozess/Prozessablauf darstellt und in das Unternehmen eingebettet ist und um

3. letztlich ein Vorgehensmodell (Du Preez und Louw 2008; Acklin 2010; Docherty 2006; Kaschny und Nolden 2018) für Handelsunternehmen zu entwickeln, das einen strukturierten Prozessablauf (Du Preez und Louw 2008; Acklin 2010) für die Einführung von StTmgt ermöglicht.

Die Forschungslücke kann geschlossen werden, indem die bestehenden Ergebnisse der drei dargestellten Forschungsfelder mit wissenschaftlichen Untersuchungsmethoden verknüpft werden. In diesem Zusammenhang erscheint die gezielte Durchführung von Fokusgruppen und die Einbeziehung von Expert*innenwissen als vielversprechend.

Konzeptioneller Bezugsrahmen 5

5.1 Vorgehensweise

Basierend auf den theoretischen Grundlagen im dritten Kapitel und der daraus abgeleiteten Forschungslücke in Abschnitt 4.2, verfolgt das fünfte Kapitel das Ziel, anhand des abgegrenzt dargestellten Untersuchungsgegenstandes einen für diese Arbeit passenden konzeptionellen Bezugsrahmen zu entwickeln.

Um diesem Ziel gerecht zu werden, konzentriert sich der Anfang des fünften Kapitels auf die systematische Darlegung der Vorgehensweise, die durch Abschnitt 5.1 repräsentiert wird und mit dem wissenschaftstheoretischen Ansatz dieser Dissertation aus Abschnitt 1.4.2 übereinstimmt.

Abschnitt 5.2 und 5.3 beinhalten sowohl die Analyse von existierenden Bezugsrahmen des Strategischen Managements und dessen unterschiedlicher strategischer Ausrichtungen als auch die theoriebasierten, wissenschaftlich analysierten Bezugsrahmen mit Innovationscharakter und zu -prozessen.

Ziel ist es, die im Anschluss literaturbasiert gefilterten Bezugsrahmen in die Funktion von Strategischem Management einzubetten und daraus abzuleiten, welche Anforderungen für die Entwicklung des konzeptionellen Bezugsrahmens zu erfüllen sind, um Trendmanagement – als Teil des Innovationsprozess – in das Unternehmen einzuführen. Basierend auf diesem Theoriebildungsprozess, der aus einer Kombination aus existenter Theorien und Konzepte besteht, werden die erzielten Erkenntnisse in Zusammenhang gebracht, um den für diesen Untersuchungsgegenstand geeigneten konzeptionellen Bezugsrahmen zu entwickeln (Wenger 2013) und in Abschnitt 5.4 zu veranschaulichen.

Nachstehende Abbildung 5.1 veranschaulicht die aufgezeigte Vorgehensweise und schafft die Ausgangsbasis für die empirische Untersuchung, die Inhalt des sechsten Kapitels ist.

© Der/die Autor(en) 2025   107
A. Massimiani, *Kritische Erfolgsfaktoren zur Implementierung von Strategischem Trendmanagement in Handelsunternehmen*,
https://doi.org/10.1007/978-3-658-46412-7_5

Bei dieser praktischen Erhebung gilt es die Ergebnisse aus der Theorie mit Fokusgruppen- und Expert*inneninterviews aus der Praxis zu diskutieren und mit dem entwickelten konzeptionellen Rahmen aus Abschnitt 5.4 in Bezug zu bringen.

Schritte	Analyse existierender Bezugsrahmen zu Strategischem Management	Analyse existierender Bezugsrahmen mit Innovations- charakter und zu -prozesse	Aufbau und Struktur des konzeptionellen Bezugsrahmens
Kapitel	Kapitel 5.2	Kapitel 5.3	Kapitel 5.4
Inhalte	- Historische Entwicklung und inhaltliche Analyse von Strategischem Management sowie dessen Definition - Ansätze strategischer Ausrichtungen - Zusammenfassung inhaltlicher Erkenntnisse	- Auswahl und inhaltliche Analyse literaturbasierter Bezugsrahmen mit Innovationscharakter und zu -prozesse sowie Trendmanagement - Zusammenfassung inhaltlicher Erkenntnisse und Ableitung von Anforderungen an den Bezugsrahmen	- Erläuterung des gewählten Ansatzes zur strategischen Unternehmens- ausrichtung - Darstellung und Erläuterung der einzelnen Elemente im Unternehmen sowie der Wirkungszusammen- hänge
Ergebnis	Bedeutung und Ausrichtungen von Strategischem Management	Analyse der relevanten konzeptionellen Bezugsrahmen	Visualisierung des konzeptionellen Bezugsrahmens

Abbildung 5.1   Vorgehen zur Entwicklung des konzeptionellen Bezugsrahmens

5.2   Analyse existierender Bezugsrahmen zu Strategischem Management

Trendmanagement, das einen iterativen Ablauf verfolgt und als Teil des Innovationsprozesses gilt, welches dem Innovationsmanagement angehört und sich in der Betriebswirtschaftslehre in das Strategische Management einordnet (Abschnitt 1.4.1), ist hinsichtlich Implementierung in der Wissenschaft und in der Praxis wenig in Erscheinung getreten. Dessen Implementierung wird jedoch immer öfter diskutiert und als richtungsweisend gefordert (Blechschmidt 2020). Vor diesem Hintergrund ist die Ausarbeitung eines Bezugsrahmens erforderlich, um eine strukturierte Darstellung und Einordnung der analysierten Inhalte aus Kapitel 3 im Kontext des Dissertationsthemas zu ermöglichen. Demnach ist die Bedeutung von Strategischem Management für Unternehmen im Zuge der erfolg- reichen Implementierung von StTmgt verständlich darzulegen (Burmeister et al. 2004).

Strategisches Management wird von einer langen historischen Entwicklung begleitet, die bis 1945 zurückreicht (Bea und Haas 2019). 1961 formierte sich Strategisches Management als eingeständige Disziplin, während sich in den 1960er Jahren Strategisches Management auch zur wissenschaftlichen Disziplin entwickelte, in dem dieses Feld sukzessiv mehr erforscht wird (Müller-Stewens und Lechner 2011). In den 1970er Jahren wurden deduktive und induktive Forschungsansätze entwickelt. Parallel dazu erfolgte die Aufteilung in zwei Forschungsrichtungen – Prozessforschung und Inhaltsforschung. Die 1980er Jahre wurden vom namhaften Autor *Michael Porter* geprägt, der im Rahmen der Inhaltsforschung den sogenannten „Market-based View" entwickelte und erklärt, worin die Wettbewerbsvorteile zwischen Unternehmen begründet sind. In dieser Zeit fällt auch der Begriff „Strategic Change", bei dem die Veränderung von Unternehmen im Zeitablauf im Vordergrund steht und der Frage nachgegangen wird, ob derartige Veränderungen mit Absicht herbeizuführen sind. Zu Beginn der 1990er Jahre entwickelte sich der „Ressource-based View" und verlagerte sich auf die unternehmensinterne Perspektive, um von dort aus die Quellen nachhaltiger Wettbewerbsvorteile zu analysieren. Im Zeitraum 2000 bis 2010 entstand der Begriff „Dynamic Capability View". Dieser Begriff beschreibt, wie Ressourcen und Fähigkeiten miteinander verbunden sind, insbesondere im Hinblick auf Geschäftsmodelle, strategische Initiativen sowie Prozesse und die Steuerung globaler Unternehmen und Netzwerke (Müller-Stewens und Lechner 2011).

In der Wissenschaft hat sich Strategisches Management als eigenständige Disziplin etabliert und entwickelt sich evolutionär weiter (Müller-Stewens und Lechner 2011). Diese stetige Weiterentwicklung wurde durch laufende Unternehmens- und Umweltveränderungen sowie in letzter Zeit durch die Globalisierung und damit einhergehend steigender Bedeutsamkeit von Innovationen für Unternehmen geprägt, um im Wettbewerb bestehen zu können (Bea und Haas 2019). Auch die digitale Transformation wirkt sich auf die Strukturen und Prozesse von Strategischem Management im Sinne der Einbeziehung von Mitarbeiter*innen und Akteur*innen, innovationsfreudiger Unternehmenskultur, iterativ gestalteter Strategieprozesse sowie lateraler Organisationsstrukturen aus (Erner 2019). Strategisches Management zeigt Unternehmen nicht nur die unternehmensinternen Veränderungen, sondern ermöglicht einen Einblick in das Unternehmensumfeld, einschließlich Kund*innen, Wettbewerber*innen und den Markt mit dessen Gefahren und Aussichten (Bea und Haas 2019). Durch diese stetig voranschreitende Entwicklung von Marktveränderungen und Wettbewerbsintensität, erhöht sich für Unternehmen die Relevanz im Umgang mit Innovationsmanagement erheblich (Vahs und Brem 2015). Innovationsmanagement ist ein abteilungsübergreifender Unternehmensprozess, der ein systemisches Management, wie es Trendmanagement darstellt, erfordert (Völker et al. 2019). Durch diese Erkenntnisse kann davon ausgegangen werden, dass Strategisches Management Unternehmen befähigt, proaktiv gegenüber komplexen Veränderungen zu agieren, um wettbewerbsfähig zu bleiben. Trendmanagement, das eine systematische Vorgehensweise verfolgt und dem Innovationsprozess zugeordnet wird (Durst M. et al. 2010), ist somit im Umgang mit externen Entwicklungen und deren Einfluss auf das Unternehmen zu berücksichtigen (Völker et al. 2019).

Im Strategischen Management geht es laut Müller-Stewens und Lechner (2011, S. 18) um *„1. Die Realisierung einer angestrebten Leistung für die 2. Anspruchsgruppen eines Unternehmens; dies kann erreicht werden durch 3. geplante und emergente Initiativen sowie 4. den Einsatz von Ressourcen, die zu einer 5. einzigartigen Positionierung und 6. nachhaltigen Wettbewerbsvorteilen verhelfen "*.

Eine weitere und aktuelle Definition für Strategisches Management formuliert Scheuss (2016) in der Ausgabe von Kamis und Tribler (2022, S. 14) *„Strategisches Management ist Kunst, Handwerk, und Wissenschaft zugleich. Kunst im Sinne, dass in die strategische Arbeit viel Kreativität, Intuition, Glück und Herzblut einfließen. Handwerk in dem Sinne, dass professionelles Verständnis, methodische Vorgehenskenntnisse, Verfahren und Instrumente nutzbringend eingesetzt werden, und Wissenschaft in dem Sinne, dass Strategien in einer wissenschaftlichen Perspektive erforscht werden"*.

Betrachtet man Strategisches Management als System, werden Unternehmen als dynamische, zielgerichtete und komplexe Systeme gesehen, die mit einer ebenso komplexen Umwelt interagieren (Erner 2019). Vor diesem Hintergrund verfolgt Strategisches Management, das in Unternehmen eine Gestaltungsfunktion einnimmt, die Ziele der langfristigen Steuerung und Koordinierung von Unternehmen, die Sicherung bestehender Wettbewerbspotentiale und die Erschließung neuer Erfolgspotentiale (Kamis und Tribler 2022).

Wenn Strategisches Management als Prozess gesehen wird, kann es als ein Ansatz zur Formulierung und Umsetzung von Strategien verstanden werden. Dabei stehen die einzelnen Aktivitäten innerhalb des Prozesses in einem logischen Zusammenhang zueinander (Erner 2019). Der Prozess im Unternehmen ist kontinuierlich mit Veränderungen im Unternehmensumfeld konfrontiert, wodurch ein Strategieprozess ausgelöst wird, der zur Strategieformulierung führt und in die Strategieimplementierung mündet. Somit beschäftigt sich Strategisches Management als ganzheitlicher Ansatz der strategischen Orientierung im Unternehmen mit der Grundstruktur – Zielsetzung, Situationsanalyse, Strategieumsetzung in funktionale, bereichsbezogene und operative Handlungsprogramme und strategischen Kontrolle, – wobei die strategische und operative Ebene integrativ miteinander verbunden sind (Müller-Stewens und Lechner 2001). Abbildung 5.2 zeigt die beschriebene Grundstruktur des klassischen Strategischen Managementprozesses, die bis heute nur wenig verändert wurde (Kamis und Tribler 2022; Welge et al. 2017).

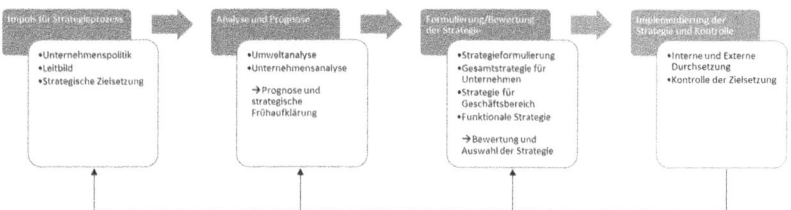

Abbildung 5.2 Strategischer Management Prozess. (Eigene Darstellung in Anlehnung an Müller-Stewens und Lechner (2001), Welge et al. (2017) und Kamis und Tribler (2022))

Zusammenfassend dient Strategisches Management der nachhaltigen Optimierung von Unternehmen und befasst sich mit logisch strukturiertem Handeln hinsichtlich Entscheidungen, welche die Ausrichtung eines Unternehmens beeinflussen, mit dem Ziel, Wettbewerbsvorteile zu generieren, die den Unternehmenserfolg langfristig sichern (Gabler Wirtschaftslexikon 2018).

5.3   Analyse existierender Bezugsrahmen mit Innovationscharakter und zu Innovationsprozesse

Um die aufgezeigten theoretischen Grundlagen strukturiert abzubilden und einzuordnen, wird nun ein konzeptioneller Bezugsrahmen entwickelt, der die systematisch relevanten Bezugsgrößen identifiziert und deren wechselseitige Beziehungen darlegt. Dadurch wird ermöglicht, die bisher erzielten Erkenntnisse in den Kontext vorheriger Publikationen einzuordnen, um die Arbeit in einen breiteren theoretischen Kontext einzubetten.

Grundsätzlich kann sich der konzeptionelle Bezugsrahmen aus verschiedenen theoretischen Perspektiven, wie soziologischen, psychologischen oder ökonomischen Theorien, zusammensetzen. Die folgenden drei Unterkapitel erläutern diesen Vorgang im Detail.

5.3.1 Auswahl und Analyse relevanter Bezugsrahmen

In den 163 kritisch analysierten Publikationen zu den Themen Trendmanagement, KEFs mit Innovationskontext und Vorgehensmodellen mit Innovationscharakter und zu Innovationsprozesse, die im dritten Kapitel behandelt wurden, finden sich 34 Publikationen, die Bezugsrahmen darlegen.

Ziel des Bezugsrahmens ist es, die Trendmanagementmethodik als iterativen Bestandteil des strategiebegleitenden Innovationsprozesses im Unternehmen zu implementieren und die unternehmensinternen sowie -externen Wirkungszusammenhänge der KEFs darzulegen.

Als Auswahlkriterien für die Bestimmung der Relevanz des Bezugsrahmens werden die Publikationen auf die nachstehend aufgelisteten Elemente überprüft und bei Vorliegen aller Inhaltselemente für die Entstehung des Bezugsrahmens herangezogen:

1. Strategisches Management und Innovationsmanagement bilden den wesentlichen Inhalt der Publikation
2. Das Zentrum des dargestellten Bezugsrahmens bildet eine Prozesssicht ab

Mit Hilfe dieser Vorgehensweise können zwölf Bezugsrahmen gefiltert werden, die einen direkten Bezug zu den genannten Elementen aufweisen oder Implikationen für Trendmanagement beinhalten.

Diese zwölf identifizierten Bezugsrahmen beinhalten unterschiedliche Ansätze an Forschungsperspektiven, wie ressourcenbasierte Perspektive, marktbasierte Perspektive, organisationsbasierte Perspektive, integrativ-multidisziplinäre Perspektive, innovationsbasierte Perspektive, entrepreneurorientierte Perspektive, fähigkeitenbasierte und ganzheitliche Perspektive.

Für die detaillierte inhaltliche Analyse der zwölf veröffentlichen Bezugsrahmen wird der Fokus auf die Untersuchungsgegenstände – Forschungsgegenstand, Forschungsbeitrag, Forschungsdefizit der jeweilig ausgewählten Publikation – gelegt, welche in chronologischer Reihenfolge in Tabelle 5.1 dargestellt ist.

Nach Detailanalyse der für relevant erachteten Bezugsrahmen lässt sich feststellen, dass die Rahmenstrukturen sehr unterschiedlich sind. Ausschließlich zwei der untersuchten Bezugsrahmen stellen einen Praxisbezug her, während die restlichen zehn Bezugsrahmen auf rein theoretische bzw. wissenschaftliche Untersuchungen zurückzuführen sind. Auffallend ist, dass Trendmanagement in den analysierten Bezugsrahmen von Durst et al. (2011) und Siebe et al. (2018b) erwähnt wird, jedoch nicht dessen Methodik sowie iterativer Ablauf

Tabelle 5.1 Analyse der für relevant erachteten Bezugsrahmen in chronologischer Reihenfolge

Autor*innen (Jahr)	Gegenstand	Beitrag	Defizit
Dooley und O'Sullivan (2001)	Darstellung und Untersuchung eines strukturierten Ansatzes für das Management von Systeminnovationen und Klärung der ganzheitlichen Verantwortlichkeiten (Führung, Planung, Zielausrichtung, Beteiligung) für die Umsetzung;	Konzeptionelles Modell für Systeminnovationsprozesse und integrierter Umsetzungsmethodik in Organisationen; ganzheitliche Darstellung von Wirkzusammenhängen	Außensicht durch Requirement zusammengefasst, jedoch Trendmanagement nicht erwähnt sowie Methodik und iterativer Ablauf fehlen; KEFs nicht im Detail aufgelistet
Krüger (2006)	Theoretische Untersuchung der strategischen Veränderung von Unternehmen aller Größenklassen anhand eines Rahmenkonzepts, um langfristig am Markt Erfolg zu haben; Strategisches Management transformiert zu Wandlungsmanagement	Orientierungsmodell der Strategischen Erneuerung anhand des 3-W-Modells (Wandlungsbedarf, Wandlungsbereitschaft und Wandlungsfähigkeit) mit der Integration von KEFs, Wandlungsprozessen und Strategien, die vom Leadership, den Mitarbeiter*innen und den Projekt- und Programmmanagement getragen werden	KEFs erwähnt, deren Wirkzusammenhänge nicht betrachtet; Trendmanagement nicht erwähnt; Wandlungsprozess ist linear visualisiert; unternehmensinterne Betrachtung; generische Modelldarstellung; punktuelle Darstellung der Einflussfaktoren des Wandlungsbedarfs und -bereitschaft, jedoch fehlende detaillierte Ausformulierung

(Fortsetzung)

Tabelle 5.1 (Fortsetzung)

Autor*innen (Jahr)	Gegenstand	Beitrag	Defizit
Fink und Siebe (2008)	Theoretische Untersuchung der Nutzung von Szenarien neben der Strategieentwicklung als Basis für strategische Früherkennung, die als konsequente Erweiterung eines strategischen Controllings gesehen wird; Ausrichtung auf die sich ändernde Unternehmensstrategie: Gliederung in strategische, taktische und operative Ebene externe und interne Perspektive und vernetztes, strategisches und zukunftsoffenes Handeln werden miteinbezogen	Bezugsrahmen für die verknüpfte Darstellung von strategischer Planung und Früherkennung aufbauend auf Trend, Issuemanagement und Szenariomonitoring	Trendmanagementmethodik in Wirkzusammenhänge dargestellt jedoch kein iterativer Ablauf; Fehlen von KEFs; Trendmanagement gilt als Teilprozess eines systematischen Früherkennungsprozesses
Du Preez und Louw (2008)	Ausgehend von einer strategischen Vision eines Unternehmens erfolgt die Untersuchung und Darstellung eines kombinierten konvergenten und divergenten Ansatzes für Innovationsmanagement in einer Innovationslandschaft, der Bereiche, Akteur*innen, Entscheidungspunkte und Komponenten des Wissensnetzes in einem Kontext vereint	Bezugsrahmen, welcher ausgehend von der externen Sicht die KEFs wie Strategie, Information & Knowhow, Personen und Kultur, Organisationsstruktur und Prozesse als Voraussetzung dargestellt, um Veränderungen unternehmensintern mittels Stage Gate Prozess erfolgreich Innovationen einzuführen, wobei sich das interne und externe Umfeld wechselseitige beeinflussen	Trendmanagement unberücksichtigt; KEFs erwähnt jedoch nur eindimensionaler Wirkzusammenhang dargestellt

(Fortsetzung)

Tabelle 5.1 (Fortsetzung)

Autor*innen (Jahr)	Gegenstand	Beitrag	Defizit
Acklin (2010)	Einführung eines generischen Innovationsmodells in verschiedene KMU – Untersuchung auf theoretischer Ebene mittels Designforschung; Rahmen kann unternehmensspezifisch angepasst werden	Bezugsrahmen, der durch Endlosschleifen die Phasen Impuls, Forschung, Entwicklung, Strategie, Evolution und Implementierung mit der externen und die internen Unternehmenssicht verbindet	Trendforschung als Teil der Forschung, der sowohl die externe als auch die interne Ebene von Unternehmen beeinflusst; KEFs nicht explizit dargestellt; Trendmanagement nicht erwähnt
Crossan und Apaydin (2010)	Theoretische Untersuchung und Zusammenfassung der wissenschaftlichen Beiträge (der letzten 27 Jahre) zum Thema Innovation; zusätzlich werden Messgrößen für Determinanten der organisatorischen Innovation vorgeschlagen und Implikationen für die Forschung und Managementpraxis erläutert	Mehrdimensionaler Bezugsrahmen für organisatorische Innovationen, bei dem die Führung, die organisatorische sowie strategische Ebene und Prozessebene mit dem Innovationprozess und Innovation als Ergebnis linear und in eine Richtung miteinander verbunden sind	Wirkzusammenhänge der Determinanten und Dimensionen von Innovationen werden nicht betrachtet; fehlende Darstellung der KEFs und der Außensicht; Trendmanagement nicht erwähnt
Durst et al. (2011)	Kombinierte Darstellung einer ressourcen- und marktorientierten Sichtweise unter Einbindung interner und externer Experten bei einem diversifizierten, multinationalen Konzern	Bezugsrahmen mit den Komponenten Faktorenanalyse, Trendmanagement, Szenarioentwicklung und -bewertung, Strategieformulierung und -implementierung und deren Zusammenhänge mittels linearen prozessualen Ablaufs; Verknüpfung zukünftiger Entwicklungen am Markt und im Unternehmen	Kein Abbilden der KEFs; Trendmanagement wird als linearer Prozess dargestellt; Trendmanagement erwähnt, jedoch Methodik und iterativer Ablauf nicht dargestellt; Wirkzusammenhänge eindimensional dargestellt

(Fortsetzung)

Tabelle 5.1 (Fortsetzung)

Autor*innen (Jahr)	Gegenstand	Beitrag	Defizit
Peclum (2012)	Branchenspezifische (Bankensektor) Darstellung eines Prozesses mit Changemanagementbegleitung, ausgehend von der Unternehmensvision und -strategie mit ganzheitlicher Einbeziehung der Faktoren Organisation, System, Personen, Kommunikation und Kultur	Kongruenzmodell, das von der Vision über die Strategie in die Wirkzusammenhänge des Kongruenzansatzes von Kultur, System, Personen, Kommunikation und Organisation mündet und für einen nachhaltigen Zielzustand sorgt	Fehlende Außensicht; Trendmanagement nicht erwähnt; Wirkzusammenhänge der KEFs werden dargestellt, jedoch auf die Anzahl von fünf begrenzt
Hladik et al. (2014)	Untersuchung unternehmensinterner Sichtweise im Umgang mit Innovationen mit Schwerpunkt auf großen Organisationen; theoretische und wissenschaftliche Analyse der Innovationsmanagementprozesse sowie deren Empfehlungen für den Prozess der erfolgreichen Umsetzung mit dem Hintergrund des Veränderungsmanagements	Bezugsrahmen für Innovationspentathlon, der die Innovationsstrategie, Innovationsentwicklungs-Funnel (Ideen, Priorisierung, Implementierung) und die Personen und Organisationen inkludiert; die KEFs wurden den einzelnen Phasen zugeteilt; für die Implementierung wird explizit auf den notwendigen Veränderungsprozess verwiesen	Trendmanagement nicht erwähnt; Außensicht nicht betrachtet; KEFs angeführt, jedoch dessen Wirkzusammenhänge bleiben unberücksichtigt
Stanger (2017)	Wissenschaftliche Untersuchung zum Einfluss von Nachhaltigkeitsaspekte auf den Innovationserfolg und welche Einzelkriterien bzw. Kategorien der vier Aspekte den größten Einfluss ausüben	Bezugsrahmen als Grundmodell durch Zusammenführung der Einfluss-, Wirkungs- und Prozessebene und Darstellung deren Dependenzen	Generisch theoretischer Forschungszugang mit Betrachtung auf den ganzheitlichen Innovationsprozess, jedoch fokussiert auf den unternehmensinternen Ablauf; Außensicht wird nicht erwähnt; Trendmanagement nicht erwähnt; KEFs nicht betrachtet;

(Fortsetzung)

Tabelle 5.1 (Fortsetzung)

Autor*innen (Jahr)	Gegenstand	Beitrag	Defizit
Siebe et al. (2018b)	Theoretische Untersuchung unternehmensinterner strategischer Frühaufklärung, die in die Strategieentwicklung einfließen inkl. Visualisierung von Zusammenhang zwischen strategischem Planungs- und strategischem Frühaufklärungsprozess	Bezugsrahmen eines strategischen Frühaufklärungsprozesses	Externe Perspektive ist unberücksichtigt; strategische Frühaufklärung wird als Zyklus dargestellt; Trendmanagement erwähnt, jedoch Methodik und iterativer Ablauf nicht dargestellt; Wirkzusammenhänge nicht berücksichtigt; KEFs sind unberücksichtigt
Brandl et al. (2018)	Unternehmensinterne theoretische Untersuchung, geprägt von Literatur und durc Expert*innenmeinung ergänzt, bei der die bewährte strategische Struktur der Stage-Gate-Innovationsprozessmodelle mit Methoden des Agilen Projektmanagements vereint werden	Konzeptioneller Bezugsrahmen für hybride Innovation, der durch ein Netz von sieben miteinander verbundenen Systemen bestimmt wird. Das hybride Prozesssystem ist das zentrale Element, umgeben von Projekt-Skalierungssystem, Ressourcen-System, System zur Bewertung der Agilität, Innovationszielsystem, Leistungsberichtssystem und Tool-Unterstützungssystem	Wirkzusammenhänge der sieben Systeme ausformuliert; KEFs bleiben unberücksichtigt; Trendmanagement sowie dessen Methodik fehlen; Außensicht nicht berücksichtigt

(siehe Erkenntnisgewinn in Abschnitt 3.3.1.2). Trendmanagement sowie dessen Methodik und Wirkzusammenhänge werden im Bezugsrahmen von Fink und Siebe (2008) als Teilprozess eines systematischen Früherkennungsprozesses gesehen, der wiederum als Teilprozess des Innovationsprozesses qualifiziert wird. Erwähnenswert ist, dass Trendmanagement als Teil des Innovationsprozesses wenig explizit hervorgehoben wird, und in analysierten Bezugsrahmen oft textuell erwähnt werden. Bei sieben analysierten Bezugsrahmen (Siebe et al. 2018b; Brandl et al. 2018; Hladik et al. 2014; Crossan und Apaydin 2010; Stanger 2017; Peclum 2012; Du Preez und Louw 2008) fehlt die Außensicht; diese bilde abgegrenzte unternehmensinterne Perspektiven und Abläufe ab. In acht der analysierten Bezugsrahmen werden KEFs nicht berücksichtigt, bei den Bezugsrahmen von Hladik et al. (2014) und Peclum (2012) werden die KEFs minimalistisch dargestellt, jedoch fehlen die gegenseitigen Wirkzusammenhänge. Der ganzheitlich dargestellte Bezugsrahmen von Peclum (2012) stellt vier KEFs und den Einfluss auf den unternehmensinternen Innovationsprozess dar, jedoch bestehen bei den Erfolgsfaktoren keine gegenseitigen Wirkzusammenhänge. Der Rahmen von Acklin (2010) unterstreicht die Wichtigkeit der externen und internen Unternehmenssicht und verbindet diese mit Endlosschleifen, die nicht die Notwendigkeit verfolgen, dass die einzelnen Phasen in einer linearen Abfolge ausgeführt werden

Hervorzuheben ist der Bezugsrahmen von Krüger (2006), der mit dem entwickelten 3-W-Modell darauf hinweist, dass Innovationsprozesse mit den KEFs, wie Strategien, als übergreifender Erfolgsfaktor und Faktoren, wie Human Ressource Management, Kommunikation, Controlling, Toolbox Leadership, Mitarbeiter*innen, Projekt- und Programmmanagement, im Unternehmen strategisch implementiert werden können, wenn Wandlungsbedarf, Wandlungsbereitschaft und Wandlungsfähigkeit im Unternehmen nachhaltig herzustellen sind. Auch die Veröffentlichung von Stanger (2017) hebt im Sinne von Innovationsfähigkeit in weiterer Folge für den Innovations- und den Unternehmenserfolg die Notwendigkeit von Wandlungsmanagement hervor.

5.3.2 Ableiten von Anforderungen an den zu entwickelnden Bezugsrahmen

Zusammenfassend lassen sich aus den bisherigen aus der Literatur dargestellten Erkenntnissen die wesentlichen Anforderungen an den zu entwickelnden Bezugsrahmen ableiten:

- Die Methodik und der iterativer Ablauf von Trendmanagement aus Abschnitt 3.4 ist als Teil des Innovationsprozesses im Unternehmen explizit darzustellen.
- Die Darstellung der KEFs aus Kapitel 3.3.2.2 als unterstützende Elemente im Innovationsprozess, die unternehmensinterne und -externe Eigenschaften wahrnehmen und sich wechselseitig beeinflussen, ist darzustellen.
- Um Trendmanagement im Unternehmen strategisch zu implementieren, gilt es diesen Prozess durch Changemanagement zu begleiten.
- Externe Umwelteinflüsse sowie die Außensicht sind zu berücksichtigen.

Diese Ansprüche deuten darauf hin, dass für Unternehmen die Entwicklung von Fähigkeiten wesentlich ist, um im Zeitverlauf Wettbewerbsvorteile in Zeiten dynamischer Umgebungen zu begründen und zu erhalten (Reisinger et al. 2017). In dieser Hinsicht zielt die Strategische Managementforschung darauf ab, zu untersuchen, welche Faktoren das Überleben und die positive Entwicklung von Unternehmen beeinflussen.

In diesem Zusammenhang haben sich Strömungen entwickelt, wie „Ressource-Based View", „Capability-Based View", „Competence-Based View" oder auch „Knowledge-Based View", die unterschiedliche Ansätze – sowohl unternehmensinterne als auch -externe – einnehmen und zentrale Bedeutungen für die Wettbewerbsfähigkeit von Unternehmen haben (Reisinger et al. 2017).

Aktuelle Veröffentlichungen, die in Verbindung mit Strategischem Management und Innovationsprozessen publiziert werden, heben die Perspektive des „Dynamic Capability Views" hervor, die einen zentralen Beitrag zum Verständnis für die langfristige sowie nachhaltige Existenz von Unternehmen am Markt liefert (Richter 2018) und im Wesentlichen auf Teece et al. (1997) zurückgeht. Dabei verstehen die Autor*innen unter den dynamischen Fähigkeiten sowohl die Kapazitäten eines Unternehmens, ihre gewöhnlichen Fähigkeiten, wie die Produktion, Beschaffung oder Vertrieb, zu rekonfigurieren, zu erweitern und/oder zu modifizieren und damit deren Effektivität zu erhöhen als auch die Veränderungen in der Umwelt im Sinne von Marktveränderungen oder technischen Entwicklungen wahrzunehmen und durch unternehmensinterne Anpassungen zu reagieren. Somit orientieren sich dynamische Fähigkeiten einerseits auf die interne Reorganisation, und andererseits zielen sie auf wesentliche externe Entwicklungen ab (Richter 2018).

Da der iterative Ablauf von Trendmanagement die externen Umwelteinflüsse berücksichtigt und somit die Außensicht und gleichzeitig die KEFs miteinbezieht, die als unterstützende Elemente für die unternehmensinterne und -externe Sichtweise gelten und sich wechselseitig beeinflussen, gilt die Sichtweise des

„Dynamic Capability View" als maßgeblich für die Entwicklung und spezifische Struktur des konzeptionellen Bezugsrahmens, welcher Inhalt des folgenden Kapitels ist.

5.4   Aufbau und Struktur des konzeptionellen Bezugsrahmens

Insbesondere in einem dynamischen Umfeld spielt das rechtzeitige Erkennen von Chancen und Veränderungen eine wesentliche Rolle, um wettbewerbsfähig zu sein (Teece and Leih 2016). Der Ansatz des „Dynamic Capability View" zählt zu den besonders dynamischen Konzepten im Bereich des Strategischen Managements, konzentriert sich auf Lern- sowie Veränderungsfähigkeiten und setzt diese mit der Unternehmensleistung in Beziehung, wodurch Aspekte der Organisationstheorie und des Strategischen Managements zusammengeführt werden (Vogel und Güttel 2012).

Das Rahmenwerk „Dynamic Capability View" beeinflusst eine Vielzahl der Konzepte aus den Bereichen Strategisches Management und Innovationsforschung, um die Quellen für einen nachhaltigen Wettbewerbsvorteil zu generieren und die Grundlagen des langfristigen Unternehmenserfolgs zu verstehen (Teece 2007). In Anbetracht dessen, dass der Rahmen das Management bei relevanten strategischen Überlegungen, die darauffolgende Prioritätensetzung und das Agieren am globalen Wettbewerb des Marktes unterstützt, hebt es auch die wichtigsten Fähigkeiten hervor, die das Management benötigen, um langfristig eine überlegene Unternehmensleistung zu erzielen (Teece 2007).

Darum bildet die Basis für den zu entwickelnden konzeptionellen Bezugsrahmen die Theorie „Dynamic Capability View", die in Zusammenhang mit Strategischem Management von Teece et al. (1997) geprägt wurde. Leonard-Barton (1992) definiert Dynamic Capabilities in der Veröffentlichung von Teece et al. (1997, S. 516) wie folgt: „*We define dynamic capabilities as the firm's ability to integrate, build, and reconfigure internal and external competences to address rapidly changing environments. Dynamic capabilities thus reflect an organization's ability to achieve new and innovative forms of competitive advantage given path dependencies and market positions*" und verfolgt damit ein dreistufiges Konzept von „Sensing, Seizing und Transforming" (Teece 2007). Das bedeutet, dass in einem ersten Schritt eine umfassende Untersuchung des externen Umfelds vorgenommen wird, um Chancen und Risiken für das Unternehmen zu analysieren. Sie manifestiert sich durch inhärenten Ressourcenbesitz und Flexibilität bei der Nutzung von Ressourcen, d. h. strategische Flexibilität. Die Anpassungsfähigkeit umfasst die Fähigkeit des Unternehmens, den Markt, die Kund*innen und die Konkurrent*innen zu analysieren, Ressourcen zuzuweisen und auf sich ändernde Marktbedingungen zu reagieren (Teece 2007; Pitelis 2022). Die Fähigkeit, Kundenbedürfnisse und Marktdynamik besser zu verstehen als die Konkurrenz, kann ebenfalls als Teil der Anpassungsfähigkeit betrachtet werden (Liu 2022; Pitelis 2022). Im Nachgang gilt es für Unternehmen, den Wert externer Informationen zu erkennen, aufzunehmen und gezielte Maßnahmen zu entwickeln, um die identifizierten Chancen bestmöglich zu nutzen. Sie umfasst somit Wissenserwerb, -assimiliation, -umwandlung und -verwertung. Diese Absorptionsfähigkeit ist eine Voraussetzung für den Unternehmenserfolg, hängt von der Schnittstelle des Unternehmens mit dem externen Umfeld und dem Wissenstransfer innerhalb der Organisationseinheiten ab und bildet die zentrale Rolle bei der Ressourcenzuweisung für die Innovationsfähigkeit. Im letzten Schritt werden die Konsequenzen der ergriffenen Maßnahmen im Unternehmen strategisch umgesetzt, um die Wettbewerbsfähigkeit zu sichern (Teece 2007). Die Innovationsfähigkeit ist für die Entwicklung und das Überleben des Unternehmens, insbesondere im Hinblick auf ein dynamisches Umfeld und ständige Veränderungen, ausschlaggebend, um kontinuierlich neues Wissen und Ideen zum Nutzen des Unternehmens und seiner Interessensgruppen umzusetzen (Liu 2022; Pitelis 2022). Dynamische Fähigkeiten gelten in erster Linie als wesentliche Quelle der Innovationsfähigkeit von Unternehmen, dessen Anpassungsfähigkeit bzw. Neukombination sowohl interner als auch externer Ressourcen und dessen analytischer Nutzung, um strategische Prozesse, wie es StTmgt darstellt, zu unterstützen (Teece 2007; Vogel und Güttel 2012).

Aufbauend auf den wesentlichen Anforderungen aus Abschnitt 5.3.2 sind die Literaturquellen zu den externen Einflussfaktoren und zum achtstufigen Changemanagementmodell nach *Kotter* zu ergänzen, um die Struktur des konzeptionellen Bezugsrahmens darzustellen, die die Ansprüche des abgegrenzt dargestellten Untersuchungsgegenstandes berücksichtigt.

Abbildung 5.3 visualisiert den Aufbau des konzeptionellen Bezugsrahmens für diese Arbeit und bildet die einzelnen Bezugsgrößen mit deren Vernetzung sowie wechselseitigem Zusammenspiel ab.

Abgeleitet von der Vision und Mission des Unternehmens widmet sich die Strategie grundsätzlichen und langfristigen Verhaltensweisen, um die gesetzten Ziele zu realisieren. Die Strategie des Unternehmens ist wertegetrieben, langfristig ausgerichtet, beachtet die internen Möglichkeiten und Grenzen und berücksichtigt die externen Umweltbedingungen, um neue innovative Chancen frühzeitig zu erschließen und bestehende Wettbewerbspotentiale zu sichern (Erner 2019).

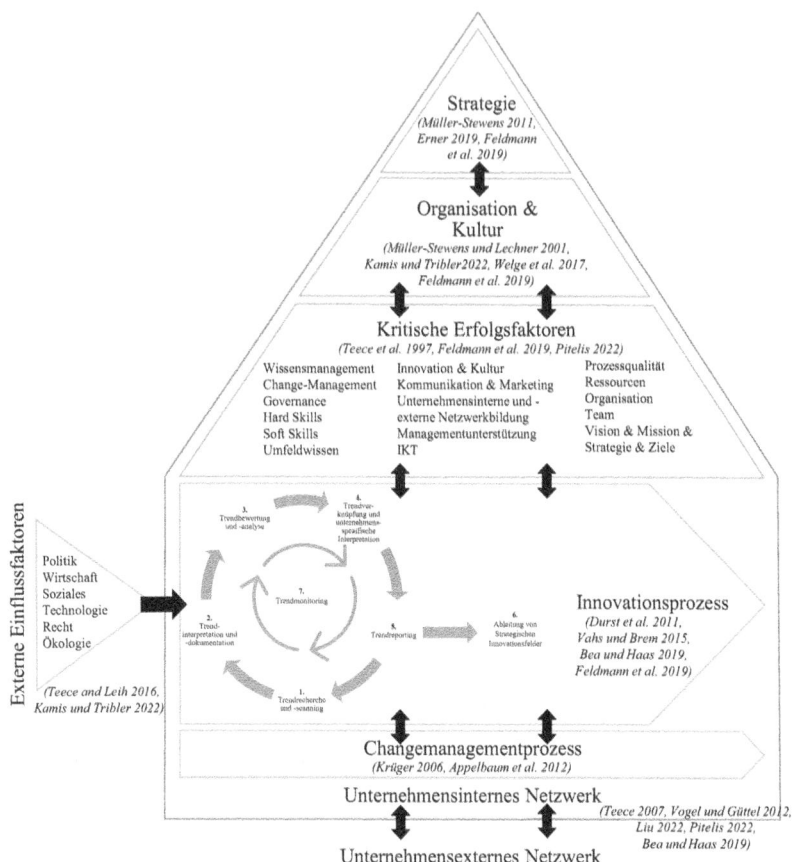

Abbildung 5.3 Konzeptioneller Bezugsrahmen dieser Arbeit

Um diese Neuerungen im Unternehmen einzuführen, wird ein unternehmensinterner Innovationsprozess ausgelöst, der zur Adaption der Strategieformulierung
und weiters zur Strategieerneuerung bzw. -implementierung führen kann. Im Zuge
dessen ist es entscheidend, in der frühen Phase des Innovationsprozesses Trendmanagement als methodisch iterativen Ablauf (Kritische Reflexion aus Kapitel 3)
zu implementieren, um mögliche interne sowie externe Faktoren in den strategischen Entscheidungsprozess einfließen zu lassen. Durch den Vorgang der

Implementierung kann der größte Nutzen für Unternehmen sowie deren Umfeld generiert werden (Burmeister et al. 2004).

Die Organisation legt die Struktur einschließlich der Verantwortlichkeiten und Kommunikationswege des Unternehmens fest und trägt dazu bei, Ressourcen effizient zu nutzen (Kamis und Tribler 2022). Mit der Kultur werden die Unternehmensidentität und -werte geprägt sowie das Engagement und die Kreativität hinsichtlich innovativer Ideen der Mitarbeiter*innen gefördert (Müller-Stewens und Lechner 2011).

Die Organisation und die Kultur sind eng miteinander verbunden, beeinflussen sich gegenseitig und tragen dazu bei, dass durch die Identifikation von KEFs aus Kapitel 3 auf intraorganisationaler Ebene Innovationen (Teece et al. 1997; Feldmann et al. 2019; Pitelis 2022) mit dem iterativ verlaufenden Prozess in das Unternehmen eingebettet werden (Müller-Stewens und Lechner 2001; Welge et al. 2017).

Durch kontinuierliche Auseinandersetzung mit externen Einflussfaktoren wie Trends oder Innovationen, die durch das PESTLE Framework (Politik, Wirtschaft, Soziales, Technologie, Recht und Ökologie) abgedeckt werden können (Kamis und Tribler 2022), gewinnt proaktives Agieren für Unternehmen zunehmend an Bedeutung (Durst et al. 2011).

Damit das Unternehmensumfeld fortwährend systematisch gescannt und erforscht werden kann , werden Trends und Innovationen durch den wiederholenden Ablauf von Trendmanagement systematisch identifiziert, bewertet und analysiert (Durst et al. 2011). Die folglich resultierenden Erkenntnisse münden in den unternehmensinternen Innovationsprozess. Damit der Innovationsprozess das definierte Ziel erreichen kann, sind KEFs und deren gegenseitige Wechselbeziehung maßgebend.

Begleitet wird dieser Vorgang durch den Change Prozess (Krüger 2006) in Anlehnung an das achtstufige Changemanagementmodell nach *Kotter*, welches ein Phasenmodell für organisationale Veränderungsprozesse darstellt (Appelbaum et al. 2012).

Darüber hinaus besteht auf der einen Seite eine wechselseitige Beeinflussung der einzelnen unternehmensinternen Ebenen und auf der anderen Seite wirken externe Einfluss- und Umweltfaktoren auf das Gesamtunternehmen ein. In Anbetracht dessen leistet eine systemische Betrachtung der unternehmensinternen Einheiten und Prozesse sowie der externen Umweltfaktoren einen wesentlichen Beitrag zu einer dauerhaften Sicherstellung der Akzeptanz und Verankerung des Prozesses im Unternehmen (Kamis und Tribler 2022).

Um einen nachhaltigen Nutzen für Unternehmen bei der Implementierung von StTmgt erzielen zu können, ist ein Standardablauf im Sinne eines Vorgehensmodelles für Innovationsprozesse, wie die inhaltskritische Analyse für Vorgehensmodelle aus Abschnitt 3.3. zeigt, bedeutend (Kaschny und Nolden 2018), um die in Abbildung 5.3 dargestellten unternehmensinternen Ebenen sowie -externen Einflüsse miteinbeziehen zu können.

Basierend auf den in Abbildung 5.3 dargelegten konzeptionellen Bezugsrahmen folgt im sechsten Kapitel die empirische Untersuchung mittels Feldforschung, um die systemischen Bezugsgrößen im entwickelten Rahmen zu verifizieren und zu validieren sowie die Erkenntnisse zu diskutieren.

6.1   Methodische Vorgehensweise der empirischen Untersuchung

Das sechste Kapitel dieser Arbeit konzentriert sich auf die methodische Vorgehensweise der empirischen Untersuchung.

Die für dieses Kapitel gewählte Struktur beginnt in Abschnitt 6.2 mit der Darstellung des Untersuchungskonzeptes, der Erklärung des Forschungsdesigns und der Auswahl der Erhebungsmethode. Abschnitt 6.3 erläutert einerseits das Untersuchungsdesign der Fokusgruppeninterviews, die mittels narrativer Interviewfragestellung nach Holtgrewe (2009) erfolgt, und andererseits der Expert*inneninterviews, für die ein leitfadengestützter Fragebogen sowie das Ablaufmodell entwickelt und anhand der qualitativen Inhaltsanalyse nach Mayring (2022) ausgewertet wird. Auch die Durchführungs- und Auswertungssystematik der Fokusgruppen- und Expert*inneninterviews ist Inhalt dieses Kapitels. Im Sinne eines Abgleichs theoretischer und empirischer Erkenntnisse steht im Zentrum von Abschnitt 6.4 die transparente Ergebnisdarstellung und Diskussion der KEFs sowie deren handelsspezifische Ausprägungen zur Einführung von StTmgt sowie der gewonnenen Erkenntnisse für die organisatorische Verankerung in Handelsunternehmen, das das sechste Kapitel abschließt. Die in Kapitel sechs neu erlangten empirischen Ergebnisse bilden die Grundlage für die Plausibilisierung des konzeptionellen Bezugsrahmens in Abschnitt 7.2 und dienen als Ableitung für die Entwicklung des Vorgehensmodells für Handelsunternehmen

---

Ergänzende Information Die elektronische Version dieses Kapitels enthält Zusatzmaterial, auf das über folgenden Link zugegriffen werden kann https://doi.org/10.1007/978-3-658-46412-7_6.

in Abschnitt 7.3. Die Vorgehensweise mit den einzelnen Schritten, Inhalten und Ergebnissen stellt nachstehende Abbildung 6.1 überblicksmäßig dar.

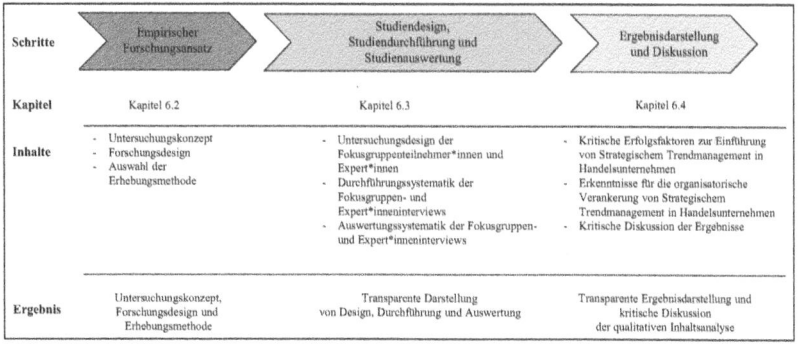

Abbildung 6.1 Vorgehensweise des sechsten Kapitels

Die Ausgangsbasis der Methodik bildet die kritische Reflexion der Ergebnisse der inhaltskritischen Analyse, die den Inhalt von Abschnitt 3.4 dargestellt. Um die in Abschnitt 4.2 dargelegte Forschungslücke zu schließen und die formulierten Subforschungsfragen sowie die Hauptforschungsfrage in Abschnitt 1.2 zu beantworten, wird eine explorative Forschungsmethode (Becker 1993) angewendet, die für die Entdeckung neuer Erkenntnisse geeignet ist, indem zuerst Fokusgruppeninterviews (Personen mit Handelsbezug) und im Anschluss daran Expert*inneninterviews (Expert*innen für Trendmanagement) durchgeführt werden (Meuser und Nagel 2009).

Die Fokusgruppeninterviews erfolgen mittels narrativer Interviewfragestellung (Holtgrewe 2009), um eine Bestandsaufnahme zu KEFs zur Implementierung von StTmgt in Unternehmen zu aggregieren. Im weiteren Verlauf sind die Ergebnisse der Fokusgruppeninterviews mit den Erkenntnissen aus der Literatur aus Abschnitt 3.3.2.2 abzugleichen und den literaturbasierten KEFs zuzuordnen. Durch die im Anschluss folgenden Interviews mit Expert*innen für Trendmanagement kann der Abgleich der KEFs validiert und mittels offener Fragestellung zu handelsspezifischen KEFs zusätzliche Faktoren generiert werden.

Es werden semistrukturierte Interviewfragen definiert, die auf dem in Abschnitt 5.4 konzeptionellen Bezugsrahmen basierend formuliert sind. Alle Expert*inneninterviews werden aufgezeichnet, transkribiert und mit der qualitativen Inhaltsanalyse nach Mayring (2015) durch deduktive Kategorienbildung mittels Kodierleitfaden und durch induktive Kategorienbildung mittels Paraphrasierung und Generalisierung ausgewertet. Der Kodierleitfaden ist für die Analyse der transkribierten Interviews unerlässlich, da dadurch relevante Passagen (mittels Definition, Ankerbeispielen, Materialdurchläufen, Extraktion und Rücküberprüfung) den Kategorien zugeordnet werden können.

Nach Interviewtranskription sowie nach vollständiger Auswertung und Rücküberprüfung der generierten Daten erfolgt die Entscheidung, ob die Datensättigung erreicht ist oder ob weitere Interviews zu führen sind (Fusch und Ness 2015). Da die Datenerhebung der Interviews ausschließlich den deutsch-österreichischen Raum umfasst, sind die Interviews in deutscher Sprache durchzuführen, die auch die jeweilige Muttersprache der Expert*innen darstellt (Behling und Law 2000).

Durch die Möglichkeit der Durchführung von Vergleichen und der Herleitung von Abhängigkeit führt dieses transparente Vorgehen zur Sicherstellung der Gütekriterien, die nach Mayring (2015) die Objektivität, Reliabilität und Validität beinhalten.

6.2 Empirischer Forschungsansatz

Das zentrale Ergebnis der gegenständlichen Arbeit stellt die Entwicklung eines Vorgehensmodells für die Implementierung von StTmgt in Handelsunternehmen dar. Um den wissenschaftlichen Standards zu entsprechen und diesem Ergebnis gerecht zu werden, ist es bedeutend, die Untersuchungsmethode klar und eindeutig festzulegen, die entsprechend der gewählten Forschungsstrategie und des Untersuchungszusammenhanges ausgerichtet ist (Döring und Bortz 2016). Diese Methode orientiert sich hierbei in erster Linie an der Identifikation der KEFs und deren handelsspezifischen Ausprägungen, die für die Implementierung von StTmgt wesentlich sind, sowie dessen Einführung und Verankerung in Handelsunternehmen, um das zentrale Ergebnis darzulegen.

6.2.1 Untersuchungskonzept

Durch deduktive Herangehensweise bei der inhaltskritischer Analyse zu KEFs im Innovationskontext konnten in Abschnitt 3.3.2.2 Ergebnisse zum State-of-the-Art abgeleitet werden. Nun gilt es, die dargestellten wissenschaftlichen Erkenntnisse auf ihre Gültigkeit hin nachvollziehbar zu begründen, was durch quantitative oder

qualitative Forschungsmethoden möglich ist. Aufgrund des dargestellten Neue-
rungswertes im Forschungsfeld scheint die Sammlung von numerischen Daten
und infolgedessen die Zerlegung in messbare Einheiten sowie die objektbezogene
Ausrichtung, wie es die quantitative Methode darstellt, zu abstrakt und ungenau,
da nach jetzigem Stand ungenügende Kenntnisse über die Wirkzusammenhänge
der KEFs und der Implementierung von StTmgt vorliegen, um daraus theoretische Auslegungen aufstellen zu können. Demzufolge erscheint im konkreten
Anwendungsfall eine qualitative Methode für das Erreichen der beschriebenen
Zielsetzung, aufgrund der subjektbezogenen Orientierung und des interpretativen
Vorgehens als geeignet. Im Vordergrund steht demnach die ausführliche Untersuchung von Einzelfällen sowie die Expert*innenmeinungen, da die Introspektion
als legitimes Erkenntnismittel erachtet wird und somit die Aussagekraft über den
Untersuchungsgegenstand vertiefend ausgelegt werden kann (Mayring 2020). Die
qualitative Methode steht für ein induktives Vorgehen, verfolgt den Anspruch der
theoretischen Verallgemeinerung mittels interpretationsbedürftiger Daten und ist
explorativ angelegt (Hussy et al. 2013).

Um die erforderliche Qualität sicherzustellen, gelten für die gewählte qualitative Methode die gleichen Gütekriterien wie bei der quantitativen Methode
nämlich der Objektivität, Reliabilität und Validität (Flick et al. 2022; Mayring
2020).

6.2.2 Forschungsdesign

Ausgangsbasis des qualitativen Forschungsdesigns bilden die aus der systematischen Literaturrecherche gefilterten KEFs-Cluster mit Innovationskontext. In weiterer Folge wird eine explorative Forschungsstudie (Becker 1993) durchgeführt,
zu der verschiedene Fokusgruppen aus der Disziplin Handel zusammengestellt
werden.

Dabei kommt die narrative Interviewmethode, wie von Holtgrewe (2009)
beschrieben, zur Anwendung. Die explorative Forschung mittels Primärdaten-
erhebung wird als geeigneter methodischer Forschungsansatz betrachtet, da die
Zielsetzung der empirischen Untersuchung als bisher nicht untersucht gilt. In
Verbindung mit der narrativen Interviewführung, die sich in die Reihe von qualitativen Verfahren einfügt und vorrangig von Fritz Schütze erstmals im Jahr 1976
(Holtgrewe 2009) geprägt wurde, werden Fokusgruppenteilnehmer*innen moti-
viert, spontane Gedanken, Ideen und Wissen in Bezug auf die Fragestellung
des Gegenstandsbereiches zu notieren. Mit diesem Verfahren ist die Erhebung
besonders authentischer Daten möglich, da einerseits die Beeinflussung durch die

forschende Person minimiert und andererseits eine Alltagskommunikation imitiert wird sowie die Interviewperson den Verlauf ihrer Beiträge selbst bestimmt (Brüsemeister 2011; Heiser 2016).

Nach Abgleich der Erkenntnisse aus der Literatur mit den gewonnenen Ergebnissen der Fokusgruppen, dient der nach Nagel und Mieke (2014) zu entwickelnde leitfadengestützte semistrukturierter Interviewfragebogen für Expert*innen zu Trendmanagement dazu, den genannten Erkenntnisabgleich zu validieren und gegebenenfalls ergänzende, sowohl für die Einführung von Trendmanagement relevante als auch handelsspezifische KEFs zu nennen. Die nach thematischen Blöcken strukturiert durchzuführende Datenerhebung von Expert*innenwissen soll sicherstellen, dass alle wesentlichen Faktoren und Inhalte, die für die Beantwortung zur Erreichung der Zielsetzung von Bedeutung sind, berücksichtigt werden. Im Anschluss an die der Expert*inneninterviews erfolgen die Transkription und die darauffolgende qualitative Inhaltsanalyse nach Mayring (2020).

Nach Abgleich der Fokusgruppen- und Einzelinterviewergebnisse sowie des generierten Wissenszuwachses durch die Expert*innen visualisiert Abbildung 6.2 die einzelnen Schritte der gewählten Methode und deren Ergebnisse, die für die Definition von KEFs zur Implementierung von StTmgt notwendig sind und wesentliche Erkenntnisse für den konzeptionellen Bezugsrahmen wie auch in weiterer Folge für die Entwicklung des Vorgehensmodells für Handelsunternehmen liefern.

6.2.3 Auswahl der Erhebungsmethode

Für das in Abschnitt 6.2.2 dargestellte qualitative Forschungsdesign stehen eine Reihe von Datenerhebungsverfahren zur Auswahl, wobei die Befragung als Datenerhebungsmethode in der empirischen Sozialforschung als die am häufigsten verwendete gilt (Kromrey 2002; Mayring 2015) und in dieser Arbeit zur Erreichung der unter Punkt Acht (Abbildung 6.2) angeführten Zielsetzung Anwendung findet. Auch in der Trendforschung gelten klassische „qualitative" Forschungsinstrumente, wie Gruppendiskussionen, als Instrument der explorativen Forschung. Tiefeninterviews als auch Spezialist*innendiskussionen und Expert*innenbefragungen sind die am weitesten verbreiteten Erhebungsmethoden. Dies bestätigt die gewählte Vorgehensweise, da neben einer umfassenden Betrachtung des Themas auch eine Vielzahl möglicher Einflüsse berücksichtigt werden kann (Duncker und Schütte 2017).

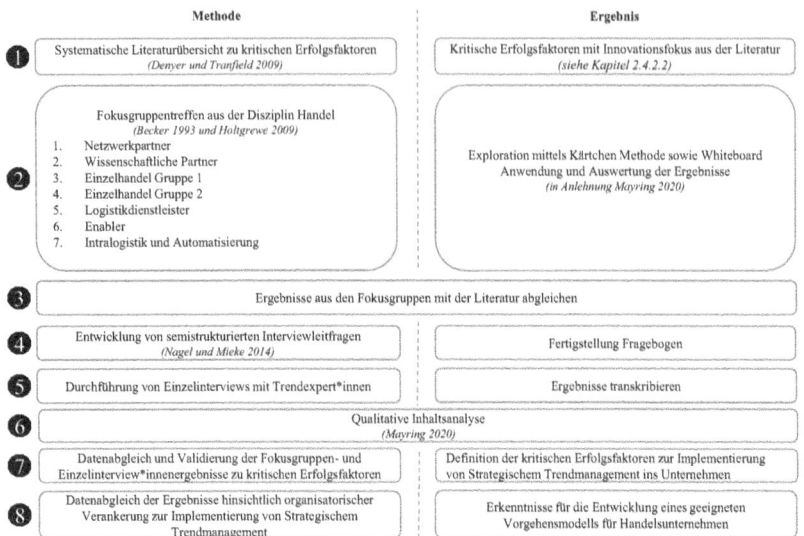

Abbildung 6.2 Qualitatives Forschungsdesign

Im ersten Schritt erfolgen bei den Fokusgruppeninterviews eine mündlich-persönliche (mittels Kärtchenmethode) und eine mündlich-videobasierte (mittels Whiteboard-Anwendung über Microsoft Teams) Befragung (Stocké 2019; Schröder 2015). Durch diese Vorgehensweise sollen die Teilnehmer*innen der Fokusgruppen dazu animiert werden, spontane Gedanken zu teilen, um somit eine Vielzahl von Beiträgen zu generieren. Obwohl beim narrativen Interview ein Spannungsverhältnis zwischen der Logik des Handelns und der Logik der Darstellung besteht (Heiser 2016), wird die Aktualität der Ergebnisse als wesentlicher Vorteil gesehen, die für diesen Ablauf sprechen (Baur und Blasius 2019). Zusätzlich wird die Möglichkeit geschaffen, auftretende Verständnisprobleme unmittelbar zu erläutern und zu eliminieren (Baur und Blasius 2019). Die Nachteile der Unleserlichkeit bzw. des Interpretationsspielraumes der Beiträge soll am Ende der Befragung durch Rezitieren weitestgehend vermieden werden, um keine verzerrte Datenqualität zu erhalten (Baur und Blasius 2019).

Die dargelegte Vorgehensweise (Holtgrewe 2009) stellt ein passendes Datenerhebungsinstrument dar, da im Gegensatz zur Führung von Einzelinterviews die Interaktion zwischen den teilnehmenden Personen gegeben ist

(Krueger und Casey 2000). Die kumulierten Daten der Fokusgruppenteilnehmer*innen fließen im Anschluss in die Fragebogenerstellung der darauffolgenden Expert*inneninterviewmethode (Morgan 1997) mitein.

Aufbauend auf den erzielten Ergebnissen der Fokusgruppen-Interview-Methode, sollen wie im Abbildung 6.2 dargestellten Forschungsdesign Expert*inneninterviews (Helfferich 2022) mittels mündlich-videobasierte (mittels Microsoft Teams) Befragungen durchgeführt werden. Die Auswahl der speziellen Zielgruppe an Expert*innen für Trendmanagement wird aufgrund der besonderen Erfahrungen im Themengebiet und des Forschungsinteresses getroffen (Helfferich 2022). Für das Expert*inneninterview wird abermals ein leitfadengestützter semistrukturierter Fragebogen entwickelt, der darauf abzielt, die ausgewerteten Erkenntnisse aus der Literatur und der Fokusgruppeninterviews zu validieren, mittels ergänzender Beiträge die Daten zu verdichten und zeitgleich die Gütekriterien (Helfferich 2022) der Objektivität, Reliabilität und Validität von Mayring (2015) zu erfüllen. Der Vorteil der Expert*inneninterviewmethode wird insbesondere in die generierten Praxiseinblicke und den Wissenszuwachs gesehen. Auch vor dem Hintergrund, dass es sich um eines der häufigsten eingesetzten Verfahren in der empirischen Sozialforschung handelt, erscheint diese Vorgehensweise zur Erreichung der Zielsetzung passend und zielführend (Meuser und Nagel 2009).

6.3 Studiendesign, Studiendurchführung und Studienauswertung

Um das empirische Gütekriterium der Reliabilität (Flick et al. 2022; Mayring 2015; 2020) sicherzustellen, verfolgt dieses Kapitel das Ziel einer transparenten Darstellung der empirischen Durchführung. Dafür erläutert es zuerst die Auswahl der Fokusgruppenteilnehmer*innen und Expert*innen. Anschließend werden die Fokusgruppeninterviews durchgeführt und ausgewertet sowie mit den literaturbasierten Ergebnissen abgeglichen. Diese Zusammenführung gilt als Grundlage für die Abschnitte 6.3.2.2 und 6.3.3.2, die sowohl die leidfadengestützte Fragebogenentwicklung für die Expert*inneninterviews als auch dessen Durchführungs- und Auswertungssystematik nach Mayring (2020) beinhalten.

6.3.1 Untersuchungsdesign der Fokusgruppenteilnehmer*innen und Expert*innen

6.3.1.1 Fokusgruppenteilnehmer*innen

Da das Themenfeld hinsichtlich „Definition von kritischen Erfolgsfaktoren zur Implementierung von StTmgt" als unerforscht gilt, geht es im ersten Schritt der empirischen Untersuchung um die Sammlung einer Vielzahl von themenrelevanten Beiträgen.

Als Fokusgruppenteilnehmer*innen werden relevante Stakeholder aus der Disziplin Handel, wie Netzwerkpartner*innen (Lebensmittelcluster Oberösterreich, Verein Netzwerk Logistik Österreich, Wirtschaftskammer Oberösterreich, Handelsverband Österreich), wissenschaftliche Partner*innen, Einzelhändler*innen, Logistikdienstleistende, Berater*innen sowie Intralogistik und Automatisierung ohne Rücksicht auf Berufserfahrung im Unternehmen ausgewählt, um wesentliche Teile der Wertschöpfungskette abzudecken. Bei der Auswahl sind Personen aller Unternehmensebenen miteinbezogen, um die unterschiedlichen Sichtweisen der Hierarchien miteinzubeziehen. Darüber hinaus wird bei der Teilnehmer*innenauswahl Wert auf das Innovationsverständnis und im Besonderen im Umgang mit Trends gelegt. Insgesamt identifizieren sich aufgrund der beschriebenen Anforderungen 43 Personen von Unternehmen mit österreichischem Standort und für die Teilnahme an den Fokusgruppen.

Tabelle 6.1 zeigt die konkrete Ausprägung der gewählten Datenerhebung.

Tabelle 6.1 Untersuchungsdesign der Fokusgruppenmethode

Charakteristikum	Konkrete Ausprägung
Forschungsmethode	Fokusgruppeninterview
Befragungsinstrument	Moderierte Gruppendiskussion mit 1. Erklärung der Begriffsdefinitionen 2. Stellung einer themenrelevanten narrativen Frage
Begriffsdefinitionen	Trendmanagement, Strategisches Trendmanagement
Fragestellung	Welche Rahmenbedingungen müssen gegeben sein, um Strategisches Trendmanagement im Unternehmen einzuführen?

(Fortsetzung)

Tabelle 6.1 (Fortsetzung)

Charakteristikum	Konkrete Ausprägung
Befragungsmethode	Mündlich-persönliche sowie mündlich-videobasierte Befragung
Datum und Zeit der Befragung	10. Juli 2023 (17:30 Uhr) 11. Juli 2023 (09:00 Uhr 12. Juli 2023 (8:30 Uhr) 13. Juli 2023 (10:00 Uhr, 15:00 Uhr) 14. Juli 2023 (8:30 Uhr, 11:00 Uhr)
Stichprobengröße	43 Teilnehmer*innen
Anzahl der durchgeführten Fokusgruppeninterviews	Sieben Termine
Interviewdauer	30 min
Befragungsgegenstand	Relevante Kritische Erfolgsfaktoren zur Implementierung von Strategischem Trendmanagement ins Unternehmen
Auswertungsmethode	Schriftliche Beiträge mittels Kärtchenmethode oder Whiteboard-Anwendung
Auswertungsinstrument	MS Excel

6.3.1.2 Expert*inneninterviews

Im zweiten Schritt des qualitativen Forschungsdesigns erfolgt die Datenerhebung mittels Expert*inneninterview (Reinders und Ditton 2011; Nagel und Mieke 2014), das in dieser Arbeit ergänzend als komplementäres Verfahren zur Fokusgruppenmethode eingesetzt wird, um zum einen die Erkenntnisse aus den Fokusgruppen zu validieren und zum anderen mit praxisrelevanten Einblicken zum untersuchenden Gegenstand zu komplettieren. Dadurch wird eine Triangulation erzielt, die eine Kombination unterschiedlicher Perspektiven von Methoden (Fokusgruppen- und Expert*innenmethode), Forscher*innen, theoretischen Inhalten sowie Datenquellen auf die zu untersuchende Zielsetzung darstellt (Flick 2007; Flick et al. 2022).

Diese Vorgehensweise der Datenerhebungsmethode ist geeignet, da unzureichende Forschungsliteratur veröffentlich wurde und durch ausgewählte Expert*innen, die sich einerseits durch spezifisch detailliertes Wissen (Wassermann 2015) oder andererseits durch ihr berufliches Handlungsfeld im Umgang mit Trendmanagement hervorheben, einen wesentlichen Beitrag stiften (Flick et al. 2022). Vor allem das Insiderwissen der Interviewpartner*innen und deren subjektive Wahrnehmungen und Auswirkungen auf das Forschungsfeld generieren Betriebswissen, das auch das implizierte Wissen umfasst (Wassermann 2015). Da die Interviews darauf abzielen das Forschungsfeld durch objektives Expert*innenwissen zu systematisieren, werden acht Interviewpartner*innen befragt (Wassermann 2015). Tabelle 6.2 stellt die konkrete Ausprägung der Datenerhebung dar.

Tabelle 6.2 Untersuchungsdesign der Expert*inneninterviewmethode

Charakteristikum	Konkrete Ausprägung
Forschungsmethode	Expert*inneninterview
Befragungsinstrument	Moderierte Einzelbefragung
Befragungsmethode	Mündlich-videobasierte Befragung mit Bild- und Tonaufnahme
Interviewanzahl	Acht Teilnehmer*innen
Anzahl der durchgeführten Expert*inneninterviews	Neun Termine
Angesetzte Interviewdauer	45 min
Befragungsmittel	Semistrukturierter Interviewfragebogen
Aufbau des Interviewfragebogens	Drei Befragungsblöcke 1. Kritische Erfolgsfaktoren zur Einführung von Strategischem Trendmanagement inklusive Bewertung 2. Einführung von Strategischem Trendmanagement 3. Organisatorische Verankerung von Strategischem Trendmanagement im Unternehmen
Auswertungsmethode	Qualitative Inhaltsanalyse nach Mayring (2015, 2022)
Auswertungsinstrument	Transkription der Bild- und Tonaufnahme in Anlehnung an Dresing und Pehl (2011)

Für die Interviews konnten Trendmanagement-, Strategisches Management- und Foresightexpert*innen aus dem deutschsprachigen Raum gewonnen werden, die in nachfolgender Tabelle 6.3 aufgelistet sind. Bei der Auswahl der Interviewpartner*innen wurde versucht, der Diversität gerecht zu werden und Expert*innen in leitenden Positionen sowie aus verschiedenen Tätigkeitsbereichen und Branchen zu gewinnen.

Auch geschlechtsspezifische Sichtweisen werden bei der Auswahl der interviewten Personen berücksichtigt. Aufgrund der geografischen Distanz erscheint die Durchführung der Befragungen mündlich-videobasiert über Microsoft Teams im Sinne der Datenerhebunge als folgerichtig.

Um den Qualitätsstandard bei Interviews generell sicherzustellen, gelten die definierten Prinzipien von Helfferich (2022), wie in Tabelle 6.4 angeführt, als richtungsweisend. Der leitfadengestützte Fragebogen dieser Arbeit verfolgt das Prinzip „So offen wie möglich, so strukturiert wie notwendig" (Helfferich 2022), was bedeutet, dass neben den formulierten Fragen, das Interview flexibel ausfallen kann und auch Zwischenfragen der interviewenden Person erfolgen können (Kruse 2015; Diekmann 2023).

Die konkrete Form, die in dieser Arbeit verwendet wird, ist das problemzentrierte Interview, da die Interviewerin bereits theoretisches Vorwissen hat, ein bestimmtes Konzept verfolgt und die Erfahrungen und das Wissen der Expert*innen zum Themengebiet in den Fokus stellt (Witzel 1985). Dadurch wird der interviewten Person Raum geschaffen, möglichst frei Meinungen sowie Erfahrungen zu äußern und relevante inhaltliche Aspekte anzusprechen. Dabei umfasst der Leitfragebogen Themenfelder und Kategorien aus der Literatur sowie aus den bereits durchgeführten Fokusgruppeninterviews. Da es sich beim Interview um einen interaktiven Prozess handelt, fließen währenddessen narrative Abschnitte mit ein, um einen explorativen Neuerungswert zu erzeugen (Wassermann 2015).

Die formale Struktur des leitfadengestützten Fragebogens für die Expert*inneninterviews folgt in Anlehnung an Helfferich (2022) einem dreistufigen Prinzip:

1. Im ersten Schritt wird während des gesamten Interviews die Möglichkeit geboten, dass sich die Expert*innen so frei wie möglich äußern können und möglichst viel relevante inhaltliche Aspekte erzählen.
2. Im zweiten Schritt werden literaturbasierte und fokusgruppenbasierte Erkenntnisfragen formuliert und durch die Befragten bewertet.
3. Im dritten Schritt werden der zu befragenden Person semistrukturierte Fragen gestellt.

Die beschriebene Strukturierung betont die fachliche Kompetenz der Expert*innen, während die Integration dieses dreistufigen Ablaufs die grundlegenden Anforderungen an den Leitfaden erfüllt, um das eigene Forschungsinteresse bestmöglich zu realisieren (Helfferich 2022).

Basierend auf dem in diesem Kapitel dargestellten Untersuchungsdesign, folgt in Abschnitt 6.3.2 die eingehende Schilderung der Durchführungssystematik

Tabelle 6.3 Expert*innen der Interviews mit Angabe von Tätigkeitsfeld und Interviewtermin

Expert*innen	Tätigkeitsfeld	Datum und Uhrzeit des Interviews
EX Eins	CEO bei einem der führenden deutschen Softwareanbieter für Trendmanagementsysteme im Innovationskontext	24. Juli 2023, 10:00 Uhr
EX Zwei	Geschäftsführer und Mitgründer eines führenden deutschen Beratungsunternehmens für strategische Vorausschau und Innovationsmanagement	25. Juli 2023, 09:15 Uhr
EX Drei	Stellvertretende Institutsvorständin am Institut für Strategisches Management an einer österreichischen Universität	26. Juli 2023, 11:00 Uhr
EX Vier	Professorin für Innovation an einer österreichischen Fachhochschule Fakultät für Wirtschaft und Management	27. Juli 2023, 08:00 Uhr
EX Fünf	Senior Manager – Innovation und Strategische Wachstumsinitiativen bei einer der Big-Four Wirtschaftsprüfungsgesellschaften, Professor an einer deutschen Hochschule	28. Juli 2023, 11:00 Uhr
EX Sechs	Institutsleiter eines deutschen Instituts für Zukunftsforschung an einer Technischen Hochschule	03. August 2023, 10:00 Uhr
EX Sieben	Teamleiter Digital Foresight bei einem Tochterunternehmen eines deutschen Mobilitäts- und Infrastrukturanbieters	08. August 2023, 10:00 Uhr
EX Acht	Senior Innovation Consultant bei einem inhabergeführten Unternehmen für Trendforschung und Innovationsberatung mit Sitz in Deutschland, Österreich und der Schweiz	11. September 2023, 15:00 Uhr

Tabelle 6.4 Prinzipien für den Qualitätsstandard bei Interviews. (Eigene Darstellung in Anlehnung an Helfferich (2022))

Prinzip der…	Bedeutung
Kommunikation	Um die Sichtweise der interviewten Person zu verstehen, gilt die Kommunikation zwischen den Personen als wesentlich
Reflexivität	Reflexion der Meinungen während der Kommunikationssituation und bei der nachfolgenden Interpretation
Offenheit	Einräumen von genügend Zeit und Raum, damit die interviewte Person Gedanken und Meinungen frei äußern kann
Vertrautheit und Fremdheit	Akzeptanz der Meinung, die von der interviewten Person geäußert wird, unerheblich ob sich diese mit der Meinung der Interviewerin deckt oder nicht

von Fokusgruppen- und Expert*inneninterviews. Im Anschluss daran werden in Abschnitt 6.3.3 die Auswertungssystematiken der jeweiligen qualitativen Forschungsmethoden beschrieben.

6.3.2 Durchführungssystematik der Fokusgruppen- und Expert*inneninterviews

6.3.2.1 Fokusgruppeninterviews

Von den sieben qualitativ-explorativ durchgeführten mündlichen Fokusgruppeninterviews, erfolgt das erste Interview (am 10. Juli 2023) im Rahmen eines physischen Treffens, da es sich um eine Gruppe wissenschaftlicher Partner*innen der Fachhochschule OÖ handelt. Die darauffolgenden Interviews werden mittels videobasierter Befragung durchgeführt, da die Teilnehmer*innen in Unternehmen angesiedelt sind, die sich geographisch über das österreichische Bundesgebiet verteilen. Im Vorfeld werden die Teilnehmer*innen zeitgerecht telefonisch, in persönlichen Gesprächen aber auch per Doodle Umfrage zwecks Terminvereinbarung kontaktiert, um den Befragungshintergrund „empirische Erhebung im Rahmen meiner Dissertation" und die Befragungsdauer zu erläutern.

Der wesentliche Hintergrund der Nichtbekanntgabe der Interviewzielsetzung beruht auf der gewählten explorativen Forschungsmethode (Becker 1993) mit narrativer Interviewführung (Holtgrewe 2009), um möglichst viele Beiträge zu relevanten KEFs zur Einführung von StTmgt in Unternehmen zu generieren.

Die Teilnehmer*innen der Interviews hatten vorab keine Kenntnisse über die Gruppenzusammensetzung, und die zeitliche Terminisierung erfolgt in kurz aufeinander folgenden Abständen – im Zeitraum 10. Juli bis 14. Juli 2023.

Die Personenanzahl setzt sich, wie Tabelle 6.5 zeigt, zusammen:

Tabelle 6.5   Datum, Zeit, Fokusgruppeneinteilung und Personenanzahl/Fokusgruppe

Datum und Zeit	Fokusgruppe	Anzahl der Personen
10. Juli 2023, 17:30 Uhr	Wissenschaftliche Partner*innen	Sieben
11. Juli 2023, 09:00 Uhr	Netzwerkpartner*innen	Fünf
12. Juli 2023, 08:30 Uhr	Erste Einzelhändler*innen Gruppe	Acht
13. Juli 2023, 10:00 Uhr	Zweite Einzelhändler*innen Gruppe	Acht
13. Juli 2023, 15:00 Uhr	Logistikdienstleistende	Vier
14. Juli 2023, 08:30 Uhr	Berater*innen	Sechs
14. Juli 2023, 11:00 Uhr	Intralogistik und Automatisierung	Fünf

Im Rahmen der Interviews werden zu Beginn die Definition zu Trendmanagement und StTmgt, wie in Abschnitt 2.1.3 ausgearbeitet, präsentiert, um eine einheitliche Verständnisbasis zu schaffen.

Mit der in Tabelle 6.1 formulierten narrativen Interviewfrage werden beim ersten Fokusgruppeninterview mittels Kärtchentechnik und bei den folgenden Terminen mittels Whiteboard-Anwendung Beiträge gesammelt. Vor Zeitablauf der Interviews, erfolgt ein Abgleich zwischen den eingeholten Beiträgen hinsichtlich Verständnis, um keinen Interpretationsspielraum zuzulassen.

Die Durchführung der Fokusgruppeninterviews erfolgt bei allen sieben Terminen alleinig durch die Autorin, um einerseits den gleichen Ablauf zu gewährleisten und andererseits die Beiträge vergleichbar darzustellen. Insgesamt variiert die Interviewdauer pro Fokusgruppe zwischen 20 und 30 Minuten.

Die ausführliche Beschreibung der Auswertungssystematik der Fokusgruppeninterviews wird im Detail in Abschnitt 6.3.3.1 dargelegt.

6.3.2.2 Expert*inneninterviews

Die Durchführung der Interviews richtet sich nach dem typischen Ablauf von Mayer (2013), der sich in folgende Phasen (Abbildung 6.3) gliedert.

Im Rahmen der Interviewvorbereitung und mit dem Anspruch der einheitlichen Interviewdurchführung wird in Anlehnung an Hellferich (2022) und Diekmann (2023) der Leitfaden für die Interviewdurchführung in die Abschnitte Gesprächseinstieg, KEFs, Einführung von StTmgt und Verankerung in die

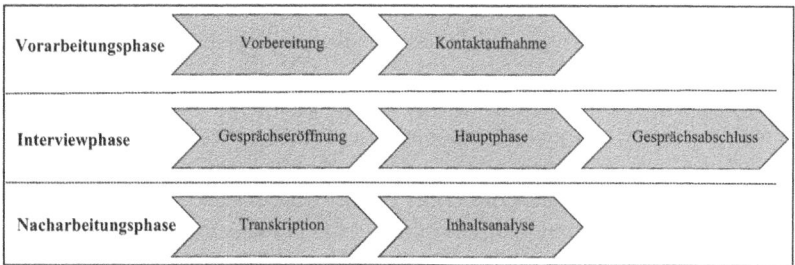

Abbildung 6.3 Durchführungsphasen von Interviews. (Eigene Darstellung in Anlehnung an Mayer (2013))

Organisation eingeteilt, wodurch eine inhaltlich thematisch abgesteckte und strukturierte Vorgehensweise ermöglicht wird. Mit der sozialen Interaktion, die ein Interview prägt, kann jedoch auch die interaktive Gesprächsdynamik positiv genutzt werden (Wassermann 2015).

Um eine gezielte Auswahl von Expert*innen für das Interview zu treffen, wird bei initialen Kontaktaufnahme über E-Mail eine kurze und prägnante Darstellung des Forschungsthemas, der Zielsetzung und der Dauer des Interviews sowie das gewählte Medium geschildert (Flick et al. 2022).

Mit diesem Ablauf kann sichergestellt werden, passende Auskunftspersonen für die Beantwortung der themenspezifischen Interviewfragen angefragt zu haben. Somit können Interviews mit insgesamt acht ausgewählten Expert*innen, wie in Tabelle 6.3 angeführt, davon sechs männliche und zwei weibliche Personen, im Rahmen von mündlich-videobasierten Gesprächen (über MS Teams) durchgeführt werden.

Da die ausgewählten Expert*innen mit den gleichen Fragen zu den gleichen Themen konfrontiert werden, ähnelt sich die Erhebungssituation, und im Zuge der Auswertungssystematik ist die Vergleichbarkeit des Gesagten gewährleistet (Helfferich 2022).

Der Gesprächseinstieg enthält neben der gegenseitigen Vorstellrunde die Einholung der grundsätzlichen Erlaubnis der namentlichen Nennung bei der Datenauswertung, die Bekanntgabe der Interviewdauer, die Agenda mit der Vorstellung der Thematik der Dissertation und des Interviewziels sowie einer thematischen Abgrenzung und Aufteilung der bevorstehenden Blöcke an Fragen.

Die Interviewerin stellt während der Interviewdauer eine engagierte, anerkennende und emotional beteiligte Gesprächspartnerin für die interviewte Person dar, die flexibel auf Antworten interagiert (Bortz und Döring 2006). Im Vorfeld des Gesprächseinstieges wurde das mündliche Einverständnis für Bild- und Tonaufnahme eingeholt.

Zur Schaffung eines einheitlichen Verständnisses für die Interviewfragen werden zu Interviewbeginn Definitionen zu den Begriffen Trendmanagement und Strategisches Trendmanagement, siehe auch Abschnitt 2.1.3, und Kritische Erfolgsfaktoren in Anlehnung an Fritz (1993), Haenecke und Forsmann (2006), Sontag (2012) und Henzel und Herzwurm (2021) präsentiert (Abbildung 6.4).

Trendmanagement umfasst die Recherche sowie die Analyse als auch die unternehmensspezifische Interpretation von Trendinformationen, verbunden mit dem gezielten Anstoßen von Veränderungen.

Strategisches Trendmanagement ist Bestandteil des Innovationsmanagements und nimmt in Unternehmen die Aufgabe wahr, unternehmensspezifisch bedeutsame Trends zu erkennen, diese strukturiert darzustellen und zu bewerten, um aus den gewonnenen Erkenntnissen geeignete strategische Maßnahmen umzusetzen, die zum individuellen Unternehmenserfolg beitragen.

Kritische Erfolgsfaktoren sind Faktoren, die einen maßgeblichen Beitrag sowohl positiver als auch negativer Art für das Unternehmen liefern und können einerseits durch das Unternehmen selbst, als auch durch dessen Umwelt bestimmt sein. Kritische Erfolgsfaktoren gelten für Unternehmen als Schlüsselgrößen bei der Einführung von strategischen Prozessen und Innovationen und als Richtungsweiser, um im Kontext volatiler und komplexer Umweltbedingungen wettbewerbsfähig zu sein.

Abbildung 6.4 Definitionen zur Schaffung eines einheitlichen Verständnisses

Der Ablauf des ersten Blocks der Expert*inneninterviews orientiert sich an der Zielsetzung des in Abbildung 6.2 unter Punkt Sieben in Abschnitt 6.2.2 dargestellten qualitativen Forschungsdesigns. Dabei gilt es herauszufinden, ob die Expert*innen die literatur- und fokusgruppenbasierenden Erkenntnisse bestätigen, eventuell erweitern sowie handelsspezifische KEFs nennen. Im Nachgang erfolgt die Reihung der KEFs nach Wichtigkeit.

Der zweite und dritte Block der Befragungen fokussiert sich auf Punkt Acht in Abbildung 6.2 dargestellten Forschungsdesigns und richtet den Blick auf den in Abschnitt 5.4 entwickelten konzeptionellen Bezugsrahmen, der zum einen auf die Prozessschritte, auch hinsichtlich Branchenspezifika, dem praxiserfahrenen Vorgehen sowie dem begleitenden Changemanagement Prozess zur Einführung von StTmgt abzielt und zum anderen die organisatorische Verankerung von StTmgt hinsichtlich strategischer Integration und idealer Teamzusammensetzung untersucht. In diesem Zusammenhang wird mit der befragten Personengruppe das Ziel verfolgt, zu diskutieren und aufzuzeigen, ob der entwickelte konzeptionelle

Bezugsrahmen hinsichtlich Darstellung der eingezeichneten Wirkzusammenhänge zu adaptieren ist.

Der vollständige Leitfaden der offenen, semistrukturierten Interviewfragen ist in detaillierter Struktur in den zugehörigen Daten in Anhang 15 im elektronischen Zusatzmaterial einsehbar.

Abbildung 6.5 visualisiert die Frageblöcke und deren Kapitelzusammenhänge.

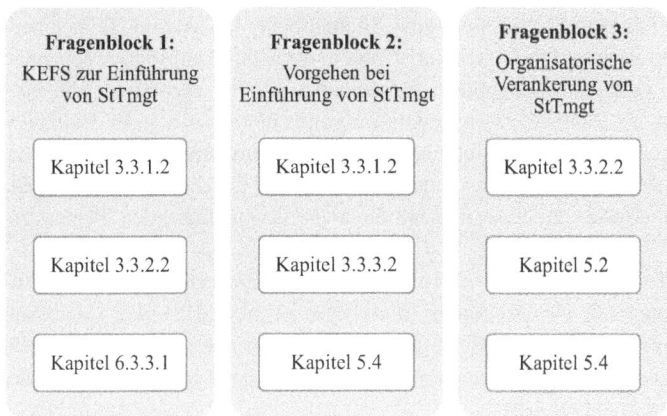

Abbildung 6.5   Visualisierung der Zusammenhänge von Frageblöcken und Kapiteln

Im Zuge des Gesprächsabschlusses spricht die Interviewerin ihren Dank für Zeit, Teilnahme und Offenheit gegenüber der*n Expert*innen aus und informiert über Rücksprache nach Fertigstellung der Transkripte und Teilung der Ergebnisse nach Finalisierung der Dissertation.

Die Autorin hat alle Expert*inneninterviews eigenständig durchgeführt, um eine einheitliche Moderation sicherzustellen und die Ergebnisse vergleichbar zu machen. Um den Redefluss der Interviewten nicht zu unterbrechen, variiert die Zeitdauer der Interviews zwischen 36 und 59 Minuten, wobei anzumerken ist, dass während des Gesprächs die Flexibilität so weit gegeben war, dass aufgrund einer kurzfristigen Terminüberschneidung eines zu interviewenden Experten das Interview in zwei Teile aufgeteilt wurde, jedoch die Auswertung dieses Interviews in einem Interview zusammengefasst wurde.

Die Dokumentation der Ergebnisse erfolgt mittels Audio- und Videoaufnahme über MS Teams, ist über den generierten Link abgespeichert und wird im Anschluss von der Autorin ausgewertet. Dies wird in Abschnitt 6.3.3.2 ausführlich erläutert.

6.3.3 Auswertungssystematik der Fokusgruppen- und Expert*inneninterviews

6.3.3.1 Fokusgruppeninterviews

Für die Fokusgruppen konnte eine Stichprobengröße von 43 Teilnehmer*innen festgelegt werden. Die Einteilung erfolgt je nach Tätigkeit, sodass sieben Gruppen (wie in Tabelle 6.5 angeführt) entstanden sind. Für die Dauer von 30 Minuten wird im Rahmen des ersten Fokusgruppeninterviews jeder Beitrag separat auf Kärtchen und bei den folgenden Fokusgruppeninterviews jeder Beitrag separat mittels Whiteboard-Anwendung notiert. Die jeweiligen Beiträge gelten als anonym erfasst, da diese namentlich nicht der verfassenden Person zugeteilt werden.

Nach Beendigung der sieben Fokusgruppeninterviews wird aufgrund der Erreichung der Datensättigung (Perkhofer et al. 2016) die Datensammlung abgeschlossen. Es wird somit der Zeitpunkt erreicht, an dem die Erfassung neuer qualitativer Daten durch weitere Fokusgruppen keinen bzw. nur geringen Mehrwert erwarten lässt.

Zu Beginn jedes Interviews erfolgt durch die Autorin die Präsentation der Definitionen zu ausgewählten Begrifflichkeiten und die narrative Interviewfragestellung (siehe Tabelle 6.1). Verständnisunklarheiten werden im Vorfeld mit den Interviewpartner*innen besprochen und bereinigt, sodass die textuelle Erfassung sowohl auf den Kärtchen als auch auf den Whitebords themenspezifisch erfolgen kann.

Für die Auswertung der gesammelten Beiträge findet die zusammenfassende qualitative Inhaltsanalyse mit induktiver Kategorienbildung in Anlehnung an Mayring (2020) Verwendung. Bei dieser Technik werden die Beiträge auf das Wesentliche reduziert, um die wesentlichen Inhalte zu erhalten. Im Anschluss werden die reduzierten Beiträge dem definierten Kategoriensystem zugeordnet. Dafür wurden die sieben Schritte der induktiven Kategorienbildung verfolgt, die als qualitatives methodisches Auswertungsinstrument der erhobenen Beiträge als sinnvoll erscheinen.

Somit werden im ersten Schritt die gesammelten Beiträge, in Summe 384, hinsichtlich des inhaltlichen Verständnisses während der Fokusgruppeninterviews überprüft.

Anschließend werden sie in MS Excel zusammengefasst und hinsichtlich Tipp-, Schreib- sowie Grammatikfehler bereinigt.

Danach werden die extrahierten Beiträge ausschließlich auf den Inhalt beschränkte Form umschrieben, das bedeutet die Streichung von nicht bzw. wenig inhaltstragenden Textbestandteilen.

Im folgenden Schritt wird die Zuordnung der Beiträge zu den aus der Literatur gefilterten Kategorien – Kritischer Erfolgsfaktoren-Custer (siehe Abschnitt 3.3.2.2) – vorgenommen.

Im vierten Schritt soll festgestellt werden, wie oft die Beiträge entsprechend ihrer Zuordnung vorkommen.

Im fünften Schritt werden die induktiv gewonnenen Beiträge, die spezielle Ausprägungsformen für die Einführung von StTmgt darstellen, den theoretisch literaturbasierenden Kategorien beigefügt. Nennungen mit einer Anzahl von weniger als vier sind als nicht signifikant zu bezeichnen und scheiden aus der Zuordnung aus.

Die Überprüfung, ob relevante Beiträge aufgrund der Paraphrasierung im zweiten Schritt verlorengingen oder übergangen wurden und somit nicht in der Zuordnung aufscheinen, bildet der sechste Schritt ab.

Im letzten Schritt erfolgt die Rücküberprüfung, um zu untersuchen, ob das Kategoriensystem aus der Literatur mit den spezifischen Kategorien für StTmgt noch einmal an den Ursprungsbeiträgen angewendet und untersucht werden kann.

Die Ergebnisse aus den Fokusgruppeninterviews sind in MS Excel in den zugehörigen Daten in Anhang 13 und in Anhang 14 im elektronischen Zusatzmaterial einsehbar und zusammengefasst dargestellt.

Resümierend bestätigen die gesammelten und ausgewerteten Daten der Fokusgruppeninterviews die theoretischen literaturbasierten gefilterten KEFs. Zusätzlich konnten jedoch wesentliche induktive Neuerungswerte als Ausprägungen der KEFs, die speziell auf die Einführung von StTmgt anzuwenden sind, gewonnen werden.

Abbildung 6.6 stellt die einzelnen genannten Relationen graphisch anhand eines Balkendiagramms, welches die KEF-Cluster und die Fokusgruppenbereiche mit den genannten Ausprägungen zeigt, dar.

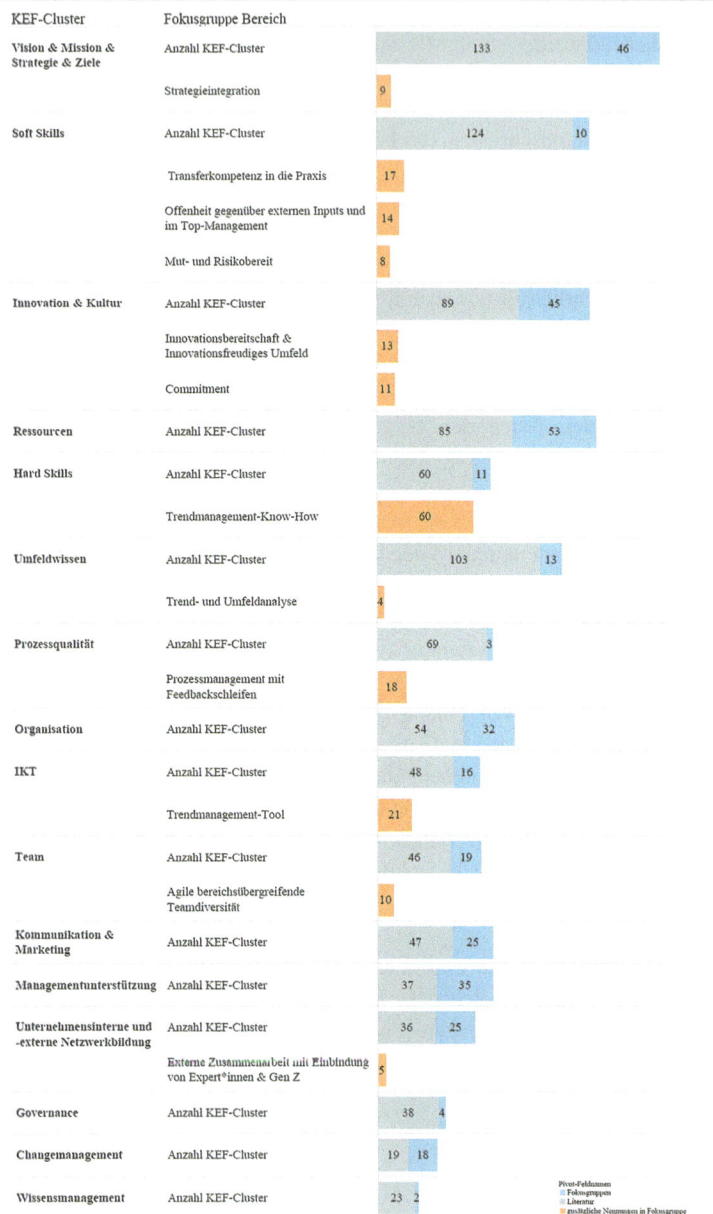

Abbildung 6.6 Auswertung der Fokusgruppenergebnisse und Einordnung der Ausprägungen zu den KEFs

6.3.3.2   Expert*inneninterviews

Für die hier dargestellte Nachbearbeitungsphase werden die in Abschnitt 6.3.2.2 dargestellten und durchgeführten acht Expert*inneninterviews transkribiert und im Anschluss qualitativ-inhaltsanalytisch ausgewertet, wobei der Fokus auf die inhaltlich erhobenen Daten und nicht auf die Erfassung großer Datenmengen gelegt wird.

Dafür werden zuerst, wie die zugehörigen Daten, die in Anhang 16 im elektronischen Zusatzmaterial einsehbar sind, zeigen, die aufgezeichneten Interviews transkribiert. Bei dieser Abschrift wird in Anlehnung an das inhaltlich-semantische Transkriptionsmodell von Dresing und Pehl (2011) gearbeitet, das im deutschsprachigen Raum häufig verwendet wird und ein vereinfachtes System darstellt. Im Zuge dessen wird die Sprache deutlich vereinfacht und der Schwerpunkt auf den inhaltlichen Gehalt des Beitrags gelegt (Dresing und Pehl 2011). Abbildung 6.7 veranschaulicht ein Beispieltransskript mit inhaltlich-semantischem Regelsystem:

I: Also planen Sie Entlassungen? #00:32:02-0#

B: ähm (...) also (husten) nein. Wir werden //die Ausga- #00:36:03-4#

I: Ja ja, seit drei// Jahren haben Sie aber diese diese (Versprechen?) gemacht. #00:37:43-2#

B: (lachen) jetzt fangen Sie DAMIT wieder an. #00:38:23-1#

Abbildung 6.7 Darstellung eines Beispieltransskripts mit inhaltlich-semantischen Regelsystem von Dresing und Pehl (2011) aus dem Praxisbuch Interview, Transkription & Analyse, 8. Auflage

Diese Methode eignet sich im Besonderen dafür, um die Einheitlichkeit der Transkripte zu gewährleisten und um eine bessere Grundlage für die anschließend folgende qualitative Inhaltsanalyse zu ermöglichen, welche eine Auswertungsmethode für Texte darstellt und im Rahmen sozialwissenschaftlicher Forschungsprojekte in der Erhebung von Daten verwendet wird (Mayring und Fenzl 2022).

Anschließend wird das jeweilige Transkript an die Expert*innen per E-Mail zur Einsicht übermittelt, wobei keinerlei Ergänzungs- und Korrekturempfehlungen erfolgen, und somit können diese in schriftlicher Form festgehaltenen Interviewinhalte gänzlich einer Textanalyse unterzogen werden. Hierfür wird die qualitative Inhaltsanalyse von Mayring (2015, 2022) und Mayring und Fenzl (2022) verwendet, die in den Sozialwissenschaften als Standardmethode gilt und durch unterschiedliche Ablaufmodelle (Mayring 2010) geprägt ist.

Um das methodische Erschließen von Textmaterial durchzuführen, wird basierend auf den unterschiedlich dargestellten Ablaufmodellen von Mayring (2010, 2015, 2022) und Mayring und Fenzl (2022) – für den Auswertungsprozess dieser Arbeit ein auf das Material angepasstes Ablaufmodell festgelegt.

Aufgrund der spezifischen Fragestellungen im Expert*inneninterview findet im Rahmen der Analyse sowohl die strukturierende Inhaltsanalyse mit deduktiver Kategorienbildung als auch die zusammenfassende Inhaltsanalyse mit induktiver Kategorienbildung Verwendung.

Hierbei gilt zu erläutern, dass bei der strukturierenden Inhaltsanalyse das Kategoriensystem vorab theoriegeleitet entwickelt und anschließend am Textmaterial weiter ergänzt wird (Mayring und Fenzl 2022). Als zentrales Hilfsmittel dient der Kodierleitfaden, der die definierten Regeln tabellarisch visualisiert und bestimmt, welcher Kategorie eine Textstelle zuzuordnen ist (Mayring und Fenzl 2022).

Bei der zusammenfassenden Inhaltsanalyse spielen die inhaltsanalytischen Regeln der Kategoriendefinition und des Selektionskriteriums zentrale Rollen (Mayring 2015; Mayring und Fenzl 2022). Bei diesem Prozess wird das gesamte Material im Sinne von „Auslassen, Generalisation, Konstruktion, Integration, Selektion und Bündelung" (Mayring und Fenzl 2022) so weit komprimiert, dass die grundlegenden Informationen bewahrt bleiben und das Kategoriensystem aus den konkreten Aussagen des Textes schrittweise abgeleitet und auf das Wesentliche reduziert wird. In einem anschließenden Durchgang der Kategorienbildung werden die Hauptkategorien gemäß den Zusammenfassungsregeln verallgemeinert (Mayring und Fenzl 2022).

In Anlehnung an Mayring (2010, 2015, 2022) und Mayring und Fenzl (2022) zeigt das Modell, das linksseitig in der Abbildung 6.8 dargestellt ist, die einzelnen Analyseschritte, wobei die Schritte Eins bis Drei sowie Acht bis Neun beide gewählten Auswertungsprozesse gleichermaßen betrifft. Die rechte Seite der Abbildung 6.8 illustriert die Vernetzung der Kapitelzuordnung sowie die inhaltlichen Fragen mit den einzelnen Ablaufschritten.

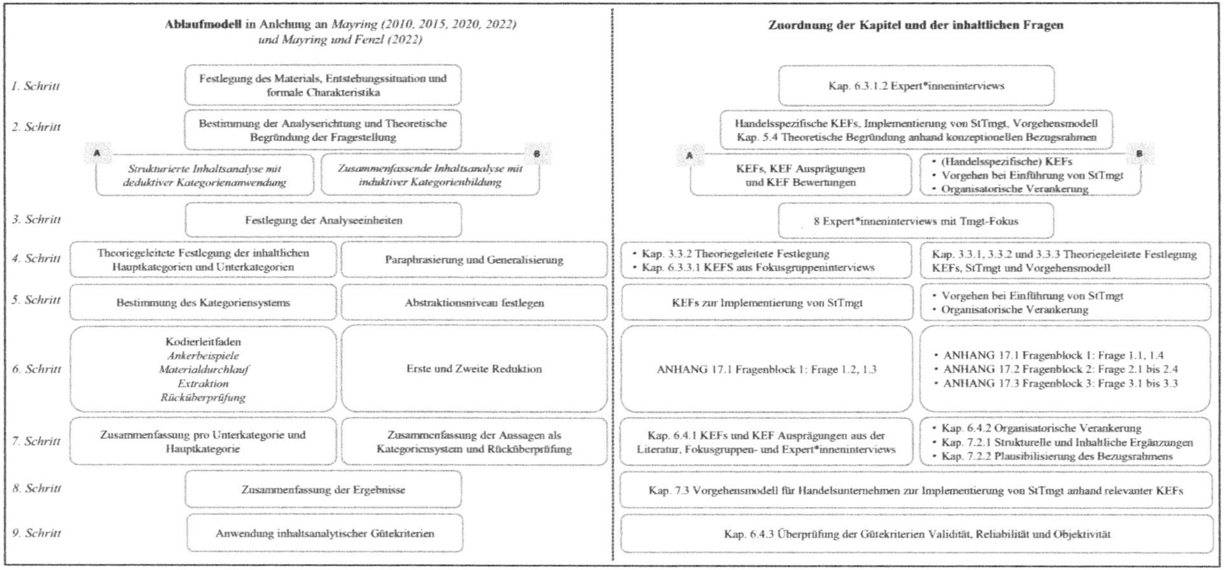

Ablaufmodell in Anlehnung an *Mayring (2010, 2015, 2020, 2022) und Mayring und Fenzl (2022)*

Zuordnung der Kapitel und der inhaltlichen Fragen

1. Schritt — Festlegung des Materials, Entstehungssituation und formale Charakteristika

2. Schritt — Bestimmung der Analyserichtung und Theoretische Begründung der Fragestellung

A / B — *Strukturierte Inhaltsanalyse mit deduktiver Kategorienanwendung* / *Zusammenfassende Inhaltsanalyse mit induktiver Kategorienbildung*

3. Schritt — Festlegung der Analyseeinheiten

4. Schritt — Theoriegeleitete Festlegung der inhaltlichen Hauptkategorien und Unterkategorien — Paraphrasierung und Generalisierung

5. Schritt — Bestimmung des Kategoriensystems — Abstraktionsniveau festlegen

6. Schritt — Kodierleitfaden / Ankerbeispiele / Materialdurchlauf / Extraktion / Rücküberprüfung — Erste und Zweite Reduktion

7. Schritt — Zusammenfassung pro Unterkategorie und Hauptkategorie — Zusammenfassung der Aussagen als Kategoriensystem und Rücküberprüfung

8. Schritt — Zusammenfassung der Ergebnisse

9. Schritt — Anwendung inhaltsanalytischer Gütekriterien

Zuordnung der Kapitel und der inhaltlichen Fragen:
- Kap. 6.3.1.2 Expert*inneninterviews
- Handelsspezifische KEFs, Implementierung von StTmgt, Vorgehensmodell / Kap. 5.4 Theoretische Begründung anhand konzeptionellen Bezugsrahmens
- (Handelsspezifische) KEFs / Vorgehen bei Einführung von StTmgt / Organisatorische Verankerung
- KEFs, KEF Ausprägungen und KEF Bewertungen
- 8 Expert*inneninterviews mit Tmgt-Fokus
- Kap. 3.3.2 Theoriegeleitete Festlegung / Kap. 6.3.3.1 KEFs aus Fokusgruppeninterviews — Kap. 3.3.1, 3.3.2 und 3.3.3 Theoriegeleitete Festlegung KEFs, StTmgt und Vorgehensmodell
- KEFs zur Implementierung von StTmgt — Vorgehen bei Einführung von StTmgt / Organisatorische Verankerung
- ANHANG 17.1 Fragenblock 1: Frage 1.2, 1.3 — ANHANG 17.1 Fragenblock 1: Frage 1.1, 1.4 / ANHANG 17.2 Fragenblock 2: Frage 2.1 bis 2.4 / ANHANG 17.3 Fragenblock 3: Frage 3.1 bis 3.3
- Kap. 6.4.1 KEFs und KEF Ausprägungen aus der Literatur, Fokusgruppen- und Expert*inneninterviews — Kap. 6.4.2 Organisatorische Verankerung / Kap. 7.2.1 Strukturelle und inhaltliche Ergänzungen / Kap. 7.2.2 Plausibilisierung des Bezugsrahmens
- Kap. 7.3 Vorgehensmodell für Handelsunternehmen zur Implementierung von StTmgt anhand relevanter KEFs
- Kap. 6.4.3 Überprüfung der Gütekriterien Validität, Reliabilität und Objektivität

Abbildung 6.8   Ablaufmodell sowie Zuordnung der Kapitel und der inhaltlichen Fragen

Erster Schritt: Festlegung des Materials, Entstehungssituation und formale
Charakteristika
Im ersten Schritt können im Zeitraum zwischen 24. Juli bis 11. September 2023
acht Expert*inneninterviews durchgeführt werden. Jedes einzelne Interview wird
mittels MP4-Datei aufgezeichnet, anschließend transkribiert und in die Inhaltsanalyse miteinbezogen. Im transkribierten Material werden unklare Abschnitte
markiert und nonverbale Äußerungen, die nicht direkt auf die Zielsetzung gemäß
Abbildung 6.2 Bezug nehmen, außer Acht gelassen.

Zweiter Schritt: Bestimmung der Analyserichtung und theoretische Begründung
der Fragestellung
Ziel der Inhaltsanalyse ist es, KEFs mittels Bewertungsverfahren zu gewichten
und gegebenenfalls ergänzende KEFs zu identifizieren, die für die Implementierung von StTmgt relevant sind. Des Weiteren gilt das Erfahrungswissen der
Expert*innen zur Einführung von StTmgt hinsichtlich Prozessschritte, software-
gestütztem Ansatz, begleitendem Changemanagement sowie der organisatorischen Verankerung, Teamzusammensetzung und Strategieintegration im Detail
zu ermitteln.

Die qualitativ orientierte kategoriengeleitete Textanalyse richtet sich nach
exakten inhaltsanalytischen Regeln, bleibt aber ein qualitativ-interpretatives Vorgehen (Mayring und Fenzl 2022), das auf die formulierte Forschungsfrage, die
es im empirischen Teil zu untersuchen gilt, ausgerichtet ist. Die Kategorien werden gemäß dem Ausgangsmaterial strukturiert, können hierarchisch geordnet sein
und werden in dieser Arbeit sowohl theoriegeleitet-deduktiv abgeleitet als auch
induktiv gebildet. Infolgedessen werden während der Analyse nur die Textstellen
berücksichtigt, die sich auf die Kategorien beziehen (Mayring und Fenzl 2022).

Aufgrund des entwickelten Fragebogens scheint eine Kombination aus deduk-
tiven und induktiven Analysevorgängen als zweckdienlich und zielführend, um
die Forschungsfrage mit dessen Unterfragen beantworten zu können: Zum einen
die Entwicklung eines vorab theoriegeleiteten Kategoriensystems durch strukturierte Inhaltsanalyse mittels deduktiver Kategorienanwendung (Darstellung A in
Abbildung 6.8) durch Verwendung einfacher Kategorienlisten, die sich bei der
Analyse der KEFs und für 50 % der Fragen aus dem ersten Fragenblock anbietet.
Zum anderen wird die zusammenfassende Inhaltsanalyse mit induktiver Kategorienbildung (Darstellung B in Abbildung 6.8) durchgeführt. Dabei werden die Texte
aus dem zweiten und dritten Fragenblock in inhaltstragende Paraphrasen umfor-
muliert und schrittweise reduziert, um daraus induktive Kategorien und somit ein
Kategoriensystem zu bilden.

Dritter Schritt: Festlegung der Analyseeinheiten
Alle für diese Arbeit durchgeführten und transkribierten Expert*inneninterviews werden zur Inhaltsanalyse herangezogen. Dabei stellen die bedeutungstragenden Textelemente und einzelne Wörter die Kodiereinheit dar. Die Kontexteinheit ist durch die Dauer des Interviews mit einer Person gegeben. Die Auswertungseinheit umfasst die Gesamtheit der für eine Forschungsfrage durchgeführten Expert*inneninterviews, da das abschließende Kategoriensystem auf sämtliche Interviews Bezug nimmt. Um die Kodiereinheiten, die zur Beantwortung der Fragestellungen erforderlich sind, zu erfassen, wird sowohl die deduktive Kategorienanwendung als auch die induktiver Kategorienbildung verwendet. Die strukturierte Darstellung der gewählten Vorgehensweise erfolgt unter Verwendung von MS Excel (die zugehörigen Daten sind in Anhang 17 im elektronischen Zusatzmaterial einsehbar).

Darstellung A: Strukturierte Inhaltsanalyse mit deduktive Kategorienanwendung
Der Einsatz der deduktive Kategorienanwendung sieht vor, ein Kategoriensystem anhand der Interviewfragen vor Beginn der Textanalyse zu strukturieren und den Textinhalt entsprechend einzuordnen.

Hierzu wird eine umfassende Durchsicht der transkribierten Expert*inneninterviews im Hinblick auf die im Voraus festgelegten Strukturen durchgeführt, um spezifische Bestandteile aus dem Material herauszuarbeiten (Mayring 2015). Dadurch soll die grundlegende Form entwickelt und beurteilt werden.

Dieses Vorgehen ist für die Hälfte des ersten Fragenblocks erforderlich, da einerseits bereits wichtige theoriebasierte Aspekte aus den Literaturquellen in Abschnitt 3.3.2.2 und andererseits praxisbezogene Ausprägungen aus den Fokusgruppeninterviews in Abschnitt 6.3.3.1 bekannt sind.

Vierter Schritt: Theoriegeleitete Festlegung der inhaltlichen Haupt- und Unterkategorien
Durch die zugrundeliegende Literaturanalyse zu KEFs und die Erkenntnisse aus den Fokusgruppen werden bereits im Vorfeld Kategorien sowie Ausprägungen der Kategorien entwickelt.

Fünfter Schritt: Bestimmung des Kategoriensystems
Bei diesem Schritt erfolgt zuerst eine induktive Entwicklung eines Kategoriensystems, indem die einzelnen Kodiereinheiten den relevanten Hauptkategorien oder deren Unterkategorien zugeordnet werden (Mayring 2015). Die Auswertung des

Textmaterials nach Mayring (2015) ermöglicht insgesamt eine Verbindung von deduktiver und induktiver Vorgehensweise in der Kategorienbildung. Die deduktive Kategorienbildung stützt sich auf die Kategorien, die sich vorab aus der Literatur und den Fokusgruppen ergaben. Die nachfolgende Bildung von Unterkategorien wird als induktiv betrachtet, da diese direkt aus dem Textmaterial, den transkribierten Expert*inneninterviews, abgeleitet werden. Es werden bei dieser Herangehensweise lediglich Textabschnitte berücksichtigt, die sich auf das festgelegte Kategoriensystem beziehen (Mayring 2015), um die Forschungsfrage „Welche Kritischen Erfolgsfaktoren sind für die Implementierung von Strategischem Trendmanagement in Handelsunternehmen relevant" zu beantworten. Um das Kategoriensystem übersichtlich darzustellen, wurden „Mindmaps" entwickelt.

Sechster Schritt: Kodierleitfaden (Ankerbeispiel, Materialdurchlauf, Extraktion, Rücküberprüfung)
Der für diese Arbeit zu entwickelnde Kodierleitfaden unterstützt bei der individuellen Zuordnung der im Interview genannten Begrifflichkeiten hinsichtlich kritischer Erfolgsfaktoren. Hierfür werden aussagekräftige Textabschnitte, die als Ankerbeispiele fungieren, extrahiert, der vorweg definierten Kodierung zugeteilt und im anschließenden Materialdurchlauf der Kategorie oder Unterkategorie zugeordnet.

Während des gesamten Prozesses des sechsten Schrittes findet eine Rücküberprüfung statt, um die jeweiligen Kategorien anzupassen. Durch dieses Vorgehen ist eine eindeutige Zuordnung möglich, die in Form einer übersichtlichen MS Excel Datei (die zugehörigen Daten sind in Anhang 17 im elektronischen Zusatzmaterial einsehbar) dargestellt wird.

Siebter Schritt: Zusammenfassung pro Haupt- und Unterkategorie
Im Zuge der Zusammenfassung werden die Unterkategorien analysiert und final den definierten Hauptkategorien zugeordnet. Bezugnehmend auf die zu beantwortende Forschungsfrage werden die finalen Unterkategorien interpretiert und übergreifend generalisiert. Der gleiche Ablauf wird bei den Hauptkategorien überprüft, um die wesentlichen Erkenntnisse zu selektieren.

Darstellung B: Zusammenfassende Inhaltsanalyse mit induktiver Kategorienbildung
Bei der zusammenfassenden Inhaltsanalyse, die für die Fragenblöcke Zwei und Drei der Expert*inneninterviews angewendet werden, werden nach Durchsicht der Textbausteine Kategorien gebildet, wobei nach jedem Textbaustein eine neue Kategorie gebildet oder dieser Textbaustein einer etwaigen definierten thematisch

passenden Kategorie zugeordnet wird. Somit werden sukzessive verschiedene Kategorien gebildet, die letzten Endes zusammengefasst und mittels MS Excel Datei dargestellt werden und in den zugehörigen Daten in Anhang 17 im elektronischen Zusatzmaterial einsehbar sind.

Vierter Schritt: Paraphrasierung und Generalisierung
In dieser Phase erfolgt die Transformation der Paraphrasen mittels Generalisierung auf das angestrebte Abstraktionsniveau (Mayring 2015; 2020). Bei der Umformulierung, der sogenannten Paraphrasierung, werden alle nicht inhaltstragenden Textbestandteile entfernt, in eine konsistente Sprache übersetzt und auf eine prägnante grammatikalische Kurzform geändert. Anschließend wird der paraphrasierte Text auf die definierte Abstraktionsebene generalisiert, sodass die ursprünglichen Gegenstände in den neu formulierten impliziert sind (Mayring 2022).

Fünfter Schritt: Abstraktionsniveau festlegen
Um das Abstraktionsniveau festzulegen, ist es notwendig, den generalisierten Text Schritt für Schritt auf möglichst allgemeine, jedoch fallspezifische Äußerungen der Expert*innen zusammenzufassen. Das bedeutet, je allgemeiner die Begriffe in dem Prozess der induktiven Kategorienbildung bezeichnet werden, desto höher das Abstraktionsniveau. Hierbei gilt es zu berücksichtigen, dass für die allgemeine Begriffsformulierungen Einzelheiten einer Sache oder Person betreffend auszuklammern sind.

Als Unterstützungsmöglichkeiten für eine allgemeine Ordnung können Merkmale, Eigenschaften oder Grundbedingungen festgelegt werden (Mayring 2015; 2020).

Sechster Schritt: Erste und Zweite Reduktion
Innerhalb dieser Phase wird die anfängliche Reduktion mithilfe der Selektion durchgeführt. Dabei werden einzelne Textabschnitte, die innerhalb eines Interviews dieselbe Bedeutung tragen, gestrichen. Dies führt zu einer Verringerung der Anzahl der Aussagen, da Doppelnennungen ausgeschlossen werden (Mayring 2015; 2022, 2020).

Falls das Resultat der ersten Reduktion zufriedenstellend ist und die Paraphrasen bereits auf einige wenige Kernpunkte fokussiert sind, wird von einer zweiten Reduktion abgesehen. Sollte jedoch eine übermäßige Anzahl an ausgewählten Passagen bestehen bleiben, ist eine erneute Durchführung, eine sogenannte zweite

Reduktion, der Abstraktion und Selektion erforderlich. In diesem Zusammenhang werden Aussagen mit identischem Inhalt, die sich auch über verschiedene
Interviews erstrecken, limitiert (Mayring 2022).

Siebter Schritt: Zusammenfassung der Aussagen als Kategoriensystem und
Rücküberprüfung
In diesem Schritt der induktiven Kategorienbildung ist es bedeutend, sukzessive alle Aussagen zu untersuchen und nach kritischer Durchsicht den
Kategorien zuzuordnen. Hier kommt es auch zu Neubildungen von Kategorien, sollten Aussagen zu den bereits gebildeten Kategorien nicht zuordenbar
sein. Sollten sich nach Fertigstellung der Kategorienbildung zu viele ähneln,
werden ähnliche zusammengefasst, um das finale Kategoriensystem zu formieren. Bei der anschließenden Rücküberprüfung findet der Abgleich zwischen
dem gebildeten Kategoriensystem und den ursprünglichen Aussagen im Rahmen der Expert*inneninterviews statt. Dabei wird untersucht, ob das Gesagte
der Expert*innen das Kategoriensystem widerspiegelt. Nach der Auswertung der
Experteninterviews konnte festgestellt werden, dass die Datensättigung erreicht
wurde, da keine neuen Werte oder Erkenntnisse mehr aufgetreten sind und somit
die Durchführung von acht Interviews als ausreichend erklärt wurde.

Achter Schritt: Zusammenfassung der Ergebnisse
Dabei gilt es, die erzielten Ergebnisse der Inhaltsanalysen beider Darstellungen
nach Mayring (2022) und Mayring und Fenzl (2022) zusammenzufassen. Dies
geschieht durch die Abstraktion und sprachliche Vereinheitlichung der analytisch
relevanten Inhalte zur Erstellung des finalen Kategoriensystems, in das das Textmaterial eingeordnet wird. Diese Zusammenfassung dient dazu, die Ergebnisse
im Abschnitt 6.4 zu interpretieren und zu diskutieren.

Neunter Schritt: Anwendung inhaltskritischer Gütekriterien
Mit dem neunten Schritt des dargestellten Ablaufmodells wird das Vorgehen der
qualitativen Inhaltsanalyse nachvollziehbar und überprüfbar. In diesem Sinne und
um den wissenschaftlichen Standards der Forschung gerecht zu werden, spricht
Mayring (2016) von sechs Gütekriterien – Regelgeleitetheit, Verfahrensdokumentation, Nähe zum Gegenstand, kommunikative Validierung, Triangulation und
argumentative Interpretationsabsicherung – die bei Anwendung der qualitativen
Inhaltsanalyse zu berücksichtigen und zu überprüfen sind. Aufgrund der deutlich
erkennbaren Überschneidungen mit den methodenspezifischen Gütekriterien werden in weiterer Folge und zur Sicherstellung die Gütekriterien Validität (jeder

Schritt der Forschung ist beschrieben und nachvollziehbar), Reliabilität (bei Wiederholung der Inhaltsanalyse treten ähnliche Ergebnisse auf) und Objektivität (kritische Diskussion und Reflexion der Daten und Ergebnisse) überprüft (Flick et al. 2022; Mayring 2022), da die qualitative Inhaltsanalyse einen offenen, systematischen und theoriegeleiteten Ablauf für sich in Anspruch nimmt (Kaiser 2021).

Die im nächsten Abschnitt (6.4) folgende Ergebnisdarstellung und Diskussion stellt den Mittelpunkt der qualitativen Untersuchung dar, die das gewählte Vorgehen offenlegt und zur Validierung des Interpretationsprozesses dient (Bude 2000).

Im Verlauf der Dissertation bilden die Ergebnisse der Sekundärliteraturanalyse den konzeptionellen Bezugsrahmen in Abschnitt 5.4. In weiterer Folge wurden die mittels Primärliteratur gesammelten Aussagen aus den Fokusgruppeninterviews mit Antworten der Expert*innen ergänzt und auf Kohärenz überprüft.

Diese transparente Ergebnisdarstellung orientiert sich an den Durchführungssystematiken von Abschnitt 6.3.2.1 sowie 6.3.2.2 und erfüllt den Anspruch auf Reliabilität, welches ein essenzielles Merkmal der regulären Durchführung qualitativer erfahrungsbasierter Untersuchungen visualisiert.

Mit Standardisierung der Interviewsituation sowie kontrollierter Interaktion zwischen Interviewerin und Proband*innen und der Verfolgung von standardisierten sowie klaren Regeln bei Auswertung und Interpretation wird dem Kriterium der Objektivität nachgegangen, damit subjektive Einflüsse der Dissertantin so weit wie möglich ausgeschlossen werden (Flick et al. 2022). Der Nachvollziehbarkeit kommt große Bedeutung zu und impliziert bei der Datentexturauswahl eine Interpretation der Geltung des Wiedergegebenen (Bude 2000).

Die detaillierte Verfahrensdokumentation stellt einen wesentlichen Aspekt der Nachvollziehbarkeit dar, die sich an den erläuterten Forschungszielen und dargestellten Untersuchungszielen und an der gewählten Methodenauswahl sowie Darstellung des gewählten Ablaufmodells orientiert.

6.4 Ergebnisdarstellung und Diskussion

Zu Beginn der Ergebnisinterpretation werden in Abschnitt 6.4.1 die KEFs zur Einführung von StTmgt für Handelsunternehmen aus Sicht der acht interviewten Expert*innen vorgestellt. Hierfür erfolgt zunächst die inhaltliche Darstellung sowie Interpretation der KEFs zur Einführung von StTmgt von den Expert*innen, die um die literaturbasierten KEFs mit Innovationskontext ergänzt, sowie mit den Ergebnissen aus den Fokusgruppeninterviews abgeglichen und mit den handelsspezifischen Ausprägungen der KEFs erweitert werden. Die anschließende Visualisierung reiht die KEFs ihrer Bedeutung nach mittels Mittelwertberechnung anhand einer Matrixdarstellung. Im anschließenden Abschnitt (6.4.2) werden die erzielten Ergebnisse zur Einführung und Verankerung von StTmgt präsentiert. In Abschnitt 6.4.3 erfolgt eine kritische Diskussion, bei der die Ergebnisse der empirischen Untersuchung interpretativ mit der Literatur zusammengefasst werden, um deren Validität zu überprüfen. Diese Erkenntnisse fließen in Abschnitt 7.2.2 in den empirisch plausibilisierten Bezugsrahmen ein, um im weiteren Verlauf das Vorgehensmodell für Handelsunternehmen zu entwickeln, wie es in Abschnitt 7.3 dargelegt wird.

6.4.1 Kritische Erfolgsfaktoren zur Einführung von Strategischem Trendmanagement in Handelsunternehmen

Für die Darstellung und Interpretation der Ergebnisse aus den Expert*inneninterviews wurden die analytischen Vorgehensweisen der Zusammenfassung und Strukturierung verwendet (Kaiser 2021; Mayring 2022).

Die Mindmap (Abbildung 6.9) illustriert die literaturbasierten KEFs, die in Abschnitt 3.3.2.2 herausgefiltert wurden und in Kategorien angeführt sind. Zudem werden die entsprechenden Ausprägungen in Unterkategorien dargestellt. Diese resultieren aus den Fokusgruppeninterviews und wurden im Kontext der Einführung von StTmgt genannt. Die Darstellung setzt sich in Summe aus 16 KEFs (grau hinterlegt) zusammen, die sich in zwölf Ausprägungsformen (orange hinterlegt) gliedern.

Im Zuge der acht Expert*inneninterviews wurden im ersten Schritt die in Abbildung 6.9 gelisteten Schlüsselfaktoren mittels Schulnotensystem bewertet und je nach Wichtigkeit in einer Matrix-Datei (Tabelle 6.6 und 6.7) gereiht.

Basierend auf den Ergebnissen der Auswertung der KEFs aus der Literatur bestätigten die Expert*innen, wie Tabelle 6.6 zeigt, dass für die Einführung von StTmgt in Unternehmen im Besonderen die Faktoren Managementunterstützung, Innovation & Kultur, Vision & Mission & Strategie & Ziele, Soft Skills und Changemanagement maßgeblich und entscheidend sind.

Auch bei den Bewertungen der Ausprägungen der KEFs aus den Fokusgruppeninterviews, die Tabelle 6.7 visualisiert, erfolgte die Validierung der in Tabelle 6.6 gereihten KEFs durch die acht Expert*innen, und diese bestätigen die bisherigen Resultate, die somit als vorrangig relevant zu qualifizieren sind.

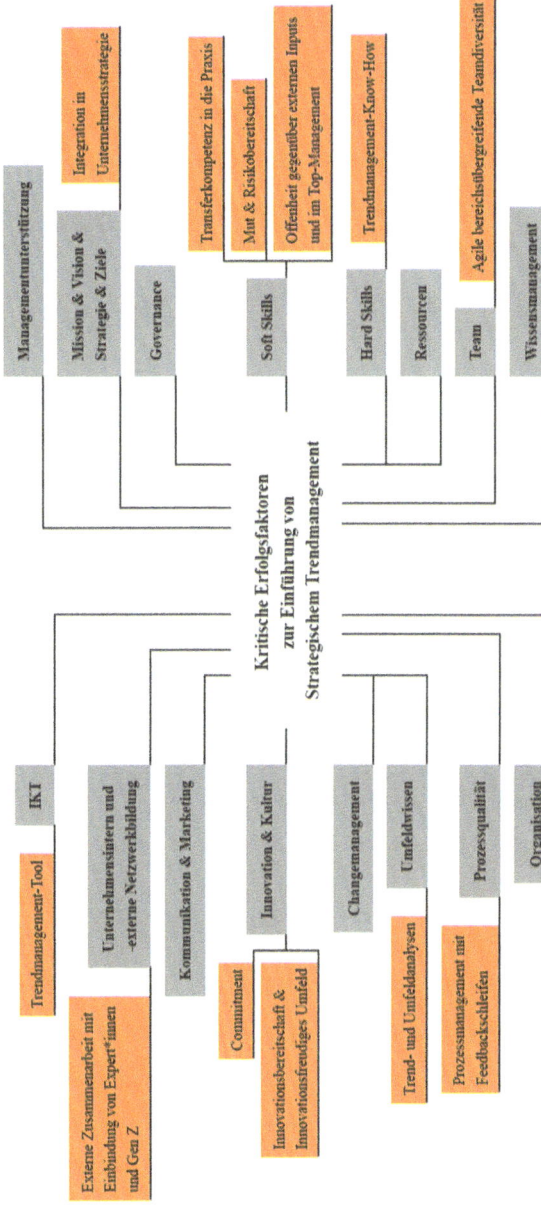

Abbildung 6.9 Literaturbasierte KEFs mit deren fokusgruppenbasierter KEF Ausprägungen

Tabelle 6.6 Bewertung und Reihung der literaturbasierten KEFs nach Wichtigkeit

Kategorien:	Expert*innen								SUMME	Mittelwert	Reihung
	EX Eins	EX Zwei	EX Drei	EX Vier	EX Fünf	EX Sechs	EX Sieben	EX Acht			
Managementunterstützung	1.0	1.0	1.0	1.0	1.0	1.0	1.0	1.0	8.0	1.0	1
Innovation & Kultur	2.0	2.0	1.0	1.0	3.0	1.0	1.0	1.0	12.0	1.5	2
Vision & Mission & Strategie & Ziele	1.0	2.5	2.0	1.0	2.0	1.0	2.0	1.0	12.5	1.6	3
Changemanagement	1.0	1.0	1.0	1.0	2.0	1.0	3.0	3.0	13.0	1.6	
Soft Skills	2.0	2.0	2.0	1.0	2.0	1.0	1.0	2.0	13.0	1.6	
Hard Skills	2.0	2.0	2.0	1.0	1.0	2.0	2.0	2.0	14.0	1.8	4
Kommunikation & Marketing	1.0	3.0	3.0	1.0	1.0	2.0	2.0	1.0	14.0	1.8	
Umfeldwissen	1.0	2.0	4.0	1.0	1.0	1.0	3.0	1.0	14.0	1.8	
Unternehmensinterne und -externe Netzwerkbildung	3.0	1.0	1.0	2.0	3.0	1.0	2.0	1.0	14.0	1.8	
Wissensmanagement	1.0	2.0	2.0	1.0	3.0	2.0	3.0	1.0	15.0	1.9	5
Organisation	3.0	1.5	2.0	1.0	2.0	2.0	3.0	1.0	15.5	1.9	
Team	1.0	1.0	2.0	1.0	4.0	2.0	2.0	2.0	15.0	1.9	
Prozessqualität	2.0	2.5	3.0	1.0	2.0	1.0	4.0	1.0	16.5	2.1	6
Ressourcen	1.0	2.5	3.0	1.0	4.0	2.0	2.0	2.0	17.5	2.2	7
Governance	2.0	2.0	2.0	3.0	1.0	2.0	4.0	2.0	18.0	2.3	8
IKT	1.0	2.5	2.0	2.0	4.0	3.0	4.0	2.0	20.5	2.6	9

Tabelle 6.7 Bewertung und Reihung der KEFs-Ausprägungen nach Wichtigkeit

Unterkategorien	Expert*innen								SUMME	Mittelwert	Reihung
	EX Eins	EX Zwei	EX Drei	EX Vier	EX Fünf	EX Sechs	EX Sieben	EX Acht			
Offenheit gegenüber externen Inputs und im Top-Management	2.0	1.0	1.0	1.0	2.0	1.0	1.0	1.0	10.0	1.3	1
Strategieintegration	1.0	2.5	1.0	1.0	2.0	1.0	2.0	1.0	11.5	1.4	2
Commitment	1.0	1.0	2.0	3.0	1.0	1.0	2.0	1.0	12.0	1.5	3
Innovationsbereitschaft & Innovationsfreudiges Umfeld	1.0	2.0	2.0	1.0	2.0	1.0	1.0	2.0	12.0	1.5	
Transferkompetenz in die Praxis	1.0	2.0	2.0	3.0	1.0	1.0	1.0	1.0	12.0	1.5	
Trend- und Umfeldanalyse	2.0	1.0	3.0	1.0	1.0	1.0	3.0	1.0	13.0	1.6	4
Mut & Risikobereitschaft	1.0	2.5	2.0	1.0	3.0	2.0	1.0	3.0	15.5	1.9	5
Agile bereichsübergreifende Teamdiversität	2.0	1.0	3.0	1.0	4.0	1.0	2.0	1.0	15.0	1.9	
Trendmanagement-Know-How	2.0	1.5	1.0	2.0	3.0	2.0	2.0	2.0	15.5	1.9	
Prozessmanagement mit Feedbackschleifen	3.0	3.0	1.0	2.0	2.0	1.0	4.0	1.0	17.0	2.1	6
Externe Zusammenarbeit unter Einbindung von Expert*innen & Gen Z	3.0	2.5	3.0	2.0	2.0	1.0	2.0	2.0	17.5	2.2	7
Trendmanagement-Tool	1.0	2.5	3.0	3.0	4.0	3.0	4.0	2.0	22.5	2.8	8

Auffallend ist, dass drei Expert*innen aus Beratersicht, IKT im Sinne von Toolverwendung es nicht als voraussetzend betrachten, dieses bereits zu Beginn bei Einführung anzukaufen und unternehmensintern anzuwenden, sondern externe Beratungsunternehmen dafür hinzuzuziehen. Erst in weiterer Folge, wenn StTmgt bereits im Unternehmen eingebettet ist, unterstreichen die ausgewählten Expert*innen den Mehrwert eines Toolankaufs und dessen Anwendung.

Im Rahmen der Expert*inneninterviews wurden verschiedene Ausprägungen der KEFs genannt, die bei mehrfach als auch gleichbedeutender Nennungen sowie inhaltsnaher Begrifflichkeiten zusammengefügt wurden. Dabei wurden die zwölf Ausprägungsformen der Fokusgruppenbeiträge von den Expert*innen bestätigt und zusätzlich 84 Beiträge aus den Expert*inneninterviews als wesentliche KEFs-Ausprägungsformen identifiziert.

Basierend auf Abbildung 6.9 zeigen die Abbildungen 6.10 und 6.11 die aggregierten und erweiterten Ausprägungen der KEFs, die das Ergebnis der acht Expert*inneninterviews präsentieren, in weiterer Folge interpretiert werden und den in Abschnitt 3.3.2.2 literaturbasierten und inhaltskritisch analysierten übergeordneten Kategorien der KEFs zugeordnet sind.

Managementunterstützung
Sowohl die Fokusgruppen als auch die Expert*innen betonen die entscheidende Rolle des kritischen Erfolgsfaktors „Managementunterstützung" bei der Umsetzung und Einführung des StTmgt. In diesem Zusammenhang ist es für das Management essenziell, die zentrale Bedeutung von Trends zu erkennen und offen für diese zu sein. Dies ermöglicht es, Veränderungen in der Unternehmensumgebung wahrzunehmen, um in der weiteren Folge verbindliche Schritte für das Unternehmen abzuleiten.

Mission & Vision & Strategie & Ziele
Um Trendmanagement in Unternehmen nachhaltig zu etablieren, scheint die Integration und Verankerung in die Unternehmensstrategie ein besonders wichtiges Element hinsichtlich organisatorischer Einbettung zu sein.

Durch diese ziel- und strategiebegleitende Sichtweise von Trendmanagement kann eine ganzheitliche Betrachtung erzielt werden, die richtungsweisend für die Unternehmensentwicklung und die darauf basierende Ausrichtung zu qualifizieren ist. Diese Perspektive wird auch durch die Aussagen der Expert*innen bestätigt und unterstreicht somit die strategische Relevanz von Trendmanagement als wichtige Unternehmensfunktion, die auch abteilungs- und sektorenübergreifend von Bedeutung ist.

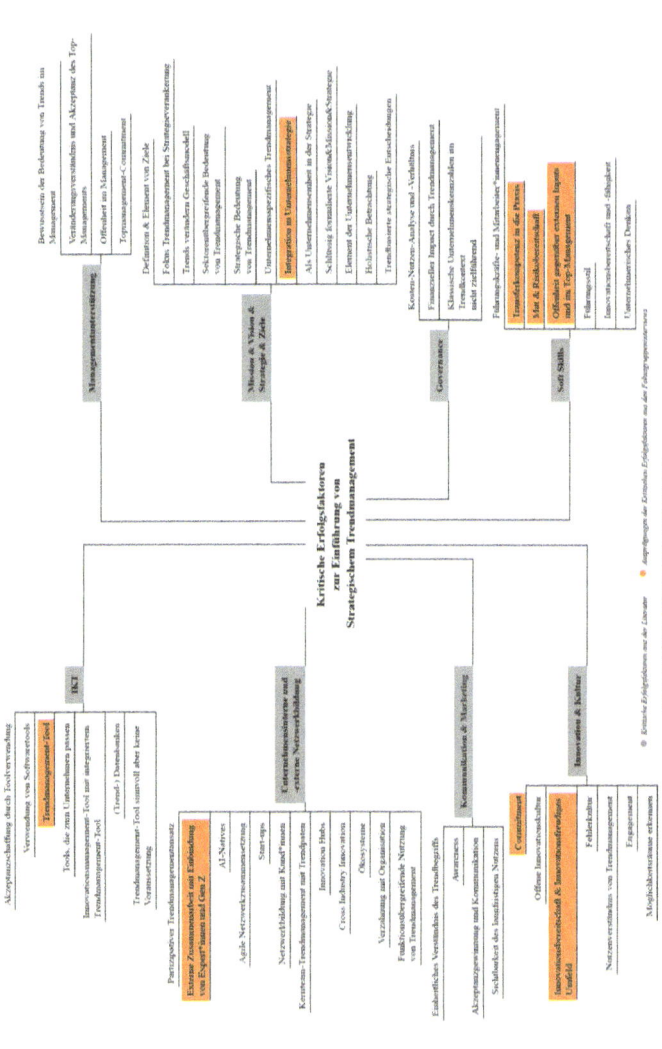

Abbildung 6.10 Aggregierte Darstellung der KEFs und deren KEF Ausprägungen zur Einführung von StTmgt nach Literatur, Fokusgruppen- und Expert*inneninterviews (1. Teil)

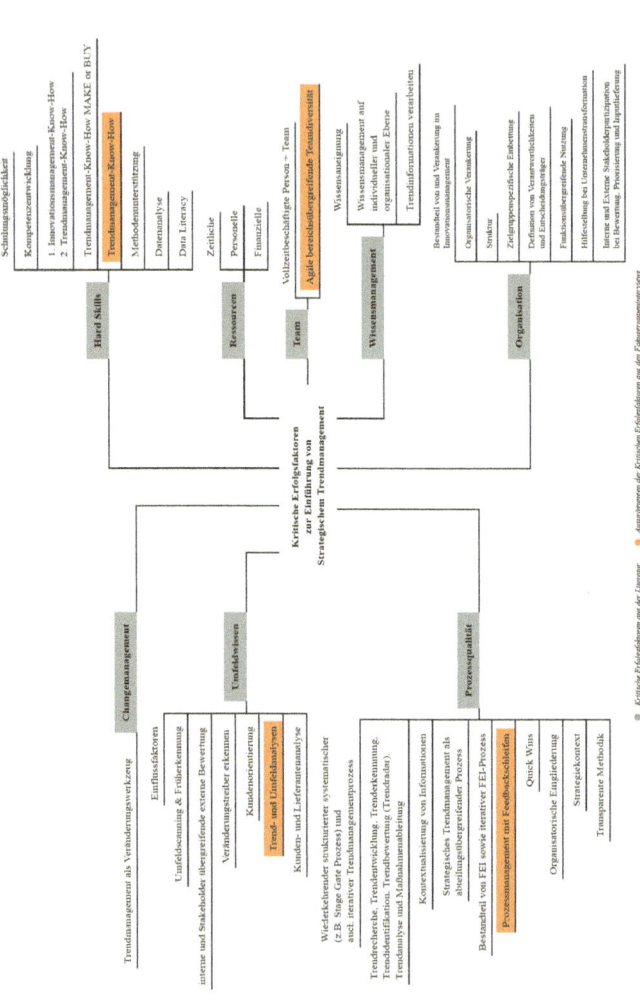

Abbildung 6.11 Aggregierte Darstellung der KEFs und deren KEF Ausprägungen zur Einführung von StTrmgt nach Literatur, Fokusgruppen- und Expert*inneninterviews (2. Teil)

Governance

Um StTmgt in Unternehmen einzuführen, stellt laut der befragten Expert*innen die Erstellung einer Kosten-Nutzen-Analyse eine Voraussetzung dar, um eine faktenbasierte Einschätzung des Wertbeitrages von StTmgt hinsichtlich seines Beitrages zu wirtschaftlicher Effizienz, Nutzenmaximierung sowie Nachhaltigkeit für das Unternehmen zu treffen.

In Anbetracht dessen rücken die Befragten die zunehmende Bedeutung des finanziellen Impacts von StTmgt und der daraus zu erwartenden Innovation in den Vordergrund. Zur Bewertung der wirtschaftlichen Auswirkungen sind klassische Unternehmenskennzahlen im Trendkontext alleinig oftmals nicht zielführend und wertstiftend.

Soft Skills

Die Ausprägungen der KEFs aus den Fokusgruppen, wie Transferkompetenz in die Praxis, Mut & Risikobereitschaft und die Offenheit gegenüber externen Inputs und im Top-Management, wurden durch die befragten Expert*innen bestätigt. Darüber hinaus nennen die Expert*innen das Erfordernis eines unternehmerischen Denkens, um ein innovatives Unternehmensumfeld zu gestalten. Ausschlaggebend ist hierbei neben einem positiven Führungsstil auch das Commitment der Führungskräfte, das einen signifikanten Einfluss auf das Engagement der Mitarbeiter*innen hat.

Dadurch kann Vertrauen und das Zusammengehörigkeitsgefühl im Team geschaffen werden, um Motivation und Kreativität, die eine Basis für Innovationen darstellen, zu steigern.

Hard Skills

Bei den Hard Skills bestätigen die Expert*innen das Fokusgruppenausprägungsergebnis von „Trendmanagement-Know-How", betrachten diesen Beitrag jedoch differenziert, da dieser einerseits unternehmensintern aufgebaut oder andererseits zugekauft werden kann.

Die Trendmanagement-Expert*innen streichen in diesem Zusammenhang hervor, dass eine enge Vernetzung von Trendmanagement-Know-How und Innovationsmanagement-Know-How essentiell ist, um eine ganzheitliche Sichtweise von Innovation zu erlangen. Diese Ambitionen sind durch Schulungsmaßnahmen im Bereich Methodenwissen, Datenanalyse sowie Visualisierung zu begleiten.

Ressourcen

Eine ausreichende Ressourcenverfügbarkeit im Unternehmen stellt eine Grundvoraussetzung für die Auseinandersetzung mit StTmgt und dessen Einführung dar. Darunter sind vor allem zeitliche und finanzielle Ressourcen zu verstehen, um sich der Auseinandersetzung mit Trends widmen zu können. Darauf hinaus bedarf es ausreichender personeller Ressourcen, die die Verantwortung für das Vorantreiben von StTmgt übernehmen.

Team

Aus Sicht der Expert*innen ist es notwendig für die Implementierung von StTmgt zumindest eine vollzeitbeschäftige Person einzusetzen, die sich ausschließlich um das genannte Thema kümmert, um das gewünschte Ergebnis zu erzielen. Vor allem der aus den Fokusgruppeninterviews stammende Beitrag ein diverses agil bereichsübergreifendes Team zu bilden, konnte durch die Expert*innen bestätigt werden und verstärkt dessen zentrale Bedeutung.

Wissensmanagement

Nach Meinung der Expert*innen ist der kritische Erfolgsfaktor „Wissensmanagement" als Aspekt der Wissensaneignung und des Wissenserhalts im Trendkontext sowohl auf individueller als auch auf organisationaler Ebene wesentlich.

Die Fähigkeit aktuelles Wissen zu Trends zu erwerben, zu verstehen, zu verarbeiten und zu bewerten ist entscheidend, um angemessene strategische Maßnahmen daraus ableiten zu können. Durch die kontinuierliche Wissensgenerierung gelingt es, die strategische Ausrichtung an die Marktanforderungen proaktiv durch unternehmensindividuelle Handlungen anzupassen.

Organisation

Der strukturelle Aufbau einer Organisation beeinflusst die erfolgreiche Einführung von StTmgt maßgeblich. Hierbei unterstreichen die befragten Expert*innen, dass Trendmanagement organisatorisch im Innovationsmanagement zu verankern und als integraler Bestandteil dessen zu sehen ist.

Durch den ganzheitlichen Ansatz von Innovationsmanagement wird die interne als auch externe Stakeholderpartizipation und dadurch (funktions-) übergreifende Nutzung von Trendmanagement ermöglicht. Voraussetzend hierfür ist jedoch die Definition von Verantwortlichkeiten und Entscheidungsträgern, die unterstützende Rollen einnehmen, um die Implementierung von StTmgt und damit einhergehende Veränderungen in der Unternehmensstruktur begleiten.

IKT

Aus Expert*innen Sicht wird die Bedeutung der erwähnten Ausprägungsform „Trendmanagement-Tool" der Fokusgruppenteilnehmer*innen bestätigt. Insbesondere kann durch die unternehmensinterne Verwendung von Softwaretools die Akzeptanz hinsichtlich Einführung von StTmgt geschaffen und unterstützt werden.

Die Toolverwendung stellt dafür jedoch keine explizierte Voraussetzung dar, kann jedoch sehr wohl eine unterstützende Wirkung bei der Implementierung entfalten, sofern diese passend zum Unternehmen ausgewählt wird. Es gilt ein umfassendes Innovationsmanagement-Tool auszuwählen, das ein Trendmanagement-Tool integriert, um einen holistischen Umgang mit Innovationen und Trends zu gewährleisten.

Parallel dazu erkennen die Expert*innen es als wertvoll, dass Unternehmen mit der An- und Verwendung von (Trend-)Datenbanken vertraut sind, um Trendinformationen für die Organisation nutzbar zu machen.

Unternehmensinterne und -externe Netzwerkbildung

Die Expert*innen bestätigen das Erfordernis einer unternehmensinternen und -externen agilen Netzwerkbildung, und erweitern die Ausprägungsform der externen Netzwerkbildung mit der Einbindung von Expert*innen und der Generation Z um die AI-Natives sowie der Kund*innen. Mit einem partizipativen Trendmanagementansatz bestehend aus Start-ups, Innovation Hubs, Cross Industry Innovation und Ökosystemen kann der größte Mehrwert und Austausch für das Unternehmen gestiftet werden. Hierbei stellt ein Trendmanagementteam mit Trendpaten eine wichtige Voraussetzung dar, um eine funktionsübergreifende Trendmanagementnutzung zu ermöglichen.

Kommunikation & Marketing

Um StTmgt in Unternehmen zu implementieren, ist ein einheitliches Verständnis des Trendbegriffs in der Organisation herzustellen, um das Bewusstsein sowie die Wichtigkeit im Trendumgang zu schaffen und auch bei den Mitarbeiter*innen die diesbezügliche Akzeptanz zu gewinnen. Um diese zu ermöglichen, ist nach Expert*innenmeinung die Verbreitung von Trendinformationen im Rahmen von unternehmensinternen Kommunikationsschienen und Marketingaktivitäten ausschlaggebend und die Bedeutung eines langfristigen Nutzens für die zukünftige Unternehmensentwicklung zu erzeugen. Somit trägt die effektive Kommunikation maßgeblich zur Wirkung von StTmgt und dessen nachhaltiger Implementierung bei.

Innovation & Kultur

Eine Kultur, die Innovationen freudig und bereit, jedoch auch fehlerfreundlich gegenübersteht, ist für Fokusgruppenteilnehmer*innen und Expert*innen gleichermaßen wertvoll, da eine offene Innovationskultur das Nutzenverständnis und Commitment für Trendmanagement schafft und strategische Optionen mit der einhergehenden Einführung erkennen lässt.

Changemanagement

Die Expert*innen sehen eine enge Verbindung zwischen den Konzepten Trend- und Changemanagement, die sich gegenseitig ergänzen, damit sich Unternehmen in einer ständig verändernden Umwelt erfolgreich anpassen und weiterentwickeln können. Dabei fokussiert sich Trendmanagement einerseits auf die Trendidentifikation und -analyse am Markt, die wertvolle Einblicke in Umgebungsveränderungen und Kund*innenverhalten liefern und Changemanagement andererseits auf die unternehmensspezifische Kontextualisierung und erfolgreiche Umsetzung im Sinne von Strategie- und Prozessänderungen sowie der Begleitung von kulturellen Veränderungen im Unternehmen, um zukunftsfähig zu bleiben.

Umfeldwissen

Im Rahmen der Expert*inneninterviews wird die Bedeutung von Trend- und Umfeldwissen als eine Erweiterung des Beitrags aus den Fokusgruppeninterviews deutlich. Die Expert*innen betonen in diesem Kontext auch die Relevanz des Umfeldscannings mit Kund*innen- und Lieferant*innenanalyse, um die Treiber für Veränderungen frühzeitig zu erkennen und sich an den Kundenbedürfnissen auszurichten. Dabei ist es bedeutend, innerhalb des Unternehmens zwischen Einflussfaktoren (die potenziellen Auswirkungen haben können) und Trends (die eine klare Richtung vorgeben) zu unterscheiden. Vor diesem Hintergrund sind sowohl interne als auch externe Bewertungen von entscheidender Bedeutung, um gezielte Entwicklungsmaßnahmen im Unternehmen zu planen und umzusetzen.

Prozessqualität

Die Qualität des Trendmanagementprozesses kann zum einen wiederkehrend, strukturiert sowie systematisch und zum anderen auch iterativ mit Feedbackschleifen ablaufen, je nachdem welche Prozesse zum individuellen Unternehmen passender scheinen.

StTmgt soll grundsätzlich eine transparente Methodik verfolgen, die sich aus Trendrecherche, -entwicklung, -erkennung, -identifikation, -analyse sowie der Trendkontextualisierung und -bewertung und der Maßnahmenableitung zusammensetzt. Laut Expert*innen scheint es sinnvoll, den Trendmanagementprozess organisatorisch einzugliedern sowie strategiebegleitend und abteilungsübergreifend durchzuführen, um Quick Wins für das Unternehmen realisieren zu können. Zusammenfassend haben die acht befragten Expert*innen betont, dass der Trendmanagementprozess als integraler Bestandteil des Front-End-of-Innovation Funnels betrachtet werden sollte und dessen Durchführung in iterativen Schritten erfolgen sollte.

Nach erfolgter Erläuterung der genannten KEFs und deren zugeordneten Ausprägungsformen wurden im Rahmen der Interviews die Trendmanagementexpert*innen zu Handelsspezifika hinsichtlich KEFs, die zur Einführung von StTmgt relevant sind, befragt, um eventuelle Modifikationen zu filtern. Mit dem Ziel, die zweite Forschungsfrage zu beantworten, werden sodann im Zuge der acht Expert*innenbefragungen im Speziellen die KEFs mit Handelsspezifikum zusammengetragen, um Branchenunterschiede bzw. -ergänzungen für die Einführung von StTmgt zu erläutern.

Das Endergebnis zeigt besondere handelsspezifische Ausprägungsformen innerhalb der KEFs Mission & Vision & Strategie & Ziele, unternehmensinterne und -externe Netzwerkbildung, Wissensmanagement, Organisation, Prozessqualität und Umfeldwissen, die wie folgt dargelegt werden.

Mission & Vision & Strategie & Ziele
Beim Anbieten von Produktlösungen und deren Vielfältigkeit legt die Handelsbranche besondere Aufmerksamkeit auf Absatz und Margen. Hierbei versucht der Handel, unnötige Ausgaben zu reduzieren, das Optimum an Produktauswahl in Kombination mit wettbewerbsfähigen Preisen anzubieten, um ein Gewinnmaximum zu erzielen. Mit dieser strategischen Ausrichtung kann sowohl der Mehrwert für Kund*innen gesteigert werden als auch das Unternehmen zukunftsfähig bleiben. In diesem Sinn hat der Handel fundierte strategiebegleitende Geschäftsentscheidungen zu treffen, um die Rentabilität der spezifischen Handelsaktivitäten zu optimieren. In Bezug auf die Implementierung von Trendmanagement als strategiebegleitendes Element ist daher eine Kosten-Nutzen-Analyse hinsichtlich des Wertbeitrages von StTmgt durchzuführen.

Prozessqualität
Die Prozesse wie Trenderkennung, Trendbewertung und Maßnahmenableitung sind bei Einführung von StTmgt transparent zu gestalten und finden nach Aussage der Expert*innen in Handelsunternehmen vergleichbar zu anderen Branchen statt. Jedoch sollen nach Expert*innenmeinungen im Handel einfache und leicht

verständliche Szenario- bzw. Planungsprozesse zur Anwendung kommen, die hinsichtlich Dauer, Umsetzungsgeschwindigkeit und Anpassungsfähigkeit optimiert aufgestellt sind, um schnell verwertbare Ergebnisse zu erzielen.

Wissensmanagement

Die Gewährleistung des internen und externen Wissenstransfers zwischen den jeweiligen Wissensträger*innen stellt eine zentrale Aufgabe im Handel dar. Wissensmanagement ist laut Expert*innen als strategiebegleitende Funktion zu verstehen, die an der Schnittstelle von IT, Management und Unternehmenskommunikation angesiedelt wird und speziell im Handel die spezifischen Kund*innenbedürfnisse und -erwartungen im Blickfeld zu haben hat. Handelsunternehmen verfolgen dabei nicht nur die Gewinnung von Neukund*innen, sondern aufgrund der geringen Kosten vor allem den Kund*innenbestand zu vertiefen und auszubauen, um den maximalen Wert für Kund*innen zu generieren.

Umfeldwissen

Die Expert*innen heben hervor, dass Handelsunternehmen einen ganzheitlichen Ansatz zu verfolgen haben, der bereits frühzeitig identifizierte kund*innenspezifische und soziale Trends in die strategische Ausrichtung miteinbezieht und folglich dessen Zusammenhänge sowie Wechselwirkungen in der operativen Umsetzung berücksichtigen. Dadurch ist sichergestellt, dass die Entscheidungen aufeinander abgestimmt sind, um sowohl die Kundenzufriedenheit zu erhöhen als auch die Gesamtleistung im Unternehmen zu optimieren. Deswegen leistet die Stakeholdereinbindung, insbesondere der Kund*innen, einen wichtigen Beitrag zur Stärkung des Kund*innenvertrauens, indem sichergestellt ist, dass die Unternehmensentscheidungen an den Kund*innenbedürfnissen sowie -erwartungen ausgerichtet sind.

Unternehmensinterne und -externe Netzwerkbildung

Die besondere Ausrichtung des Handels entlang der Lieferkette erfordert eine ausgeprägte Fähigkeit, sich horizontal und vertikal zu vernetzen. Diese Fähigkeit erlangt im Zeitalter von E-Commerce, Omnichannel und dem Wunsch nach transparenten Lieferketten zusätzliche Bedeutung im Sinne der externen als auch internen Netzwerkbildung. Im Rahmen der Interviews betonen die Expert*innen, dass der Handel in der Lage sein soll, auch Konzepte wie das der Coopetition zu praktizieren, um mit anderen Unternehmen als auch Mitbewerber*innen wechselseitig gewinnbringende Zusammenarbeit zu erproben.

Gerade Themen wie die Nachhaltigkeit und digitale Transformation kann der Handel oftmals nicht rein branchenintern bewältigen, sondern hat branchenübergreifend zu denken und zu handeln. Auch im Lieferkettenmanagement stellt ein arbeitsteiliges Zusammenwirken eine bedeutende Kernkomponente dar.

Grundsätzlich sehen die befragten Expert*innen das Darstellungsbild von KEFs und ihren Ausprägungsformen als branchenunabhängig und vertreten die Ansicht, dass die relevanten KEFs von der Organisationsform – zentrale-, dezentrale- oder matrixförmige Organisation – abhängen. Unabhängig von der Organisationform beeinflusst die langfristige oder kurzfristige Strategieausrichtung des Unternehmens, welche KEFs für die Implementierung von StTmgt bedeutsam sind.

Für die Beantwortung der zweiten Subforschungsfrage „Welche kritischen Erfolgsfaktoren für die Einführung von Strategischem Trendmanagement in Handelsunternehmen relevant sind" um somit den siebten Schritt aus Abbildung 6.2 in Abschnitt 6.2.2 abzubilden, konnten die literatur- und fokusgruppenbasierten Ergebnisse durch die acht Expert*inneninterviews validiert werden.

Mit der qualitativen Inhaltsanalyse (Mayring 2015; 2022; Mayring und Fenzl 2022) der Interviewtranskripte bestätigt sich die These, dass die für branchenunabhängige Unternehmen definierten 16 KEFs auch für Unternehmen im Handelskontext gelten, wenngleich sich zusätzlich zwölf handelsspezifische Elemente aus fünf KEFs formieren, denen besondere Bedeutung zukommt und Abbildung 6.12 visualisiert.

6.4.2 Erkenntnisse für die Einbettung von Strategischem Trendmanagement in die Organisation von Handelsunternehmen

Ergänzend zu den in Abschnitt 6.4.1 identifizierten KEFs, die zur Einführung von StTmgt in Handelsunternehmen wegweisend sind, wurde im Zuge der Durchführung der acht Expert*inneninterviews das Erfahrungswissen hinsichtlich deren Einbettung in der Organisationsstruktur anhand numerischer Nennungen in chronologischer Reihenfolge dargestellt und dahingehend analysiert, inwieweit eine strategiebegleitende Implementierung förderlich ist.

Gemäß dem Expert*innen-Erfahrungswissen ist die organisatorische Einbettung von StTmgt unternehmensabhängig unterschiedlich und soll dort angesiedelt werden, wo sie den größten unternehmensinternen Mehrwert stiftet.

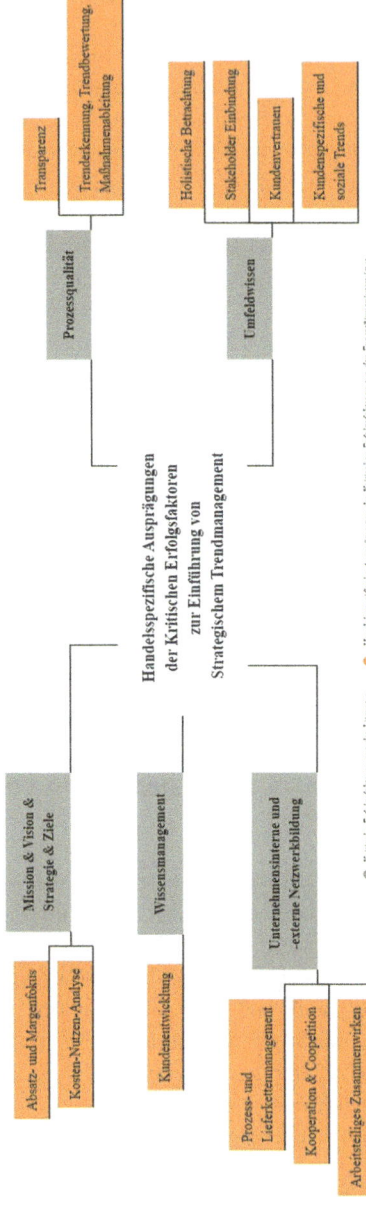

Abbildung 6.12 Handelsspezifische Ausprägungen der KEFs aus den Expert*inneninterviews zur Einführung von StTmgt

Darüber hinaus sind Faktoren wie Größe, Struktur und Branche des jeweiligen Unternehmens maßgebliche Kenngrößen, die hinsichtlich Verankerung zu berücksichtigen sind.

Aus Sicht der Expert*innen wird neben „Marken- und Produktmanagement", „Technologiemanagement" und „der Geschäftsentwicklung/Teil der Organisationsentwicklung" auch die „eigene Stabstelle", bei „Vorstand/Geschäftsführung", bei „Eigentümer/Gesellschafter", „Marketing und Kommunikation", „Forschung und (Vor-) Entwicklung" als mögliche unternehmensinterne Abteilungen für die Verankerung genannt. Am häufigsten erfolgt die organisatorische Eingliederung nach Auswertung der Expert*innenmeinungen in der Strategieabteilung wie auch im Innovationsmanagement, sofern die entsprechende Unternehmensgröße und -struktur vorhanden ist.

Je nachdem wie die Verantwortlichkeiten und Entscheidungsstrukturen innerhalb der Organisation festgelegt sind, ist es förderlich Trendmanagement strategiebegleitend zu lokalisieren, da die Organisationsform − hierarchisch, funktional, divisional, hybrid oder flach geführt − erhebliche Auswirkungen auf die Flexibilität und die individuelle Kommunikationskultur hat.

Ebenfalls zu beachten sind die Zielausrichtung und der Betrachtungszeitraum des Unternehmens sowie welche Intention im Umgang mit Trendmanagement angestrebt wird. Es könnte (weniger) sinnvoll sein, die Verknüpfung mit der Strategieabteilung zu praktizieren.

Da StTmgt die Umfeldanalyse miteinbindet, können identifizierte Trends, die als Veränderungstreiber gelten, gezielt in der Strategie sowohl im Strategie- als auch Planungsprozess berücksichtigt werden.

In Übereinstimmung mit den Fokusgruppenaussagen betonen die Expert*innen, dass die Integration in eine modern definierte und langfristig ausgerichtete Unternehmensstrategie eine Notwendigkeit für den Strategieentwicklungsprozess darstellt, um eine Steigerung des Impacts zu generieren.

Abbildung 6.13 fasst die Nennungen der Expert*innen hinsichtlich organisatorischer Verortung einer potenziellen Abteilung für StTmgt nach numerischer Gewichtung zusammen und bringt diese in einen strategiebegleitenden Zusammenhang.

Diese Erkenntnisse, die das Ziel vom achten Schritt aus Abbildung 6.2 in Abschnitt 6.2.2 darstellen, fließen in das siebte Kapitel dieser Arbeit ein und finden bei der Vorgehensmodellentwicklung Berücksichtigung.

Einbettung in die Organisation von Handelsunternehmen	Numerische Auswertung aus den Expert*inneninterviews	Strategieintegration förderlich / und abhängig von....
Strategie- und Unternehmensentwicklung	8	... Organisationsform und Entscheidungsstrukturen ... Trendmanagementziel ... Unternehmensgröße sowie Fristigkeit und Betrachtungszeitraum ... zu 100 % - wegen Fokus und Strategieprozess - da Umfeldanalyse in Planungsprozess integriert ist - da Integration in modern definierte Unternehmensstrategie eine Notwendigkeit für den Strategieentwicklungsprozess darstellt - da Trends Veränderungstreiber sind - da Impact steigt, jedoch nur bei längerfristig ausgerichteter Unternehmensstrategie
Innovationsmanagement und Strategieabteilung	6	
Forschung und (Vor-) Entwicklung	5	
Marketing und Kommunikation	4	
Eigentümer/Gesellschafter	4	
Vorstand/Geschäftsführung	3	
Eigene Stabstelle	3	
Marken- und Produktmanagement	2	
Technologiemanagement	2	
Geschäftsentwicklung/Teil der Organisationsentwicklung	2	
Separate Funktion, Zentrale Organisationseinheit, dedizierte Research Abteilung, Kooperative Plattform, IT-Bereich, Finanzbereich, Sponsor, Treiber, Supply Chain Management	1	

Abbildung 6.13 Ergebnisauswertung strategiebegleitende Einbettung von StTmgt in Handelsunternehmen

6.4.3   Kritische Diskussion der Ergebnisse

Die für diese Arbeit als passend definierte empirische Untersuchung nutzt in einem ersten Schritt einen intensiven Stakeholderdialog mit Handelsunternehmen und deren synergetisch verknüpften Netzwerkpartner*innen entlang der Wertschöpfungskette, um eine akkumulierte Bestandsaufnahme zu KEFs zur Einführung von StTgmt zu erzielen und den in Abschnitt 6.3.3.1 literaturbasiert gefilterten KEFs aus Abschnitt 3.3.2.2 zuzuordnen. Dabei wird deutlich, dass die aus der Literatur aufgestellten Annahmen zu 16 KEFs mit Fokus auf Innovation durch zwölf generierte Ausprägungen zu KEFs, die in Abschnitt 6.3.3.1 statistisch nach Häufigkeit den einzelnen KEFs ergänzend zugeordnet werden können. Dadurch werden sie als relevant für die Implementierung von StTmgt erachtet. Diese Einordnung von aus der Praxis generierten Wissen in die theoriebasierten Ergebnisse der Literatur, wird von den Expert*innen für Trendmanagement, die sich aus Beratungsunternehmen und Academia zusammensetzen, um möglichst vielschichtige Aussagen einzuholen, bestätigt und somit als valide ermessen. Aufgrund dessen lässt sich vermuten, dass die erzielten Ergebnisse eine fundamentale Unterstützung für die Implementierung von StTmgt in Handelsunternehmen bieten.

Im Rahmen der Interviews mit Expert*innen gelingt es, zwölf handelsspezifische KEF-Ausprägungsformen mit Handelsspezifikum zu definieren und den jeweiligen literaturbasierten KEFs zuzuordnen, die in Abschnitt 6.4.1 visualisiert sind, was sowohl einen theoretischen als auch praktischen Neuerungswert darstellt. Angesichts der sich wiederholenden Beiträge zu handelsspezifischen KEFs kann davon ausgegangen werden, dass es sich hierbei um maßgebliche Ausprägungsformen handelt, die für Handelsunternehmen als Anhalts- und Orientierungspunkte bei der Implementierung von StTmgt gelten können. Da im Laufe der acht Expert*innengespräche keine weiteren und neuartigen Beiträge zu handelsspezifischen KEFs generiert werden, wird das Ergebnis als saturiert angesehen. Anzumerken ist an dieser Stelle, dass die Durchführung von zusätzlichen Expert*inneninterviews mit speziellem Handels- und Trendmanagementanwendungsfokus einen Mehrwert liefern könnte. Das Ergebnis der inhaltskritischen Analyse aus Abschnitt 3.3.1.2 zeigt, dass es nach aktuellem Stand generell kaum Unternehmen gibt, die sich nachweisbar in der Praxis mit der Implementierung von Trendmanagement beschäftigen. Aufgrund Darlegung der theoretisch fundierten Wissensbasis kann somit auch keine weitere Auswahl von Expert*innen für Interviews getroffen werden, die zu weiteren unterschiedlichen Einschätzungen zu handelsspezifischen Ausprägungsformen von KEFs führen können. Dieser

Hintergrund stellt für die erzielten Untersuchungsergebnisse eine Einschränkung der Forschungsergebnisse dar.

Durch die kritische Bestandsaufnahme zum State-of-the-Art des Untersuchungsgegenstandes KEFs in Abschnitt 3.3.2.2, die anschließend durch die Beiträge der 43 Fokusgruppenteilnehmer*innen ergänzt und letzten Endes durch die Expert*innen bestätigt werden, wird die hohe Aussagekraft der erzielten Untersuchungsergebnisse betont. Die iterative Vorgehensweise unter Beteiligung von unabhängig zusammengestellten Personenkreisen, bestehend aus sieben Fokusgruppen und acht Expert*innen, ermöglicht eine Plausibilisierung der Forschungsergebnisse. Dies trägt dazu bei, sowohl eine hohe interne als auch externe Validität nachzuweisen.

Im nächsten Schritt der Untersuchungsergebnisse gilt es, die Struktur des in Abschnitt 5.4 auf Literaturbasis entwickelten und dargelegten konzeptionellen Bezugsrahmens zu analysieren, der die Basis für die empirische Untersuchung der Fragenblöcke zwei und drei bildet. Dazu liefern die Beiträge im Rahmen der Expert*innenbefragung ebenso Ergebnisse und Schlüsse zur organisatorischen Einbettung von StTmgt wie die Hinweise zum Vorgehen bei der Implementierung von StTmgt im Unternehmensumfeld des Handels, wobei die generierten Ergebnisse zum Vorgehen hinsichtlich StTmg Einführung in Abschnitt 7.2, 7.3 und 7.4 behandelt werden.

Hinsichtlich der organisatorischen Einbettung von StTmgt zeigen die eingeholten Erfahrungswerte der Expert*innen ein weitgehend homogenes Bild, die eine Verortung im Bereich Strategieabteilung sowie im Innovationsmanagementbereich als sinnvoll erachten, da an dieser Stelle, die meiste Wirkung erzielt werden kann. Hervorzuheben ist, dass alle acht Expert*innen die Einordnung von StTmgt in die Strategieabteilung als bedeutend hervorheben, was wiederum den Ansatz von Müller-Stewens und Lechner (2011) sowie Erner (2019) unterstreicht. Die Autor*innen (Müller-Stewens und Lechner 2011; Erner 2019) vertreten in diesem Zusammenhang die Meinung, dass die Strategie eine branchenunabhängige, langfristige Unternehmensausrichtung verfolgt, die darauf ausgerichtet ist, innovative Felder proaktiv zu erkennen, um daraus strategische Innovationsfelder abzuleiten und somit wettbewerbsorientiert zu agieren. Durch das ebenso erzielte Resultat, dass StTmgt im Innovationsmanagement zu verankern ist, werden die Aussagen der Autor*innen Gallouj et al. (2015), Durst und Durst (2016) sowie Pereira et al. (2020) bekräftigt und somit in weiterer Folge die Einbettung von StTmgt im Innovationsprozess grundlegend als wertstiftend erachtet. Zusammenfassend ist hinsichtlich organisatorischer Verankerung von StTmgt darauf hinzuweisen, dass die erzielten Resultate in Abhängigkeit zur Unternehmensgröße und Art der Leistungserbringung (Produkt oder Dienstleistung) zu sehen sind, was die Autor*innen Durst M. et al. (2010) und Blechschmidt (2020) bestätigen.

Da die organisatorische Einbettung von StTmgt in der Literatur bis dato keine wissenschaftliche Behandlung findet, ist an dieser Stelle anzumerken, dass die durchgeführte Expert*innenbefragung einen neuen innovativen Beitrag leistet, da dieses Thema in der Literatur als unerforscht gilt und auch in der Praxis noch kaum Anwendung findet. Durch das Expert*innenwissen kann jedoch bestätigt werden, dass der Bezugsrahmen mit den dargestellten Ebenen eine hohe Aussagekraft aufweist, jedoch sowohl aufgrund Nichtdurchführung von Interviews einer weiteren Expert*innengruppen sowie Nichttestung der praktischen Anwendung im Unternehmenskontext die Ergebnisse diesbezüglich eine niedrige interne und externe Validität zeigen.

Die hervorgebrachten Ergebnisse der Interviewauswertung zu literaturbasierten KEFs mit Innovationsfokus, KEFs zur StTmgt Implementierung, handelsspezifischen Ausprägungsformen von KEFs und organisatorischer Einbettung von StTmgt sind in Summe in den zugehörigen Daten in Anhang 17 im elektronischen Zusatzmaterial einsehbar sowie rückverfolgbar und zeigen, dass die Gütekriterien der Objektivität, Reliabilität und Validität sichergestellt sind (Flick et al. 2022).

Im siebten Kapitel fließen zum einen die in Abschnitt 6.4.2 verbalisierten Erkenntnisse zur organisatorischen Einbettung in den konzeptionellen Bezugsrahmen ein, um die Korrelation zur Struktur sowie Einordnung von den KEFs und deren (handelsspezifischen) Ausprägungsformen zu beleuchten. Zum anderen wird, basierend auf den gesammelten Wissensbeiträgen der Expert*innen, die sie im Zuge der Implementierung von StTmgt erfahren haben, ein Vorgehensmodell entwickelt, welches durch Darstellung von Wirkzusammenhängen die Abstraktion eines Modells ermöglicht. Mit diesem Modell wird das Ziel verfolgt, Handelsunternehmen bei der Einführung und Eingliederung von StTmgt zu unterstützen und dadurch die Hauptforschungsfrage zu beantworten.

Entwicklung Vorgehensmodell 7

7.1 Kapitelstruktur

Das siebte Kapitel dieser Dissertation zielt darauf ab, anhand der erzielten Ergebnisse aus der empirischen Untersuchung in Abschnitt 6.4 zunächst deren Wirkzusammenhänge darzustellen, um daraufhin den Bezugsrahmen plausibilisieren zu können. Darauf aufbauend wird ein Vorgehensmodell für Handelsunternehmen entwickelt, das die Schrittabfolge sowie die Implementierungsempfehlungen darlegt.

Somit wird im Rahmen der empirischen Untersuchung das Erfahrungswissen der acht befragten Expert*innen zur Einführung von StTmgt in Unternehmen und im Speziellen zu Handelsunternehmen akkumuliert dargestellt sowie eine plausible Rücküberprüfung zum entwickelten Bezugsrahmen durchgeführt, welches Inhalt von Abschnitt 7.2 ist. Im Zentrum von Abschnitt 7.2 steht die Interpretation der Expert*innenbeiträge und die Visualisierung der systemischen Wirkzusammenhänge, um die Darstellung des Konzeptionellen Bezugsrahmens gegebenenfalls zu adaptieren. Dadurch lassen sich in Abschnitt 7.3 Thesen ableiten, die zur Entwicklung eines Vorgehensmodells für Handelsunternehmen beitragen und die Darstellung von Schritten in numerischer Reihenfolge anhand eines Leitfadens ermöglichen. Im Zuge von Abschnitt 7.4 werden Implementierungsempfehlungen basierend auf den Inputs der Expert*innen formuliert. Der beschriebene Ablauf, der aus den einzelnen Schritten, Kapiteln, Inhalten und Ergebnissen besteht, wird in folgender Illustration (Abbildung 7.1) abgebildet.

Ergänzende Information Die elektronische Version dieses Kapitels enthält Zusatzmaterial, auf das über folgenden Link zugegriffen werden kann https://doi.org/10.1007/978-3-658-46412-7_7.

A. Massimiani, *Kritische Erfolgsfaktoren zur Implementierung von Strategischem Trendmanagement in Handelsunternehmen*, https://doi.org/10.1007/978-3-658-46412-7_7

Schritte	Grundlagen der empirischen Plausibilisierung	Vorgehensmodell für Handelsunternehmen	Implementierungs- empfehlungen und Diskussion
Kapitel	Kapitel 7.2	Kapitel 7.3	Kapitel 7.4
Inhalte	- Visualisierung der gesammelten Beiträge aus den Expert*innen- interviews - Strukturelle und inhaltliche Ergänzungen	- Interpretation der Expert*innenbeiträge - Visualisierung der Wirkzusammenhänge - Darstellung Leitfaden in schrittweiser Abfolge	- Nach Ebenen gereihte Darstellung der Handlungsempfehlungen
Ergebnis	Darstellung des adaptierten konzeptionellen Bezugsrahmens	Visualisierung Vorgehensmodell und Darstellung Leitfaden	Vorgehensmodell mit Empfehlungen zur Einführung von Strategischem Trendmanagement

Abbildung 7.1   Ablauf des siebten Kapitels

7.2   Grundlagen der empirischen Plausibilisierung

Die Grundlage für die empirische Plausibilisierung des Bezugsrahmens bilden die Beiträge aus den Expert*inneninterviews, in denen das Erfahrungs- und Expert*innenwissen hinsichtlich Implementierung von StTmgt erhoben wurde und der in Abschnitt 5.4 entwickelte konzeptionelle Bezugsrahmen, der die Elemente, Strategie, Organisation & Kultur, Kritische Erfolgsfaktoren, Trendmanagement als Teil des Innovationsprozesses, begleitender Changemanagementprozess, unternehmensinterne und -externe Verbindungen sowie externe Einflussfaktoren, beinhaltet.

Nach Bereinigung redundanter Beiträge zeigen die Abbildungen 7.2 und 7.3 die konsolidierten Erfahrungswerte der Expert*innen, die in Kategorien geclustert sind. Diese bieten einen übersichtlichen Einblick in die strukturierten Erkenntnisse dieses Fachgebiets.

Nun gilt es zu analysieren, inwieweit die auf Basis der empirisch gewonnenen Ergebnisse gebildeten Kategorien aus Abbildung 7.2 und 7.3 in die Elemente des konzeptionellen Bezugsrahmens aus Abschnitt 5.4 eingereiht werden können.

Im Zuge der Eingliederung der Kategorien ist zu plausibilisieren, ob der literaturbasiert entwickelte Bezugsrahmen den tatsächlichen wirtschaftlichen

Kategorien	Expert*innen Erfahrungsbeiträge bei Einführung von Strategischem Trendmanagement		
Teamzusammensetzung und -aufgaben	- Teamgröße 2-4 Personen; Kompakte Teamgröße; Team mit 2 Personen - Moderator - Selbstorganisation; Selbstgesteuertes Team - Entscheidung hinsichtlich dediziertes Trend-management Team / - Trendmanagement als Aufgabenpart - Diversität hinsichtlich Perspektiven, Unternehmenszugehörigkeit, Altersstruktur, (Inter-)Nationalität, Team, Gender sowie Kultur - Abteilungsübergreifendes diverses Kernteam mit 3-7 Personen: Eigenmotivation, Themenfokus, Netzwerkaffin	- Akademischer Hintergrund - Analytische Denkweise - Internationalität bei Bedarf; Internationales Unternehmen braucht internationales Team - Sichtbare anerkannte Person/Manager; - Managerpersönlichkeit - Diverses bereichsübergreifendes agiles Team - Spezialisten-Generalisten-Mischung - Agil oder Hierarchisch - Prozesserfahrung - Interne Netzwerkbildung - Kultur entscheidend	- Erfahrene gut vernetzte Führungspersönlichkeit - Unternehmensindividuelles branchenabhängiges Team - Leader - Team passend zur Organisationsstruktur und zu Führungsprinzipien - Teamerweiterung bei interner Akzeptanz - Kernteam - Offenheit und Expertise - Erweitertes Kernteam mit inhaltlicher Fachexpertise und Outside-In-Perspektive - Kommunikation, Umfeldanalysen, Toolverwendung
Branchenunterschiede	- Beachtung von Marktdynamik bei Prozesseinführung - Ressourcenausstattung und Methodenwissen bei innovationsorientierten Unternehmen **High Tech Industrie** - Technologietrends - Unternehmensinterne Verankerung über Tools und Prozesse **Automotiv Industrie** - Kunden- und Nutzersicht - Technologiegetrieben - Forschung und Entwicklung **Kunststoff Industrie** - Branchendynamik und Branchenzyklus ist langfristig	- Branchenunterschiede abhängig von der Strategie, Produkt- und Marktdynamik - Branchendynamik und Branchenzyklus **Handel/FMCG** - Branchendynamik und Branchenzyklus im Handel kurzfristig - Handelsunternehmen sind Einzelkämpfer - Gewinn- und Marktorientiert - Kommunizieren mit Marktbegleiter über Mediatoren - Teilweise genossenschaftlich organisiert - Geprägt durch umfassendes Umfeldscanning - Innovations- und Marketinggetrieben - FMCG hat längste Trenderfahrung aufgrund Marktforschungsnutzung - Besitzt Wissensmanagement bei Trendidentifikation - Setzt sich mit kurzfristigen Trends auseinander - Schwierigkeiten bei der Analyse und strategischen Trendimplementierung	- Branchenspezifische und unternehmensspezifische (größenabhängig) Unterschiede im Trendmanagementprozess

Abbildung 7.2   Gesammelte und geclusterte Expert*innenbeiträge

Kategorien	Expert*innen Erfahrungsbeiträge bei Einführung von Strategischem Trendmanagement		
Ziel- und Wertbeitrag Trendmanagement	- Relevanzverständnis - Strategie und Unternehmenserfolg - Etablierung von Trendmanagement als Service	- Messbarkeit für aktives Erwartungsmanagement - Schnelle Erfolge erzielen - Klärung von Wertbeitrag	- Wertakzeptanz durch erfolgreiche Innovationsprojekte - Transferorientierung und Wertbeitrag schafft Commitment
Kommunikation	- Kommunikation über Prozess wichtig - Darstellung und Kommunikation des Wertbeitrages - Trendmanagement Awareness herstellen	- Wertbeitrag Awareness im Unternehmen - Bei Akzeptanz Bildung einer eigenen Unternehmensfunktion	- Kommunikation schafft Akzeptanz und Dynamik - Stakeholder Dialog zur Awarenessschaffung
Kultur und Reifegrad	- Kultur erzeugt Unterschiede - Unternehmenskultur als branchenunabhängiges individualisierendes Element	- Klärung von Status und Reifegrad von Strategie und Geschäftsmodell - Unternehmenskultur und Vorerfahrung wichtig	- Strategische Positionierung am Markt (Vorreiter, Fast Follower, Risikoavers)
Anwendung Softwaretool	- Tool ist Bindeglied zur Organisation - Datenplattform implementieren - Software schafft Struktur entlang Prozess - Softwaretools unterstützen Kommunikation und Kollaboration - Toolverwendung erzeugt Mehrwert bei strukturierter Trendarbeit - AI schafft neue Möglichkeiten (Ausblick in die Zukunft) - Ressourcenverfügbarkeit beeinflusst Softwareankauf und -nutzung	- Software als integratives Element - Software schafft Klarheit, Monitoring, und Arbeitserleichterung durch Struktur - Toolakzeptanz durch Unternehmenskultur - Tool wichtig bei Identifizierung, Bewertung und Analyse - Tool ist wichtiges Kommunikationsmittel - Software unterstützt bei Visualisierung und Systematischer Einordnung	- Kein Mehrwert von Tooleinsatz ohne Akzeptanz und Commitment - Unterstützung durch Software bei Zusammenarbeit im Prozess - Toolverwendung generiert Wissensmanagement und macht systematisches Trendmanagement möglich - Software ermöglicht Stakeholderintegration und Trendbewertung - Tool ist Begleiter des gesamten Innovationspfades
Prozess	- Definition von Verantwortlichkeiten, Hauptansprechpartner - Lead erforderlich - Prozess von Zielen, Strategie, Planung und Ressourcenverfügbarkeit abhängig - Unterschiede hinsichtlich Methodik und Reifegrad (expert based foresight, trend based foresight, open based foresight) - Partizipativer diverser abteilungsübergreifender Strategieentwicklungsprozess - Prozess muss zur Kultur passen - Partizipativer Prozess mit Belegschaft	- Iterative Feedbackschleifen - Wertbeitragsdiskussion ist wichtiges Feedback - Ressourcen- oder Capabilityorientierter Ansatz für Trendmanagementprozess - Kontinuierlicher iterativer Prozess - Vor- und Methodenerfahrung beeinflussen Prozess - Trendradar als Ausgangspunkt - Kontinuierlicher Verbesserungsprozess - Toolverwendung erzeugt keinen Mehrwert bei Prozessimplementierung	- Trendbasierter unternehmensspezifischer Strategieprozess - Einführungsprozesse und Struktur trotz Branchenunterschiede vergleichbar - Trendmanagementprozess vergleichbar - Pilotprojekte und Schulungsmaßnahmen - Systematische Weiterentwicklung des Prozesses - Innovation, Tradition, Exnovation - HR-Einbindung - Prozesseingliederung in 3 Phasen: Set up, Content, Creative-Flow - Kommunikation- und Marketingbegleitung - Schlanker Prozess erforderlich
Changemanagement Begleitung	- (begleitendes) Changemanagement ist wichtig - Changemanagement wichtig, jedoch Impact/Wertbeitrag noch wichtiger - Veränderungsbegleitung durch Changemanagement - Systematische Integration von Strategie und Changeprozess - Prozessimplementierung und Veränderung erzeugen - Mitarbeiter*innenintegration - Foresight gemeinsames Gestalten - Changemanagement für Kulturwandel - Partizipation wichtig - Ressourcenverfügbarkeit entscheidend	- Changemanagement wichtig, dessen Integration ist projektgrößenabhängig - Großkonzerne haben Changeabteilung - Handel hinkt hinterher - Kultur wesentlicher Begleitfaktor; Verknüpfung von Kultur und Changemanagement wichtig - Changemanagement nicht unbedingt erforderlich, erzeugt jedoch Mehrwert für gemeinsames Verständnis - Teile von Changemanagement sind zur Trendmanagementimplementierung erforderlich	- Trendmanagementbegleitung durch Changemanagement schafft Akzeptanz und Motivation - Verknüpfung Change- und Trendmanagement sinnvoll - Kein Verschwimmen von Change- und Trend-management, da jeweils eigene Ziele verfolgt werden - Trendmanagement ist Changemanagement fürs Management und für gesamtes Unternehmen
Methodenanwendung	- Methodenwahl - Edukativer Ansatz schafft Austausch und Verständnis - Kompetenzausstattung	- Trendmanagement ermöglicht unternehmensinternen Fähigkeitserwerb - Methodenwahl schafft Commitment	
Netzwerkbildung	- Interne Netzwerkbildung und Kommunikation - (Bereichsübergreifende) Mitarbeiter*innen-einbindung - Externe Akademiaunterstützung	- Promotoren im Unternehmen als Multiplikatoren gewinnen - Abteilungsübergreifendes Trendmanagement zur Kommunikationsvereinfachung	- Externe Experteneinbindung abhängig von Unternehmensgröße - Externe Netzwerk zur Trendbeurteilung

Abbildung 7.3   Gesammelte und geclusterte Expert*innenbeiträge

Gegebenheiten aus Expert*innensicht entspricht und ob sich ausgeprägte Wirk-zusammenhänge der einzelnen Elemente im jeweiligen Unternehmenskontext ergeben, die sich ergänzend auf den dargestellten Rahmen auswirken.

7.2.1 Strukturelle und inhaltliche Ergänzungen

Für diese Untersuchung, die den Inhalt dieses Kapitels im Detail darstellt, sind die in Abbildung 7.2 und 7.3 generierten Ergebnisse in systemische Wirkzusammen-hänge zu stellen, um gegebenenfalls neue Erkenntnisse zu adaptieren, bei denen es sich entweder um strukturelle Veränderungen oder um inhaltliche Erweiterun-gen handelt. Die Diskussionsgrundlage für die empirische Untersuchung sowie die Darstellung von Ergänzungen bildet der präsentierte konzeptionelle Bezugs-rahmen in Abschnitt 5.4. Da sich die konsolidierten Beiträge in den zugeordneten Kategorien wechselseitig beeinflussen, werden die strukturellen und inhaltlichen Ergänzungen gesamtheitlich betrachtet und erläutert.

7.2.1.1 Strategie

Auf Basis der Expert*inneninterviews stellt die Ausrichtung des Geschäftsmo-dells auf die aktuellen Marktgegebenheiten sowie -bedürfnisse und die Fähigkeit des Unternehmens, sich an diesen zu orientieren und bei Bedarf anzupassen, einen wesentlichen Bestandteil in der Entwicklung der Unternehmensstrategie dar. Diese Anpassungsfähigkeit wird durch StTmgt und das damit einhergehende Umfeldscanning unterstützt. Das frühzeitige Erkennen von Veränderungen am Markt gewinnt dadurch besondere Relevanz für die strategische Unternehmens-ausrichtung und ist somit als integraler Bestandteil der Strategieformulierung zu verstehen. Es erfüllt die unternehmensinterne Erwartungshaltung einer Service-funktion, die wünschenswerterweise vom Topmanagement erkannt und unterstützt wird. Mit Trendmanagement gelingt es, einen Fähigkeitserwerb zu generie-ren, der es ermöglicht, Innovationsprojekte erfolgreich zu filtern und durch den Kompetenzerwerb die Projekte in die Praxis zu transferieren. Abhängig von der Unternehmensstrategie, in die Trendmanagement eingegliedert ist, wird die strategische Positionierung des Unternehmens am Markt als Vorreiter-Rolle, Fast-Follower-Rolle oder als Risikoavers-Rolle wahrgenommen. Dies zeigt, wie bedeutend StTmgt für die Gesamtleistung und Wettbewerbsfähigkeit eines Unter-nehmens ist und wie es die unternehmerische Haltung und Entscheidungsfindung beeinflusst.

7.2.1.2 Organisation und Kultur

Das Unternehmen ist wesentlich von seiner Kultur und den darin enthaltenen Werten beeinflusst, die als branchenunabhängiges und individualisierendes Element betrachtet werden können. Insbesondere bilden diese Werte das Fundament, auf dem die Unternehmenskultur aufbaut. Die unternehmensinternen Einstellungen gegenüber Innovationen und Trends haben einen maßgeblichen Einfluss auf die Innovationsbereitschaft einer Organisation, die als grundlegender Baustein für die Schaffung von Awareness und Akzeptanz im Rahmen des StTmgt gilt. Der Grad an Reife, den die Unternehmenskultur im Umgang mit Trend- und Innovationswissen aufweist, bestimmt den Mehrwert, den das Unternehmen daraus ziehen kann.

Die erfolgreiche Einführung und Wahrnehmung von StTmgt als Wertbeitrag zur Organisation und Zielerreichung erfordern zum einen eine klare und effektive interne Kommunikation im Unternehmen. Zum anderen ist es entscheidend, sich aktiv mit den Stakeholdern auseinanderzusetzung und einen Dialog mit ihnen zu führen, um die Akzeptanz des Trendmanagements als eigenständige Organisationseinheit zu fördern. Dies schafft nicht nur das Bewusstsein für die strategische Bedeutung von Trends und Innovationen, sondern ermöglicht auch, dass sie als sinnvoll und wertvoll in der gesamten Organisation anerkannt werden.

7.2.1.3 Trendmanagement

Um StTmgt in Unternehmen einzuführen, ist grundsätzlich ein kompaktes und kompetentes, sich selbststeuerndes Kernteam erforderlich, das von einer analytischen Denkweise geprägt ist. Auch eine Leitung durch eine im Unternehmen anerkannte, gut vernetzte Person stellt eine Notwendigkeit dar, um das Team als Treiber des Trendmanagementprozesses und als Kommunikator*in und Stifter*in von Awareness hinsichtlich des Erfordernisses von Innovationsbereitschaft und Trendaffinität zu wirken. Darüber hinaus wirkt das Team als Impulsempfänger von Umfeldinformationen, um unternehmensinterne sowie marktorientierte Bedürfnisse zu analysieren. Zusätzlich zum Kernteam gilt die Ergänzung durch ein erweitertes Kernteam, welches inhaltliche Fachexpertise miteinbringt, als wesentlich, um mit ausreichend Personalressourcen und Domainwissen den Umgang mit Trendmanagement und dessen Implementierung effektiv voranzutreiben. Als erfolgsversprechend gilt auch die diverse Teamzusammensetzung hinsichtlich Altersstruktur, Unternehmenszugehörigkeit, Perspektiven und Gender. Abhängig von der Unternehmensausrichtung und deren Reifegrad sind Personen mit (inter-) nationaler sowie kultureller Diversität in das Team zu integrieren. Unter den Teammitgliedern, die verantwortlich für die Einführung von

StTmgt sind, finden sich sowohl Spezialist*innen, die aufgrund ihrer umfangreichen spezifischen Kenntnisse eine wichtige Rolle im Team einnehmen als auch Generalist*innen, die über ein breites sowie vielseitiges Wissen verfügen, und dadurch die Implementierung positiv beeinflussen. Grundsätzlich ist das Vorhandensein eines Teams eine grundlegende und bedeutsame Voraussetzung für die Einführung von StTmgt und ist passend zur Organisationsstruktur, abhängig von agiler oder hierarchischer Ausrichtung, zu formieren.

Prozessqualität
StTmgt wird durch einen Prozess begleitet, der iterativ mit Feedbackschleifen gestaltet ist und einem kontinuierlichen Verbesserungsprozesses unterliegt, der durch Angebote von Schulungen, Umsetzung von Pilotprojekten und Einbindung von Human Ressource Prozessen und Aktivitäten stetig adaptiert wird. Je nach der strategischen Ausrichtung eines Unternehmens erfolgt entweder ein ressourcenorientierter Ansatz, der Inside-Out-Verfahren verwendet und darauf abzielt, die erforderlichen Ressourcen und Kompetenzen zu schaffen, oder ein capabilityorientierter Ansatz, bei dem Unternehmen sich auf die Entwicklung und Ausstattung von organisationaler Fähigkeiten konzentrieren. Diese Unterschiede beeinflussen die Gestaltung des Einführungsprozesses von StTmgt. Gleichfalls zu berücksichtigen ist, die Art und Weise der Auseinandersetzung mit Zukunftsthemen, die auf der einen Seite expert*innenbasiert (Fokus liegt auf dem Austausch mit Expert*innen Meinungen) oder trendbasiert (Fokus liegt auf Trendeinbeziehung) sowie auf OF basierenden Prinzipien (Fokus liegt auf Zusammenspiel und Austausch mit anderen Unternehmen) erfolgen kann. Im Zuge des Implementierungsprozesses spielt grundlegend die passende strategische Ausrichtung des Unternehmens eine grundlegende Rolle, da diese die strategischen Ziele, Pläne, Strukturen und die angestrebte Zielerreichung innehat. Im Rahmen der Einführung bietet ein vorhandenes mitarbeiterspezifisches Methodenwissen und dessen Anwendungserfahrung einen wesentlichen Mehrwert, um den Wertbeitrag des Trendmanagementprozesses zu steigern. In diesem Sinne ist die Struktur eines partizipativen, schlanken und abteilungsübergreifenden Prozesses von Vorteil, da hiermit die Belegschaft miteinbezogen werden kann. Im Zuge von Innovationsprozessen braucht es eine Kultur, die fähig ist, ihre Traditionen zu erkennen und zu bewahren und dennoch von bestimmten Lösungen Abstand nehmen kann, um den erforderlichen Raum für Neues zu schaffen. Dieser Schritt der Exnovation ist das Gegenstück zu Innovation, stellt jedoch eine wichtige Bedingung für erfolgreiche Innovation dar. Generell ist festzustellen, dass der Prozess der Einführung branchenunabhängig und weitestgehend vergleichbar abläuft. Die

Erzielung von Quick Wins ermöglicht einen positiven Beitrag und schafft die notwendige Awareness in der Organisation für eine erfolgreiche Realisierung.

Toolanwendung
Durch Toolverwendung, die auch immer mehr mit Systemen des maschinellen Lernens und künstlicher Intelligenz ausgestattet ist, ist es möglich, in kurzer Zeit eine weite und tiefe Wissensbasis zu Trends und deren Entwicklungen zu generieren und diese folglich auch mittels Kommunikations- und Kollaborationsplattform zu verteilen. Ein zum Unternehmen passendes Softwaretool gilt somit als integratives Element und Bindeglied innerhalb der Organisation und unterstützt, eine transparente Prozessstruktur in der Trendarbeit zu schaffen und beim verantwortlichen Personenkreis, die das Tool anwenden, für Arbeitserleichterungen zu sorgen. Daher kann ein zum Unternehmen adäquates Tool unterstützend beim Umgang mit Innovationen und Trends dienen und als Begleiter entlang des gesamten Innovationspfades eingesetzt werden. Eine entsprechende offene und trendversierte Unternehmenskultur, die dem Tooleinsatz das notwendige Commitment und die erforderliche Akzeptanz entgegenbringt, gilt als Voraussetzung, um das passende Tool auszuwählen und anzuwenden.

7.2.1.4 Netzwerkbildung

Interne Netzwerke sind bei der Einführung von Trendmanagement erforderlich, um auf der einen Seite unternehmensintern kooperativ Mehrwert zu stiften, diesen zu kommunizieren und dadurch bei der Belegschaft Akzeptanz zu erzeugen. Auf der anderen Seite ist auch die Hinwendung nach Außen bedeutend, um zu gewährleisten den Markterfordernissen nachzukommen sowie keine wichtigen unternehmensspezifischen Stakeholder zu übersehen. Auf diese Weise können die passenden Produkte und Dienstleistungen entwickelt und angeboten werden. Insbesondere bei der Trendbeurteilung von unternehmensspezifisch identifizierten Trends ist die Integration der Außensicht und somit die Einbindung von externen Netzwerken maßgeblich. Sogenannte Entrepreneure, die eine wichtige Rolle bei der wirtschaftlichen Unternehmensentwicklung bezugnehmend auf das Vorantreiben von Innovationen einnehmen als auch Intrapreneure, die dazu beitragen, dass Unternehmen flexibler und wettbewerbsfähiger auf sich verändernde Marktanforderungen reagieren, handeln als wichtige Katalysatoren und Multiplikatoren im Netzwerk. Darüber hinaus bietet die abteilungs- und bereichsübergreifende Organisation von Netzwerken die Möglichkeit, Silodenken im Unternehmen zu überwinden, um Informationen und Ideen zu Trends und Innovationen kooperativ auszutauschen.

7.2.1.5 Externe Einflussfaktoren

Externe Einflussfaktoren sind unvermeidlich, beeinflussen Unternehmen von außerhalb und wirken branchenunabhängig auf Unternehmen ein, die in der Lage sein müssen, diese Auswirkungen zu verstehen, um entsprechend darauf reagieren zu können. Zu den externen Einflüssen zählen technologische, demographische, rechtliche und politische, soziale und kulturelle, wirtschaftliche und ökologische Faktoren.

Um eine Vielzahl von Umweltfaktoren zu sichten, die auf Unternehmen einwirken und bei der Einführung von StTmgt zu berücksichtigen sind, kann die Verwendung von softwarebasierten Datenbanken und die Bildung von externen Netzwerken Unterstützung beim Filtern bieten. Bezugnehmend auf Trends liefern auch Umfeld- und Wettbewerbsanalysen bedeutende Inputs hinsichtlich Trendentwicklungen und Strategieausrichtung der Wettbewerber*innen. Insbesondere der Stakeholderdialog, der im Speziellen Personengruppen, wie Kund*innen, Lieferant*innen, Academia sowie Mitarbeiter*innen mit unterschiedlichen kulturellen Hintergründen, miteinbezieht, bietet einen wesentlichen Beitrag im Sinne der Interaktion zwischen Organisationen. Dieser Dialog gewährt somit wertvolles und wegweisendes Feedback im Umgang mit Trendmanagement und bei Einführung von StTmgt ins Unternehmen.

7.2.1.6 Change

Die organisatorische Einführung von StTmgt stellt an sich bereits einen Veränderungsprozess im jeweiligen Unternehmen dar. Aufgrund der teils erheblichen Änderungen in der Organisation und im Zugang zu Innovationen sollte dieser Prozess jedoch von einem expliziten Changemanagement begleitet werden. Es braucht Changemanagement als Begleitung, damit es gezielt durch partizipative Prozesse im Unternehmen implementiert werden kann und die unternehmensinterne Wirksamkeit erhöht wird. Changemanagement trägt somit dazu bei, die Erfolgsaussichten und den Wertbeitrag, die durch die Veränderung bei Einführung von StTmgt entstehen, zu erhöhen und den daraus resultierenden Zielbeitrag von Trendmanagement für Mitarbeiter*innen sichtbar zu machen. Durch Changemanagement wird die Notwendigkeit für Unternehmen erkennbar, sich mit Trendmanagement auseinanderzusetzen, um in weiterer Folge ein Team zusammenzustellen, das eine Veränderungsvision für das gemeinsame Verständnis erarbeitet und infolgedessen den Zielbeitrag für die übergeordnete Strategie danach ausrichtet. Durch die stetige Kommunikation und Darstellung über unterschiedliche Kanäle kann den Mitarbeiter*innen ein eindrückliches Verständnis zum Wertbeitrag von Trendmanagement vermittelt werden, um diese mit passenden Fähigkeiten auszustatten. In Folge können schnelle Erfolge unter der

Anwendung und Einführung von StTmgt erzielt werden. Wenn es gelingt, die erzielten Erfolge zu festigen, in dem sicht- und erlebbare Innovationsfelder und -projekte gebildet werden, können die notwendige Awareness und Akzeptanz in der Organisation und der Unternehmenskultur geschaffen werden, um StTmgt organisatorisch einzugliedern. Somit kann durch Changemanagement auf der einen Seite eine veränderungsbereite Kultur entstehen und auf der anderen Seite eine Kultur der Veränderung. Wesentlich ist, dass sich die Ansätze Trendmanagement und Changemanagement nicht vermengen, da diese unterschiedliche Zielausrichtungen verfolgen und somit ihren Fokus verlieren würden, da Changemanagement grundsätzlich auf die Umsetzung interner Veränderungen und Trendmanagement auf die Anpassung an externe Einflüsse und Entwicklungen abzielt, um die langfristige Wettbewerbsfähigkeit des Unternehmens sicherzustellen. Demzufolge stellt Changemanagement einen von Impact und Wertbeitrag gestützten Ansatz dar, der eng mit Unternehmenskultur, Changemanagement und Trendmanagement verknüpft ist, während die Einführung von Trendmanagement eine systemische Betrachtung verfolgt und von einem Changeprozess begleitet wird.

7.2.1.7 Spezifika der Handelsbranche

Handelsunternehmen agieren in einer profit- und marktorientierten Weise, wobei sie Innovationen und Markttrends aktiv verfolgen. Gleichzeitig müssen sich Unternehmen mit Handelskontext den kurzfristigen Veränderungen in der Branchendynamik und im Branchenzyklus anpassen, um einerseits strategische Entscheidungen zu treffen sowie sich an verändernde Umstände anzupassen. Andererseits sind sie imstande, Chancen in den Phasen des Aufschwungs, der Hochkonjunktur, des Abschwungs und der Rezession zu erkennen. Deshalb gibt es Unterschiede im Trendmanagementprozess, die sowohl branchenspezifisch als auch unternehmensspezifisch sind. Oftmals sind sie auch von der Strategieausrichtung, Ressourcenausstattung, Produkt- und Marktdynamik sowie vom vorhandenen Methodenwissen und der Unternehmensgröße abhängig. Da der Handel sich fortwährend mit aufkommenden Trends kurzfristig auseinandersetzt und kurzfristig darauf reagieren muss, liegt seine Stärke im Wissensmanagement bei der Trendidentifikation. Obwohl die Branche mit Handelsbezug über die längste Erfahrung im Bereich der Marktforschungsergebnisse verfügt und somit

Erfahrungen zu umfassendem Umfeldscanning aufweist, hat er dennoch Schwierigkeiten, bei der Analyse und Implementierung von Trends. Im Handel sind unterschiedliche Organisationsformen vertreten, wie der Einzel- und Großhandel, franchiseorganisierte und genossenschaftliche Strukturen. Handelsunternehmen gelten gegenüber Coopetition eher als ablehnend und schließen sich wenig zu Unternehmenskooperationen zusammen, die eine Ressourcen- und Kompetenzbündelung unterstützen würde. Ein Spezifikum im Handel stellt eine ausgeprägte Verbandsorientierung dar, die einer Mediations- und Vermittlungsfunktion gleichkommt.

7.2.2 Empirisch plausibilisierter Bezugsrahmen

Nach Erläuterung der strukturellen und inhaltlichen Beiträge sowie Darstellung der systemischen Wirkzusammenhänge zeigt sich, dass der in Abschnitt 5.4 entwickelte, auf der Literatur basierende, konzeptionelle Bezugsrahmen dieser Arbeit in seinen Grundsätzen durch die Expert*innen als bestätigt gilt und sich die gebildeten Kategorien aus Abbildung 7.4 in die jeweiligen Rahmenelemente ergänzend einordnen.

Auch die wechselseitige Beeinflussung der einzelnen unternehmensinternen Ebenen wird durch die Expert*innenbeiträge als wesentlich bezeugt. Da auch keine gegensätzlich geäußerten Expert*innenmeinungen zu den einzelnen Bestandteilen des Bezugsrahmens genannt wurden, waren demnach auch keine Adaptionen hinsichtlich Grundstruktur erforderlich.

Somit wird der literaturbasierte konzeptionelle Bezugsrahmen in seinen elementaren Bestandteilen vom empirisch evaluierten Bezugsrahmen bestätigt. Aus Sicht der Expert*innen sind die konzeptionellen Ergebnisse, wie Abbildung 7.4 darstellt, plausibel und bilden folglich die Grundlage für die Vorgehensmodellentwicklung, die den Inhalt des anschließenden Kapitels (7.3) darstellt.

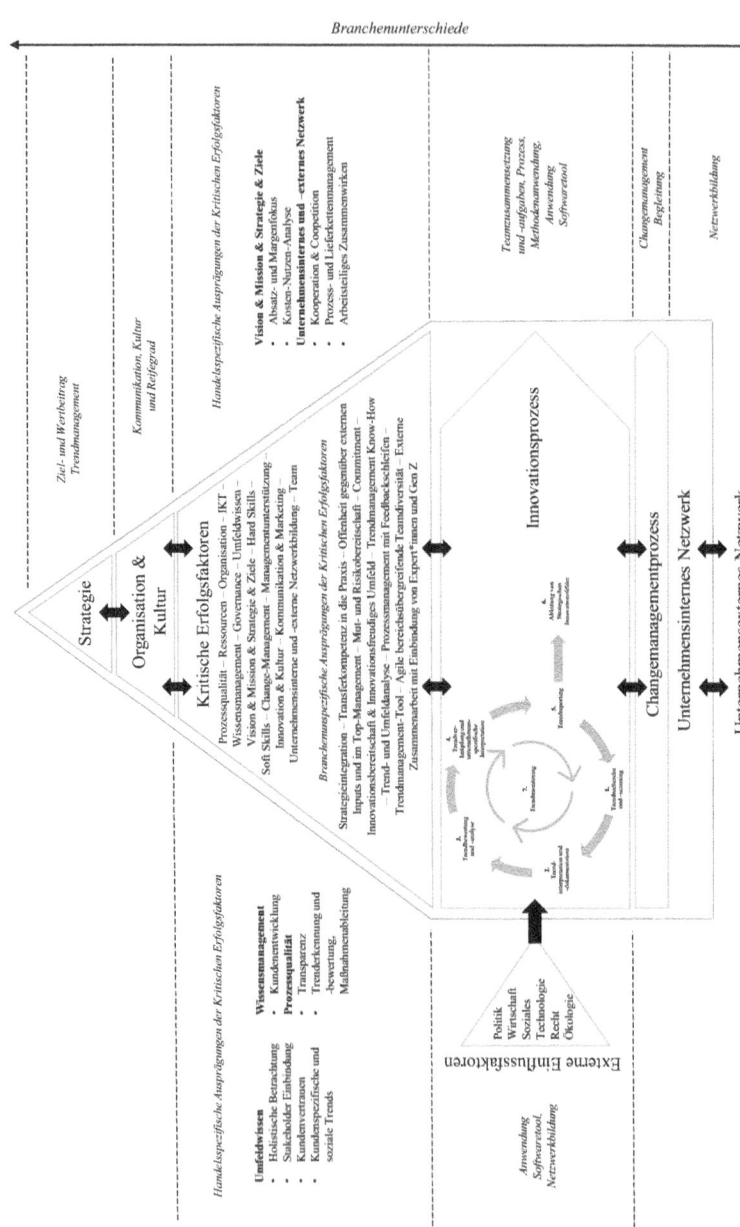

Abbildung 7.4 Integration der Kategorien in den empirisch plausibilisierten Bezugsrahmen

7.3 Vorgehensmodell für Handelsunternehmen

Neben der Bestätigung des empirisch plausibilisierten Bezugsrahmens in Abbildung 7.4 zeigen die in Abschnitt 7.2 dargelegten Wirkzusammenhänge, dass sich die unternehmensinternen Ebenen im Bezugsrahmen nicht nur wechselseitig beeinflussen, sondern einem laufenden iterativen Austausch unterliegen. Diese Erkenntnisse führen zu einer Adaption der Darstellung in Abbildung 7.4 und präsentieren ein durch Iterationen geprägtes Vorgehensmodell, welches Handelsunternehmen bei der Implementierung von StTmgt begleitet und somit die Beantwortung der Hauptforschungsfrage dieser Arbeit befähigt.

Auffallend ist, dass aus Sicht der Expert*innen Trendmanagement eine unternehmensinterne Funktion darstellt, die einerseits in der Unternehmensstrategie verankert ist und andererseits eine starke strategiebegleitende Funktion verfolgt. Daher ist Trendmanagement im entwickelten Vorgehensmodell als StTmgt definiert, das in sich einen iterativen Ablauf verfolgt.

StTmgt unterstützt branchenunabhängig Unternehmen durch frühzeitiges Erkennen von Marktveränderungen. Zusätzlich stellt es einen integralen Bestandteil der strategischen Unternehmensausrichtung dar und liefert dadurch einen wesentlichen Wertbeitrag zum Unternehmenserfolg. Durch eine klare unternehmensinterne sowie -externe Kommunikation mit unterschiedlichen Gruppen an Stakeholdern werden die Akzeptanz und das Bewusstsein für den ganzheitlichen Umgang von StTmgt im Sinne einer Implementierung und iterativer Prozessausrichtung gefördert. Diese Vorgehensweise kann dafür sorgen, dass eine sinnstiftende Eingliederung in die Organisationsstruktur erfolgreich erfolgt. Als voraussetzend für dieses Verfahren gilt jedoch, dass im Unternehmen eine grundsätzlich innovationsbereite Kultur existiert, die ein Umfeld für externe und interne Veränderungen zulässt und offen für Neues ist.

Im Sinne der erfolgreichen Implementierung von StTmgt gilt es für Unternehmen der Handelsbranche die 16 präsentierten inhaltlichen Definitionen von KEFs sowie deren zwölf handelsspezifischen Ausprägungen, die in Abschnitt 6.4.1 interpretiert und in Abbildung 7.4 visualisiert sind, zu berücksichtigen. Wenngleich die Beachtung der genannten KEFs ein Erfordernis ist, stellt ein Team, das die Verantwortung für eine erfolgreiche Einführung im Unternehmen übernimmt, eine Notwendigkeit dar. Mit der Definition einer Teamleitung, die eine im Unternehmen anerkannte Person darstellt, und der Formierung eines kompakten, selbststeuernden sowie diversen Kernteams, das eine analytische Denkweise verfolgt und stark vernetzt ist, kann die Integration in der Organisation zweckerfüllt durchgeführt werden.

Zusätzlich stiftet die Bildung von unternehmensinternen (abteilungs- und bereichsübergreifend) sowie unternehmensexternen Netzwerken einen Mehrwert bei der Einführung, um die unternehmensinterne Akzeptanz durch kooperativen Austausch von Trendinformationen zu erlangen und die Markterfordernisse miteinfließen zu lassen.

Damit eine ganzheitliche Wirkung von StTmgt im Unternehmen erzielt werden kann, ist es als Teil des Innovationsprozesses zu sehen und braucht einen Changemanagementprozess als Begleitung, um sowohl durch partizipative als auch abteilungsübergreifende wie auch schlanke Prozesse die Implementierung umzusetzen. Der Strategische Trendmanagementprozess an sich, der die einzelnen Schritte – Trendrecherche und -scanning, Trendinterpretation und -dokumentation, Trendbewertung und -analyse, Trendverknüpfung und unternehmensspezifische Interpretation, Trendreporting, Ableitung von strategischen Innovationsfelder und Trendmonitoring – beinhaltet, verläuft iterativ mit Feedbackschleifen und funktioniert branchenunabhängig ähnlich.

Mit Unterstützung eines zum Unternehmen passenden Softwaretools, das auch als Kommunikations- sowie Kollaborationsplattform verwendet wird, kann die Struktur des Prozesses transparent gestaltet werden und kann somit eine Arbeitserleichterung für die verantwortlichen Personen bei der Arbeit mit StTmgt schaffen. Die Verwendung einer softwaregestützten Datenbank liefert wesentliche Beiträge im Sinne von Trendanalysen und -entwicklungen, unterstützt beim Filtern von externen Faktoren sowie Trends und trägt auch zur Vernetzung von internen und externen Netzwerken hinsichtlich kollaborativer Trendbewertung bei.

Basierend auf dem zuvor erläuterten plausibilisierten Bezugsrahmen werden die systemischen Wirkzusammenhänge zwischen der unternehmensinternen- und externen Ebenen in numerischer Abfolge von Schritten dargestellt.

Abbildung 7.5 präsentiert ein Vorgehensmodell für Handelsunternehmen, das einen Leitfaden für die Umsetzung im Sinne einer StTmgt Implementierung bietet.

Im Sinne des dem konzeptionellen Bezugsrahmen zugrundeliegenden, in Abschnitt 5.4 erläuterten, „Dynamic Capability View"-Ansatzes, stellen die im jeweiligen Unternehmen erforderlichen Fähigkeiten und Ressourcen, die als KEFs qualifiziert wurden, den zentralen Ausgangspunkt und *Schritt Eins* des in Abbildung 7.5 visualisierten und numerisch gereihten Vorgehensmodells dar.

Die innerhalb der Organisation manifestierten Fähigkeiten und Ressourcen bilden das Methoden- und Normfundament, das in *Schritt Zwei* die nachhaltige,

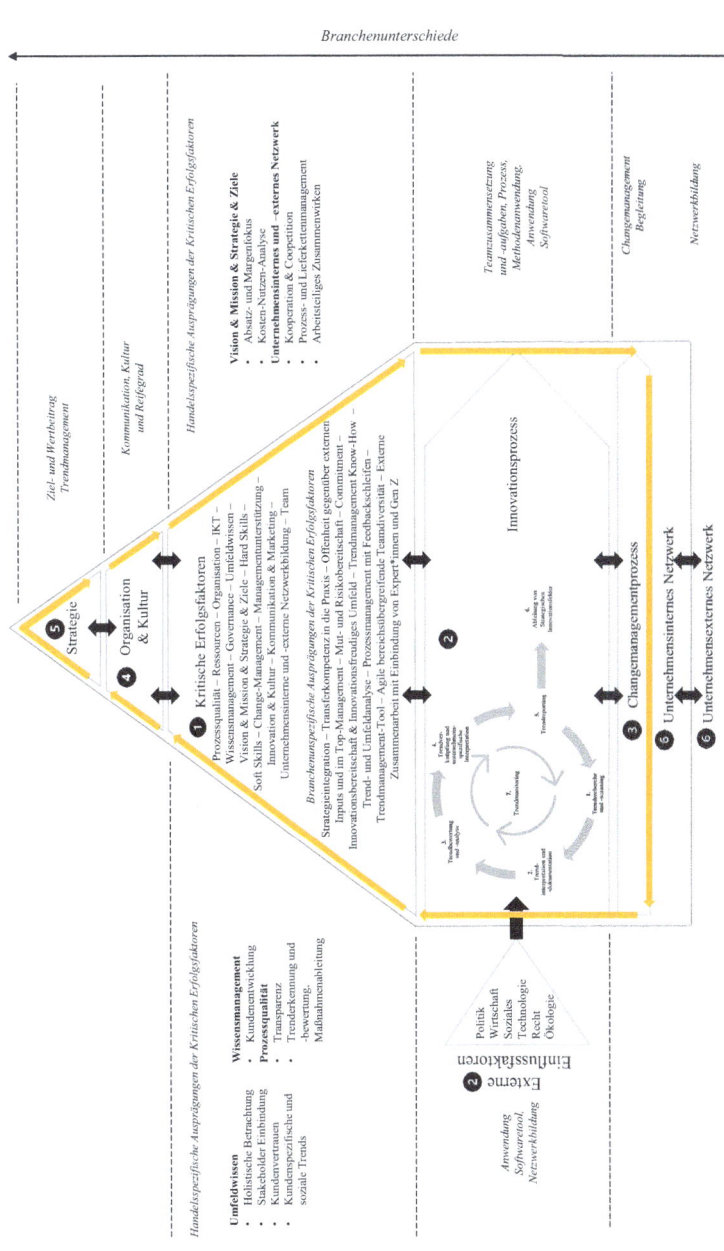

Abbildung 7.5 Vorgehensmodell für Handelsunternehmen

iterative Durchführung der Trendmanagementmethode unter Einbindung externer Einflussfaktoren ermöglicht und damit einen wesentlichen Bestandteil des Innovationsprozesses darstellt.

Die im Rahmen des strukturierten Trendmanagementprozess identifizierten Innovationsfelder und daraus abgeleiteten erfolgreichen Innovationsprojekte, stoßen einen Veränderungsprozess an, der in *Schritt Drei* durch einen integrierten Changemanagement Prozess begleitet wird.

Diese prozessuale Begleitung unterstützt Handelsunternehmen dabei, in *Schritt Vier* auf organisatorischer Ebene durch aktive Kommunikation und Einbindung aller unternehmensinternen Stakeholder Bewusstsein für die Notwendigkeit der Veränderung zu schaffen, etwaige entstehende Unsicherheiten aufzufangen und ein klares Bild des positiven Zielzustandes einer innovationsoffenen Kultur zu vermitteln. Dieses prozesshafte Vorgehen ermöglicht es Unternehmen der Handelsbranche, frühzeitig technologische und gesellschaftliche Trends sowie Entwicklungen zu erkennen, die dadurch entstehenden unternehmensspezifischen Chancen und Risiken zu bewerten und Handlungsempfehlungen abzuleiten.

Diese Innovationsarbeit befähigt Handelsunternehmen zur kontinuierlichen Transformation und Produkt- und Dienstleistungsinnovation, die sich in *Schritt Fünf* in einer integrierten Strategieentwicklung zur nachhaltigen Unternehmensentwicklung zeigt.

In *Schritt Sechs* wird die Bildung und Aufrechterhaltung performanter hierarchie- und bereichsübergreifender Netzwerke innerhalb einer Organisation sowie die Anschlussfähigkeit zu externen Netzwerken und Stakeholder vorgesehen, da diese einen integralen Bestandteil erfolgreicher Strategieentwicklung darstellen.

Zusätzlich zum dargestellten Vorgehensmodell werden einige praxisrelevante Empfehlungen von den Expert*innen für die Implementierung von StTmgt in Handelsunternehmen genannt, die in folgendem Abschnitt 7.4 zusammengefasst sind.

7.4 Implementierungsempfehlungen und Diskussion

Bereits die Ergebnisse aus der Literatur in Abschnitt 3.3.2.2 zeigen die Entwicklungen der Vorgehensmodelle mit Innovationscharakter und für Innovationsprozesse in unterschiedlichen Ausprägungen, wobei sich viele der Modelle auf den sogenannten Trichterteil des Innovationsprozesses – Identifizierung und Filterung neuer Produktinnovationen – konzentrieren und weniger darauf, dass konkrete Innovationen am Ende einen Mehrwert für das Unternehmen generieren sollen.

Die Modelle zur Einführung von Innovationsprozesse von Du Preez und Louw (2008) und Acklin (2010) verfolgen einen ganzheitlichen Ansatz und weisen eine offene sowie vernetzte Modellstruktur auf. Die Besonderheit dieser Modelle zeigt sich in der Verbundenheit und der Beeinflussung aller Ebenen mit einem unternehmensinternen und -externen Netzwerk, wobei der gesamte Innovationsprozess durch Unternehmensstrategie, Organisationsstruktur, Kultur, Mitarbeiter*innen, externe Informationen sowie Wissen gelenkt und durch iterative Schleifen innerhalb der einzelnen Stufen geprägt ist. Diese Modellcharakteristika bieten neben den anwendungsorientierten Expert*inneninputs eine Basis für die Entwicklung der folgenden Empfehlungen für die praxisrelevante Implementierung.

Dabei erhebt die Auflistung der nachstehenden Implementierungsempfehlungen keinen Anspruch auf Vollständigkeit, sondern stellt einen Ansatz dar, um StTmgt in Kombination mit dem vorgestellten Vorgehensmodell in die Praxis von Handelsunternehmen zu implementieren und erfolgreich zu gestalten.

Zusammenfassend lassen sich dabei folgende Maßnahmen als Handlungsempfehlungen ableiten (Tabelle 7.1), die den einzelnen Ebenen des Vorgehensmodells zugeordnet sind und die in ihrer Gesamtheit einen iterativen Ablauf verfolgen.

Tabelle 7.1 Handlungsempfehlungen nach Ebenen des Vorgehensmodells gelistet

Ebene	Implementierungsempfehlungen
Strategie	• Führungsebene muss Verständnis für StTmgt aufbringen und die Bedeutung dessen – unabhängig davon, ob ein hierarchischer oder partizipativer Führungsstil verfolgt wird – verstehen • Integration von Trendmanagement in die Strategieausrichtung des Unternehmens • Sensibilisierung und Bewusstseinsschaffung der Mitarbeiter*innen für StTmgt, um dieses aktiv zu leben • Strategie ist zugleich Motor und Subjekt von StTmgt
Organisation & Kultur	• Strategieintegration stiftet einen Wertbeitrag für die Organisation • Unternehmensinterne und abteilungsübergreifende Kommunikation fördert die durch StTmgt verfolgte Zieldefinition und -erreichung • Eine intrinsische organisatorische Werterkennung schafft die Basis für eine innovationsoffene Kultur und führt zur Entwicklung einer innovationsoffensiven Kultur
Externe Einflussfaktoren	• Externe Einflussfaktoren, die sich aus den PESTLE-Elementen (Politik, Wirtschaft, Soziales, Technologie, Recht, Ökologie) zusammensetzen, sind systematisch zu sichten und aufzubereiten, da diese direkt auf den Strategischen Trendmanagementprozess einwirken • Investition in ein zum Unternehmen passendes Softwaretool ermöglicht Automatisierung sowie Filterung von Externen Einflussfaktoren und Daten • Netzwerkbildung führt zu einer verbesserten unternehmensspezifischen Trendableitung

(Fortsetzung)

Tabelle 7.1 (Fortsetzung)

Ebene	Implementierungsempfehlungen

Innovationsprozess	**Strategischer Trendmanagementprozess**
	• Förderung von Personalqualifizierung und -befähigung, um die Trendmanagementmethoden anzuwenden und den iterativ verlaufenden Prozess voranzutreiben
	• Abteilungsübergreifende partizipative Teamformierung mit gut vernetztem und unternehmensintern anerkanntem Teamleader
	• Softwaretoolverwendung um
	  ○ transparenten Ablauf zu schaffen
	  ○ unternehmensinterne und -externe spezifische Trendbewertung zu ermöglichen
	  ○ und Arbeitserleichterung bei der Trendfilterung, -analyse und -darstellung zu bieten
	• Ansiedlung des Strategischen Trendmanagementprozesses am Beginn des Innovationsprozesses, um daraus Innovationsfelder abzuleiten, die in unternehmensspezifische Innovationsprojekte münden
	• Etablierung eines siebenstufigen iterativ verlaufenden Trendmanagementprozesses

Changemanagement Prozess	• StTmgt ist Motor aber auch Teil des Veränderungsprozesses • Begleitender Changemanagementprozess unterstützt Organisation bei der Einführung im Umgang mit strategischen, organisatorischen und kulturellen Veränderungen
Unternehmensinternes und -externes Netzwerk	• Netzwerkstrukturen fördern die organisatorische Innensicht sowie die unternehmerische Außensicht • Etablierung und Initiierung eines Stakeholderprozesses unter Einbeziehung der Kunden-, Lieferanten- und Wettbewerbersicht

(Fortsetzung)

Tabelle 7.1 (Fortsetzung)

Ebene	Implementierungsempfehlungen
Kritische Erfolgsfaktoren	• Für die nachhaltige Einführung und Implementierung ist das Vorhandensein von organisatorischen Fähigkeiten, der KEFs, erforderlich

Diese zur Einführung von StTmgt ausgesprochenen Empfehlungen weisen darauf hin, dass das entwickelte Modell für Handelsunternehmen ein integratives, multidisziplinäres und durchlässiges Vorgehen verfolgt, um eine praxisrelevante Anwendung zu erleichtern. Flache, flexible sowie vernetzte Abläufe, die mit der Strategie, Organisationsstruktur und -kultur, den Innovations- und Changemanagementprozessen, den externen Einflussfaktoren sowie den unternehmensinternen und -externen Netzwerken verbunden sind, prägen das Vorgehensmodell. Neben dem abteilungs- und funktionsübergreifenden Zusammenwirken auf den unterschiedlichen Ebenen des Vorgehensmodells stellt die Know-How-Gewinnung aus dem Umfeld wie Stakeholdern, Kund*innen, Lieferant*innen und Wettbewerber*innen in Kombination mit iterativen Feedbackschleifen einen zentralen Bestandteil der nachhaltigen Implementierung dar.

In Summe sind die gewonnenen Ergebnisse der Interviewauswertung zum Vorgehen hinsichtlich organisatorischer StTmgt-Implementierung in den zughörigen Daten in Anhang 17 im elektronischen Zusatzmaterial einsehbar sowie rückverfolgbar und gewährleisten, dass die Gütekriterien der Objektivität, Reliabilität und Validität sichergestellt sind (Flick et al. 2022).

Das entwickelte Vorgehensmodell für Handelsunternehmen präsentiert eine innovative und neue Vorgehensweise zur Implementierung von StTmgt als integralen Bestandteil des Innovationsprozesses und des konzeptionellen Bezugsrahmens. Bezugnehmend auf die in Abschnitt 3.3.3.2 gefilterten Ergebnisse zu Vorgehens- sowie Prozessmodellen mit Innovationscharakter und für Innovationsprozesse aus der Literatur und dem gewonnenen Erfahrungswissen von Expert*innen für Trendmanagement, handelt es sich hierbei um ein rein theoretisch visualisiertes Modell, da es aufgrund fehlender anwendungsbezogener Testläufe sowohl intern als auch extern eine eingeschränkte Validität aufweist.

Zusammenfassung und Ausblick 8

Zentrales Ziel dieser Dissertation ist die Entwicklung eines Vorgehensmodells für Handelsunternehmen, um diese bei der Implementierung von StTmgt zu unterstützen. Dafür ist die Ermittlung von relevanten KEFs sowie die Darlegung der für die Einführung von StTmgt wesentlichen Wirkzusammenhänge notwendig. Um dieses Ziel zu erreichen, wurde der wissenschaftliche State-of-the-Art zu Trendmanagement, KEFs und Vorgehensmodellen mit Innovationskontext quantitativ sowie qualitativ umfassend aufbereitet. Die wissenschaftstheoretische Vorgehensweise der Arbeit fußt auf einer ganzheitlichen Sichtweise und verbindet die unterschiedlichen unternehmensinternen Ebenen mit dem unternehmensexternen Umfeld.

Der Inhalt des Abschnitten 8.1 fasst die theoretischen und empirischen Ergebnisse der Arbeit zusammen und beantwortet die drei Subforschungsfragen sowie die Hauptforschungsfrage. In Abschnitt 8.2 werden die Implikationen für die praktische Anwendung und für die Wissenschaft wie auch die limitierenden Faktoren und die künftigen Forschungsbedarfe dargelegt.

Ergänzende Information Die elektronische Version dieses Kapitels enthält Zusatzmaterial, auf das über folgenden Link zugegriffen werden kann https://doi.org/10.1007/978-3-658-46412-7_8.

A. Massimiani, *Kritische Erfolgsfaktoren zur Implementierung von Strategischem Trendmanagement in Handelsunternehmen*, https://doi.org/10.1007/978-3-658-46412-7_8

8.1   Zusammenfassung

8.1.1   Beantwortung der ersten Subforschungsfrage

Erste SFF: Welche methodischen Ansätze werden im Strategischen Trendmanagement verwendet und welche Anwendungen finden sich in Handelsunternehmen?
Die Forschungsergebnisse zeigen, dass das Forschungsgebiet des (Strategischen) Trendmanagements, insbesondere in Bezug auf methodische Ansätze mit und ohne spezifische organisatorische Anwendung, noch vergleichsweise wenig erforscht ist. Zu bemerken ist jedoch, dass ab dem Jahr 2018 die Anzahl der Publikationen steigt und somit das Interesse an wissenschaftlichen methodischen Theorien zugenommen hat. Entlang der 36 untersuchten Veröffentlichungen weist der überwiegende Teil ausschließlich theoretische Forschungsströme ohne praktische Anwendungen mit Branchenbezug und somit auch ohne Handelskontext auf. Die Notwendigkeit weiterer Forschungsbemühungen hinsichtlich praktischer Anwendungen ist somit gegeben.

Im Hinblick auf die methodischen Ansätze ist festzustellen, dass (Strategisches) Trendmanagement als strategische Früherkennung der frühen Phase des Innovationsprozesses zugeordnet ist und zwei unterschiedliche methodische Abläufe verfolgt werden, die jedoch beide einen ganzheitlichen sowie branchenunabhängigen Umgang mit Trends vorsehen. Zum einen stellt sich der methodische Forschungsansatz als linear verlaufender Prozess dar, der sich in seinen Anfängen als sechs- und später als siebenstufigen Prozess darstellt, wobei der Prozessschritt des Monitorings den sechsstufigen Prozess gesamtheitlich begleitet und beim siebenstufigen Prozess den letzten Schritt – Ableitung von strategischen Innovationsfeldern – abgrenzt (vgl. Abschnitt 3.3.1.2). Zum anderen zeigt sich bei den neueren Publikationen der methodische Forschungsansatz von Trendmanagement als siebenstufiger iterativ verlaufender Prozess in einer zyklischen Abfolge, bei dem der Schritt des Monitorings die kontinuierliche Überwachung des gesamten Trendmanagementprozesses übernimmt (vgl. Abschnitt 3.4). Die Beschreibung der zwei methodischen Herangehensweisen kann als Leitfaden für die Strukturierung zukünftiger Forschungsvorhaben verwendet werden. Dabei lässt sich eine Anpassung an die individuellen Bedürfnisse von Unternehmen und Anwendungsfeldern vornehmen und gleichzeitig zur Entwicklung von Theorien im Bereich des (Strategischen) Trendmanagements beitragen.

8.1.2 Beantwortung der zweiten Subforschungsfrage

Zweite SFF: Welche kritischen Erfolgsfaktoren sind für die Implementierung von Strategischem Trendmanagement in Handelsunternehmen maßgeblich?
Aus den Erkenntnissen der inhaltskritischen Literaturanalyse aus Abschnitt 3.3.2.2 – wobei bei der Analyse keine Brancheneingrenzung vorgenommen wurde, um sicherzustellen, möglichst viele praxisrelevante und theoriebezogene Erkenntnisse miteinzubeziehen – konnten 16 KEFs, die im konzeptionellen Bezugsrahmen, der im dritten Kapitel der Arbeit vorgestellt wird, gefiltert werden. Der konzeptionelle Bezugsrahmen, der in Abschnitt 5.4. ausführlich beschrieben wird, bildet die Grundlage für die empirische Untersuchung. Dieser Rahmen zeigt die Eingliederung der einzelnen Faktoren in ein Rahmenelement, bestehend aus Strategie, Organisation & Kultur, Kritischen Erfolgsfaktoren, Innovationsprozess mit integrativem Bestandteil von StTmgt, Changemanagementprozess, unternehmensinternem und -externem Netzwerk sowie externen Einflussfaktoren und deren wechselseitigen Beeinflussung der jeweiligen unternehmensinternen Ebenen. Im Zuge der Fokusgruppeninterviews mit insgesamt 43 Teilnehmer*innen galt es, möglichst viele Beiträge von KEFs zu sammeln, die zur Einführung von StTmgt branchenunabhängig als relevant erachtet wurden, wobei die literaturbasierten KEFs bestätigt und ergänzend induktive Ausprägungsformen generiert wurden. Bei den im Anschluss folgenden acht Expert*inneninterviews wurden handelsspezifische Ausprägungsformen der KEFs ergänzt. In Abschnitt 6.4.1 erfolgte die detaillierte Untersuchung der KEFs sowie deren (handelsspezifischen) Ausprägungsformen hinsichtlich Einführung von StTmgt und deren Erläuterung. Mit Darstellung der systemischen Wirkzusammenhänge in Abschnitt 7.2.2 wurde der deduktiv erarbeitete Bezugsrahmen empirisch plausibilisiert und ergänzt. Zur Sicherstellung des wissenschaftlichen Forschungsstandards gelten die methodenspezifischen Gütekriterien der Validität, Reliabilität und Objektivität als eingehalten, wie die Erläuterung in Abschnitt 6.4.3 sowie die zugehörigen Daten, die in Anhang 17 im elektronischen Zusatzmaterial einsehbar sind, veranschaulichen.

Durch die iterative Vorgehensweise mittels inhaltskritischer Literaturanalyse, Fokusgruppen- und Expert*inneninterviews konnten abschließend 16 KEFs, zwölf branchenunspezifische und zwölf handelsspezifische Ausprägungsformen der aufgelisteten KEFs identifiziert werden, die zur Einführung von StTmgt in Handelsunternehmen erforderlich und in Tabelle 8.1 visualisiert sind:

Tabelle 8.1 Auflistung der KEFs mit den branchenunspezifischen und handelsspezifischen Ausprägungsformen zur Einführung von StTmgt in Handelsunternehmen

KEFs			
Wissensmanagement	Umfeldwissen	IKT	Soft Skills
Changemanagement	Innovation & Kultur	Prozessqualität	Managementunterstützung
Governance	Kommunikation & Marketing	Ressourcen	Team
Hard Skills	Unternehmensinterne und -externe Netzwerkbildung	Organisation	Vision & Mission & Strategie & Ziele

KEF-Ausprägungsformen	
Branchenunspezifische	*Handelsspezifische*
Trendmanagement Know-How	Kundenentwicklung
Transferkompetenz in die Praxis	Holistische Betrachtung
Offenheit gegenüber externen Inputs und im Top-Management	Stakeholdereinbindung
Mut- und Risikobereitschaft	Kundenvertrauen
Trend- und Umfeldanalyse	Kundenspezifische und soziale Trends
Innovationsbereitschaft & Innovationsfreudiges Umfeld	Kooperation & Coopetition
Commitment	Prozess- und Lieferkettenmanagement
Externe Zusammenarbeit mit Einbindung von Expert*innen und Gen Z	Arbeitsteiliges Zusammenwirken
Trendmanagement Tool	Transparenz
Prozessmanagement mit Feedbackschleifen	Trenderkennung und -bewertung, Maßnahmenableitung
Agile bereichsübergreifende Teamdiversität	Absatz- und Margenfokus
Strategieintegration	Kosten-Nutzen-Analyse

8.1.3 Beantwortung der dritten Subforschungsfrage

Dritte SFF: Welche Vorgehensmodelle mit Innovationscharakter und für Innovationsprozesse existieren in der Literatur und welche(s) Modell(e) ist/sind für Handelsunternehmen geeignet?
Die Forschungsergebnisse aus der Literatur in Abschnitt 3.3.3.1 zeigen in den letzten Jahren einen kontinuierlich steigenden Zuwachs an Publikationen im

Forschungsfeld der Vorgehensmodelle mit Innovationscharakter und für Innovationsprozesse. Dabei präsentiert sich, dass sich die verwendeten Modelle in ihrer Vielfalt in sequenzielle, überlappende, iterative, traditionelle und agile unterteilen, wobei von einer isolierten Betrachtung Abstand genommen wird, da je nach Zielsetzung sich auch hybride oder adaptive Vorgehensmodelle in Methodenmixanwendung finden. Entlang der 62 kritisch analysierten Publikationen lassen sich die genannten Varianten von Vorgehensmodelle hinsichtlich Entwicklung in sechs Generationen (vgl. Abschnitt 3.3.3.2) einteilen. Aus den jüngeren Veröffentlichungen geht hervor, dass im Innovationsbereich insbesondere bei Innovationsprozessen interdisziplinäre, vernetzte, offene, iterative sowie einem ganzheitlichen Ansatz folgende Vorgehensmodellformen Einsatz finden. Demzufolge kommt sowohl der Einbeziehung von externen und internen Perspektiven als auch der innovativen Strategieausrichtung, dem Zusammenwirken abteilungs- und funktionsübergreifenden Teams und dem transparenten sowie iterativen Ablauf zunehmend Bedeutung zu. Die inhaltliche Breite an Vorgehensmodellen behandelt hauptsächlich theoretische Darstellungen und weniger unternehmens- bzw. branchenspezifische Anwendungen. In diesem Zusammenhang ist zu betonen, dass in den wissenschaftlichen Publikationen dezidierte Vorgehensmodelle mit Innovationscharakter und für Innovationsprozesse für Handelsunternehmen gleichermaßen nicht vertreten sind.

Aus Sicht der Expert*innen ist für Handelsunternehmen ein Vorgehensmodell zur Implementierung von StTmgt von Vorteil, da es einen Leitfaden abbildet in dem eine wechselseitig unternehmensinterne Abstimmung erfolgt, die externe Sichtweise von Stakeholdern wie Kund*innen, Lieferant*innen und Wettbewerber*innen in die unternehmensinternen Innovationsprozesse miteinfließen und insgesamt ein iterativer Ablauf gelebt wird, um erzielte Ergebnisse transparent zu präsentieren und Rückschlüsse für etwaige Adaptionen zu ermöglichen.

8.1.4 Beantwortung der Hauptforschungsfrage

HFF: Wie kann Strategisches Trendmanagement in Handelsunternehmen implementiert werden?
Die konsolidierten Ergebnisse der vorliegenden Arbeit werden in Abschnitt 7.3 anhand eines Vorgehensmodells für Handelsunternehmen, das einen ganzheitlichen Ansatz verfolgt, visualisiert, in dem es die wechselseitige Beeinflussung der unternehmensinternen und -externen Ebenen abbildet und gleichzeitig einen Leitfaden für Handelsunternehmen in Abfolge von Schritten bietet. Die dargelegten

Wirkzusammenhänge weisen darauf hin, dass die unternehmensinternen inhaltlichen und organisatorischen Elemente einen laufenden iterativen Ablauf verfolgen. Hierbei zeigt sich, dass bei entsprechender Unternehmensgröße und -struktur, der durch externe Einflussfaktoren angereicherte und in sich geschlossene iterative Prozessablauf von Trendmanagement den höchsten Wertbeitrag stiftet, wenn dieser in der Unternehmensstrategie eingegliedert wird. Das Verständnis für die Bedeutung von StTmgt im Management sowie dessen Strategieintegration fördern eine abteilungs- und funktionsübergreifende Kommunikation, die anhand definierter Ziele und der notwendigen Offenheit gewährleistet, einen wahrnehmbaren unternehmerischen Mehrwert zu generieren. Unterstützt wird die Implementierung, die oftmals eine organisatorische und kulturelle Veränderung mit sich bringt, durch einen begleitenden Changemanagementprozess. Damit Handelsunternehmen sowohl die externen Einflussfaktoren als auch Trendinformationen systematisch aufbereiten können, liefert das Zusammenwirken von unternehmensinternen und -externen Netzwerken wie von Kund*innen, Lieferant*innen und Wettbewerber*innen einen maßgeblichen Beitrag, um die Entwicklungen aus dem Umfeld unternehmensspezifisch zu kontextualisieren. Für die nachhaltige Einführung von StTmgt, stellt die organisatorische Aneignung von Fähigkeiten im Sinne der 16 KEFs mit deren 24 Ausprägungsformen einen notwendigen Richtwert für Handelsunternehmen, die es zu verfolgen gilt, dar.

In Anlehnung an die Expert*innensichtweise und die literaturbasierten Modellcharakteristika mit Innovationscharakter und für Innovationsprozesse wurden in Abschnitt 7.3 die empfohlenen Einführungsschritte als Leitfaden beschrieben. In Abschnitt 7.4 sind spezifische Implementierungsempfehlungen tabellarisch nach den definierten Ebenen des Rahmenwerks aufgelistet, die die Handlungsoptionen im Unternehmensumfeld erläutern.

Die Beantwortung der Subforschungsfragen und der Hauptforschungsfrage unterliegt gewissen Limitationen und weist auf weitere Forschungsbedarfe hin, die Inhalte des folgenden Abschnitts 8.2 sind.

8.2   Ausblick

8.2.1   Implikationen

Aufgrund der in Abschnitt 1.1.2 identifizierten praktischen Erfordernisse für Handelsunternehmen und der in Abschnitt 4.2 dargelegten Forschungslücken kann darauf geschlossen werden, dass diese Dissertation ein hochrelevantes und aufstrebendes Forschungsgebiet behandelt.

Somit steuert diese Arbeit sowohl theoretische als auch praktische Beiträge hinsichtlich Schaffung von Begriffsdefinitionen, Identifikation von (handelsspezifischen) KEFs sowie Implementierung von StTmgt durch ein proprietäres Vorgehensmodell für Handelsunternehmen bei, die in den folgenden Erläuterungen vorgestellt werden.

In der Literatur gibt es eine Vielzahl an Begriffsdefinitionen zu Trend-, Zukunftsforschung und Forsight und Trendmanagement. Diese Vielfalt an Definitionen birgt das Risiko in sich, dass die Begrifflichkeiten von den unterschiedlichsten Autor*innen aufgrund fehlender holistischer Wahrnehmung fehlinterpretiert werden. Um diese Lücke zu schließen, wurden in dieser Arbeit prägnante Definitionen zu den dargestellten Begriffen in Abschnitt 2.1 akkumuliert dargestellt und anschließend im Unternehmenskontext in Abschnitt 2.1.4 visualisiert. Die Schaffung der Definitionen bildet die Basis für eine grundsätzliche Einordnung der strategischen Vorausschau in den Unternehmenskontext und bildet die Verständnisgrundlage für eine erweiterte Sicht des Strategischen Trendmanagementbegriffs. Dies trägt zum wissenschaftlichen Nutzen bei.

Grundlegend stellt die Zusammenführung der einzelnen Forschungsgebiete von KEFs, StTmgt und Vorgehensmodellen im Unternehmenskontext des Handels einen Paradigmenwechsel dar. Diese Forschungsfelder werden in der Literatur (Kapitel 3), mit Ausnahme von (Strategischem) Trendmanagement, solitär zwar wissenschaftlich häufig analysiert, jedoch nicht hinsichtlich ihrer wechselseitigen Beeinflussung.

Die Forschungsarbeit identifiziert in Abschnitt 3.3.2 auf Basis der wissenschaftlichen Literaturübersicht KEFs, die anschließend durch die Ergebnisse der Fokusgruppen in Abschnitt 6.3.3.1 ergänzt werden. Dabei werden die KEF-Ausprägungsformen sowohl aus den generierten handelsspezifischen KEF Ausprägungsformen in Abschnitt 6.3.3.2 durch Expert*innen erweitert und adaptiert. Durch Einbeziehung von Praktiker*innen mit Handelsfokus und Expert*innen zu Trendmanagement können Beiträge für Handelsunternehmen geleistet werden, welche insbesondere im anwendungsbezogenen Kontext aber auch im wissenschaftlichen Diskurs einen Neuerungswert darstellen. Somit stellt die Auseinandersetzung mit den gefilterten und als relevant erachteten KEFs mit deren Ausprägungsformen im Sinne von „Welche Fähigkeiten stehen dem Unternehmen bereits zur Verfügung" und „Welche Fähigkeiten soll sich das Unternehmen aneignen" einen wesentlichen Nutzen für die organisatorische Praxis dieser Arbeit dar. Die Berücksichtigung der dargelegten KEFs bietet daher im Speziellen für Handelsunternehmen Orientierungspunkte bei der Implementierung von StTmgt.

In weiterer Folge wurde der methodische Ansatz von StTmgt in Abschnitt 3.3.1 untersucht, der das Ergebnis hervorbringt, dass die Auseinandersetzung bis dato lediglich im theoretischen Kontext erfolgt und einen praktischen Anwendungsfall vermissen lässt sowie einen linearen Prozessablauf verfolgt. Im Gegensatz zu bisherigen Forschungsergebnissen hat die gegenständliche Dissertation die Erkenntnis erbracht, dass der Innovationsprozess in Zusammenhang mit StTmgt iterativ ausgestaltet werden sollte. Dies ermöglicht eine nachhaltige Entwicklung aktueller Innovationsfelder im Unternehmenskontext und die Integration von StTmgt als integralen Bestandteil des Innovationsprozesses als auch des theoriebasierten Bezugsrahmens. Diese ganzheitliche Betrachtungsweise bietet für Handelsunternehmen den Mehrwert, auf externe und interne Einflussfaktoren sowie Entwicklungen aus dem Umfeld proaktiv und strukturiert zu agieren.

Als gänzlich in der Wissenschaft und am Markt unerforschtes Feld gilt die StTmgt-Eingliederung (in Abschnitt 4.2 erläutert) und deren organisatorische Verankerung insbesondere in Unternehmen, einschließlich Handelsunternehmen. Insbesondere das präsentierte Untersuchungsergebnis aus der Praxis zeigt, dass eine strategiebegleitende Implementierung von StTmgt einen nachhaltigen Mehrwert für Handelsunternehmen bietet und sowohl theoretisch als auch praktisch bedeutende Implikationen liefert.

Aufbauend auf den präsentierten theoretischen Rahmenbedingungen in Abschnitt 5.4, die durch eine systematische Literaturrecherche generiert werden konnten, und den Ergebnissen der empirischen Untersuchung, die aus der Expert*innenbefragung resultieren, wurde ein Vorgehensmodell für Handelsunternehmen entwickelt. An dieser Stelle ist anzumerken, dass die in dieser Arbeit durchgeführte Untersuchung und die daraus gewonnenen Erkenntnisse die erste detaillierte und wissenschaftlich erhobene Analyse für Handelsunternehmen darstellen, die sich mit Trendmanagement und seinem iterativen Prozess auseinandersetzt. Handelsunternehmen, die durch ein unsicheres und schnelllebiges Umfeld geprägt sind, bietet dieses Modell im Hinblick auf proaktive unternehmerischer Erkennung und Kontextualisierung von Trends in mehrfacher Hinsicht eine transparente methodische Vorgehensweise. Die formulierten Implikationsempfehlungen, um die Einführung von StTmgt in Handelsunternehmen durchzuführen, liefern neue wissenschaftliche und anwendungsbezogene Ansätze, Methoden und Anhaltspunkte für die Übertragbarkeit der erzielten Forschungsergebnisse in die Unternehmenspraxis.

Die Verschmelzung von literaturbasierten und empirischen Ergebnissen mit dem theoretischen Bezugsrahmen zur Entwicklung eines Vorgehensmodells für Handelsunternehmen unterstützt andere Forschende, die sich mit ähnlichen Forschungsproblemen im Handelsumfeld befassen. Die tatsächliche Umsetzung des

Modells würde der genannten Unternehmensbranche einen strategisch und kontinuierlich iterativ ausgerichteten Ablauf hinsichtlich Trendarbeit ermöglichen, um wettbewerbsfähig zu sein.

Abschließend lässt sich sagen, dass die Präsentation des Vorgehensmodells für die Handelsbranche in Abschnitt 7.3 einen praxisrelevanten Beitrag und anwendbaren Leitfaden zur umsetzbaren Implementierung von StTmgt darstellt. Das Modell erscheint aus Sicht von Praktiker*innen anwendbar, da es ein systematisches und strukturiertes Vorgehen mit unternehmensinternen sowie -externen Faktoren durch den wiederkehrenden Ablauf von StTmgt, der in die Unternehmensstruktur eingebettet ist, bietet. Die Auseinandersetzung mit den wesentlichen KEFs verspricht zudem einen geordneten Ablauf bei der Trendauseinandersetzung.

8.2.2 Limitationen und zukünftige Forschungsbedarfe

Sowohl die gemeinsame Betrachtung der Forschungsfelder KEFs, (Strategisches) Trendmanagement und Vorgehensmodell mit Innovationscharakter sowie für -prozesse als auch deren in dieser Arbeit analysiertes Zusammenwirken stellt ein weitgehend unerforschtes Themenfeld dar. Insbesondere die begrenzte Verfügbarkeit einschlägiger wissenschaftlicher Literatur im relativ jungen Forschungsgebiet von (Strategischem) Trendmanagement sowie das weitgehende Fehlen praktischer und theoretischer Nachweise von Erfahrungswerten stellen limitierende Faktoren für diese Dissertation dar.

Somit bietet die Zusammenführung von theoretischem und empirischem Wissen zu dieser Thematik potenzielle Ansatzpunkte für künftige wissenschaftliche Forschungen und darauf aufbauende Einblicke für Praktiker*innen.

Die auf der Literaturanalyse aufbauende und in Anlehnung an die dargestellten Anforderungen des Bezugsrahmens durchgeführte empirische Informationsgewinnung mittels Fokusgruppen und Expert*innenbefragungen beschränkt sich auf den deutschsprachigen Raum (Österreich und Deutschland), wobei hier die Frage gestellt werden kann, ob eine geographische Ausweitung der Datenerhebung auf den DACH-Raum, europäischen oder auch globalen Betrachtungsraum einen qualitativen Mehrwert hinsichtlich relevanter kritischer Erfolgsfaktorenbeiträge und Implementierungsoptionen von StTmgt in Unternehmen und im Speziellen in Handelsunternehmen hervorbringen hätte können.

Der qualitative Forschungsansatz der sieben Fokusgruppen mit insgesamt 43 Teilnehmer*innen zielte vorwiegend auf eine praktisch anwendungsorientierte und weniger auf eine theoretisch fundierte Wissensgrundlagen ab, während die acht Expert*inneninterviews sowohl praktische und theoretische Erfahrungswerte als auch beraterspezifisches Erfahrungswissen zu Trendmanagement mitteilten. Es gilt zu untersuchen, ob eine höhere Anzahl an Expert*inneninterviews aus unterschiedlichen Unternehmensbranchen unter Berücksichtigung einer größeren geographischen Streuung mehrwertstiftend wäre, um weitere praktische Anwendungsfelder analysieren zu können. Diese in dieser Dissertation erzielte Erkenntnis legt nahe, dass aufgrund des dynamischen und schnelllebigen Handelsumfelds ein strukturierter und transparente Umgang mit Trendinformationen sowie der Aufbau organisatorischer Fähigkeiten bezüglich relevanter kritischer Erfolgsfaktoren einen bedeutenden Forschungspfad eröffnet, der zukünftig im Detail weiter untersucht werden sollte.

Ein weiterer Forschungsbedarf könnte in der Überprüfung der KEFs und deren Ausprägungsformen, wie sie in Abschnitt 6.4.1 dargestellt sind, bestehen, die durch weitere empirische Studien vertieft und ergänzt werden können.

Darüber hinaus stellt die Auswahl der Expert*innen zu Trendmanagement, die ihre Erfahrung hinsichtlich Vorgehens bei der StTmgt Implementierung teilten, einen weitere Limitation dar, da die Einführung von StTmgt in Handelsunternehmen mehrwertstiftend ist, jedoch nach aktuellem Wissensstand keine Expert*innen zur konkreten praktischen StTmgt Einführung zur Verfügung stehen.

Darüber hinaus gilt es zu erforschen, ob die erzielten Untersuchungsergebnisse und das entwickelte Vorgehensmodell für die gesamte Handelsbranche generalisiert anwendbar sind oder ob es hier strukturelle organisatorische Einschränkung gibt. Auch die Möglichkeit, ob das entwickelte Modell als Grundlage für ein gemeinsames Verständnis hinsichtlich Implementierung gleichermaßen branchenunabhängig in anderen Unternehmen und im öffentlichen Sektor anwendbar ist, könnte in der fortlaufenden Forschungsarbeit zu neuen Erkenntnissen führen.

Bis jetzt wurden die präsentierten Ergebnisse gemäß wissenschaftlichem Standard bearbeitet und durch wissenschaftliche Methoden überprüft. Als mögliche weitere methodische Ergänzung wäre die Anwendung einer Delphi-Analyse eine Option, die Ergebnisse zusätzlich zu validieren. Viele Studien befürworten die Integration einer Delphi-Studie aufgrund ihrer Fähigkeit zur zuverlässigen und validen Konsensfindung (Mietzner et al. 2017; Häder 2021).

Ergänzend bleibt festzuhalten, dass im Bereich des StTmgt und dessen Implementierung weitere Forschungsanstrengungen erforderlich sind, um die im Rahmen dieser Arbeit identifizierten Forschungsperspektiven weiter zu untersuchen.

Abschließend lässt sich festhalten, dass der Umgang mit StTmgt ein äußerst dynamisches und komplexes Anwendungsfeld darstellt und dessen Bedeutung für Unternehmen nicht unterschätzt werden sollte. Neben der Beantwortung der drei Subforschungsfragen und der Hauptforschungsfrage hat diese Arbeit versucht, einen Beitrag zum strukturierten Umgang mit Trendinformationen zu leisten. Dabei wurden eine Methode und eine praktische Vorgehensweise aufgezeigt, die Handelsunternehmen befähigen sollen, zukünftige Herausforderungen im Unternehmensumfeld nachhaltig zu bewältigen.

Literaturverzeichnis

Abele, Thomas (Hg.) (2019): Fallstudien zum Technologie- & Innovationsmanagement. Praxisfälle zur Wissensvertiefung. Springer Fachmedien Wiesbaden. Wiesbaden: Springer Gabler (Lehrbuch).

Abidoye, Rotimi; Ayub, Bilal; Ullah, Fahim (2022): Systematic Literature Review to Identify the Critical Success Factors of the Build-to-Rent Housing Model. In: *Buildings* 12 (2), S. 171. https://doi.org/10.3390/buildings12020171.

Achanga, Pius; Shehab, Esam; Roy, Rajkumar; Nelder, Geoff (2006): Critical success factors for lean implementation within SMEs. In: *Journal of Manufacturing Technology Management* 17 (4), S. 460–471. https://doi.org/10.1108/17410380610662889.

Acklin, Claudia (2010): Design-Driven Innovation Process Model. In: *Design Management Journal* 5 (1), S. 50–60. https://doi.org/10.1111/j.1948-7177.2010.00013.x.

Allweyer, T. (2005): Geschäftsprozessmanagement: Strategie, Entwurf, Implementierung, Controlling. W3l GmbH.

Al-Sai, Zaher Ali; Abdullah, Rosni; Husin, Mohd Heikal (2020): Critical Success Factors for Big Data: A Systematic Literature Review. In: *IEEE Access* 8, S. 118940–118956. https://doi.org/10.1109/ACCESS.2020.3005461.

Ansoff, H. Igor (1975): Managing Strategic Surprise by Response to Weak Signals. In: *California Management Review* 18 (2), S. 21–33. https://doi.org/10.2307/41164635.

Appelbaum, Steven H.; Habashy, Sally; Malo, Jean-Luc; Shafiq, Hisham (2012): Back to the future: revisiting Kotter's 1996 change model. In: *Journal of Management Development* 31 (8), S. 764–782. https://doi.org/10.1108/02621711211253231.

Aquilani, Barbara; Silvestri, Cecilia; Ruggieri, Alessandro; Gatti, Corrado (2017): A systematic literature review on total quality management critical success factors and the identification of new avenues of research. In: *TQM* 29 (1), S. 184–213. https://doi.org/10.1108/TQM-01-2016-0003.

Aria, Massimo; Cuccurullo, Corrado (2017): bibliometrix: An R-tool for comprehensive science mapping analysis. In: *Journal of Informetrics* 11 (4), S. 959–975. https://doi.org/10.1016/j.joi.2017.08.007.

Armutat, Sascha (2018): Personalmanagement im Mittelstand – Aufgaben und Besonderheiten. In: Sascha Armutat, Natalie Bartholomäus, Swetlana Franken, Volker Herzig und Bernd Helbich (Hg.): Personalmanagement in Zeiten von Demografie und Digitalisierung. Wiesbaden: Springer Fachmedien Wiesbaden, S. 7–20.

Arnold, Dieter (2006): Intralogistik. Potentiale, Perspektiven, Prognosen. Berlin, Heidelberg: Springer (VDI-Buch).

Banuelas Coronado, Ricardo; Antony, Jiju (2002): Critical success factors for the successful implementation of six sigma projects in organisations. In: *The TQM Magazine* 14 (2), S. 92–99. https://doi.org/10.1108/09544780210416702.

Barton, Thomas; Peuker, Andreas (2022): Extraktion und Analyse von Schlüsselwörtern für eine automatisierte Literaturauswertung zum Thema Empfehlungssysteme. In: *HMD* 2022. https://doi.org/10.1365/s40702-022-00909-1.

Baur, Nina; Blasius, Jörg (Hg.) (2019): Handbuch Methoden der empirischen Sozialforschung. Wiesbaden: Springer Fachmedien Wiesbaden.

Bea, FX.; Haas, J. (2019): Strategisches Management. 10., überarbeitete Auflage. München: UVK Verlag (Unternehmensführung, 8498).

Becker, F. G. (1993): Explorative Forschung mittels Bezugsrahmen – ein Beitrag zur Methodologie des Entdeckungszusammenhangs. Online verfügbar unter https://www.jstor.org/stable/41851269.

Becker, Wolfgang; Ulrich, Patrick; Stradtmann, Meike (Hg.) (2018): Geschäftsmodellinnovationen als Wettbewerbsvorteil mittelständischer Unternehmen. Wiesbaden: Springer Fachmedien Wiesbaden.

Behling, Orlando; Law, Kenneth (2000): Translating Questionnaires and Other Research Instruments. 2455 Teller Road, Thousand Oaks California 91320 United States of America: SAGE Publications, Inc.

Biedermann, Lukas (2018): Supply Chain Resilienz. Konzeptioneller Bezugsrahmen und Identifikation Zukünftiger Erfolgsfaktoren. Wiesbaden: Gabler. Online verfügbar unter https://ebookcentral.proquest.com/lib/kxp/detail.action?docID=5507918.

Birkel, H.; Hartmann, E. (2021): Development of a Trend Management Process for Supply Chain Management in the Context of Industry 4.0. Unter Mitarbeit von Hendrik Birkel und Evi Hartmann. In: Kai-Ingo Voigt und Julian M. Müller (Hg.): Digital Business Models in Industrial Ecosystems. Lessons Learned from Industry 4.0 Across Europe. 1st ed. 2021. Cham: Springer International Publishing; Imprint Springer (Springer eBook Collection), S. 23–34.

Blechschmidt (Hg.) (2020): Quick Guide Trendmanagement: Springer Gabler, Berlin, Heidelberg.

Bodemann, Markus; Fellner, Wiebke; Just, Vanessa (2021a): Einleitung. In: Markus Bodemann, Wiebke Fellner und Vanessa Just (Hg.): Zukunftsfähigkeit durch Innovation, Digitalisierung und Technologien. Geschäftsmodelle und Unternehmenspraxis im Wandel. Berlin, Heidelberg: Springer Gabler (Organisationskompetenz Zukunftsfähigkeit), S. 1–4.

Bodemann, Markus; Fellner, Wiebke; Just, Vanessa (Hg.) (2021b): Zukunftsfähigkeit durch Innovation, Digitalisierung und Technologien. Geschäftsmodelle und Unternehmenspraxis im Wandel. Berlin, Heidelberg: Springer Gabler (Organisationskompetenz Zukunftsfähigkeit).

Bolz und Bosshart (1995): Kult-Marketing: Die neuen Götter des Marktes. Online verfügbar unter https://ixtheo.de/record/182860450.

Bortz, Jürgen; Döring, Nicola (2006): Forschungsmethoden und Evaluation. Für Human- und Sozialwissenschaftler. 4., überarb. Aufl. Heidelberg: Springer-Medizin-Verl. (Springer-Lehrbuch Bachelor, Master).

Brandl, Felix J.; Kagerer, Moritz; Reinhart, Gunther (2018): A Hybrid Innovation Management Framework for Manufacturing – Enablers for more Agility in Plants. In: *Procedia CIRP* 72, S. 1154–1159. https://doi.org/10.1016/j.procir.2018.04.022.

Brandtner, Patrick; Mates, Marius (2021): Artificial Intelligence in Strategic Foresight – Current Practices and Future Application Potentials. In: The 2021 12th International Conference on E-business, Management and Economics. ICEME 2021: The 2021 12th International Conference on E-business, Management and Economics. Beijing China, 17 07 2021 19 07 2021. New York, NY, USA: ACM, S. 75–81.

Brandtner et al. (2020: Scouting the Future of Retail (SCORE) – A Corporate Foresight based Retail Research Methodology. Unter Mitarbeit von Massimiani, A., Schauer, O. In: Proceedings of the 5th Colloquium on European Research in Retailing (CERR) 2020., Bd. 5, S. 267–272. Online verfügbar unter ISBN: 978-84-09-23403-5.

Braun, Simone; Follwarczny, Dan; Heißler, Andreas (2022): Neue Kanäle – neue Daten: Die veränderte Rolle von Kundendaten im Handel. In: Die Corona-Transformation: Springer Gabler, Wiesbaden, S. 133–159. Online verfügbar unter https://link.springer.com/chapter/10.1007/978-3-658-33993-7_9.

Brecht, L. (2002): Process leadership: Methode des informationssystemgestützten Prozessmanagement. Kovač.

Brockhoff, Klaus (1999): Strategieidentifikation und Strategiewechsel. In: Gerd Rainer Wagner (Hg.): Unternehmungsführung, Ethik und Umwelt. Wiesbaden: Gabler Verlag, S. 210–225.

Bruhn, Manfred; Hadwich, Karsten (Hg.) (2018): Strategien – Innovationen – Geschäftsmodelle. Springer Fachmedien Wiesbaden. Wiesbaden, Germany: Springer Gabler (Forum Dienstleistungsmanagement, Band 1).

Brüsemeister (2011): Qualitative Sozialforschung: Ein Überblick. Online verfügbar unter https://vu.fernuni-hagen.de/lvuweb/lvu/file/feu/ksw/2018ss/03702/oeffentlich/03702-7-01-s1%20vorschau.pdf.

Büchler, Jan-Philipp (2017): Grundlagen systematischer Strategiearbeit. In: Jan-Philipp Büchler (Hg.): Business Wargaming für Mergers & Acquisitions. Wiesbaden: Springer Fachmedien Wiesbaden (essentials), S. 3–11.

Buck, Alex; Herrmann, Christoph; Lubkowitz, Dirk (1998): Handbuch Trendmanagement. Innovation und Ästhetik als Grundlage unternehmerischer Erfolge. 1. Aufl. Frankfurt am Main: Frankfurter Allgemeine Zeitung Verl.-Bereich Buch (Frankfurter Allgemeine Buch).

Bude (2000): Die Kunst der Interpretation. Online verfügbar unter https://scholar.google.at/citations?user=dc6prbkaaaaj&hl=de&oi=sra.

Bullen, Ch. V.; Rockart, J. F. (1981): A primer on critical success factors. Online verfügbar unter https://dspace.mit.edu/bitstream/handle/1721.1/1988/swp-1220-08368993-cisr-069.pdf?sequen.

Burmeister et al. (2004): Corporate Foresight: Unternehmen gestalten Zukunft: Murmann Verlag DE.

Chesbrough, Henry William (2003): Open innovation. The new imperative for creating and profiting from technology. Boston, Mass.: Harvard Business School Press. Online verfügbar unter http://www.loc.gov/catdir/enhancements/fy1311/2002151060-b.html.

Coates, Joseph; Durance, Philippe; Godet, Michel (2010): Strategic Foresight Issue: Intro-duction. In: *Technological Forecasting and Social Change* 77 (9), S. 1423–1425. https://doi.org/10.1016/j.techfore.2010.08.001.

Cooper, Harris; Hedges, Larry V.; Valentine, Jeffrey C. (2009): The handbook of research synthesis and meta-analysis. 2nd edition. New York: Russell Sage Foundation.

Cooper, R. G.; Kleinschmidt, E. J. (1990): New product success factors: A comparison of ?kills? versus successes and failures. In: *R&D Management* 20 (1), S. 47–63. https://doi.org/10.1111/j.1467-9310.1990.tb00672.x.

Cooper, Robert G. (1983): A process model for industrial new product development. In: *IEEE Trans. Eng. Manage.* EM-30 (1), S. 2–11. https://doi.org/10.1109/TEM.1983.6448637.

Cooper, Robert G. (1994): Third-Generation New Product Processes. In: *Journal of Product Innovation Management* 11 (1), S. 3–14. https://doi.org/10.1111/1540-5885.1110003.

Cooper, Robert G. (1996): Overhauling the new product process. In: *Industrial Marketing Management* 25 (6), S. 465–482. https://doi.org/10.1016/S0019-8501(96)00062-4.

Cooper, Robert G. (2014): What's Next?: After Stage-Gate. In: *Research-Technology Management* 57 (1), S. 20–31. https://doi.org/10.5437/08956308X5606963.

Cooper, Robert G. (2022): The 5-th Generation Stage-Gate Idea-to-Launch Process. In: *IEEE Eng. Manag. Rev.* 50 (4), S. 43–55. https://doi.org/10.1109/EMR.2022.3222937.

Cooper, Robert G.; Kleinschmidt, Elko J. (1995): Benchmarking the Firm's Critical Success Factors in New Product Development. In: *Journal of Product Innovation Management* 12 (5), S. 374–391. https://doi.org/10.1111/1540-5885.1250374.

Cooper, Robert G.; Sommer, Anita F. (2016): Agile-Stage-Gate: New idea-to-launch method for manufactured new products is faster, more responsive. In: *Industrial Marketing Management* 59, S. 167–180. https://doi.org/10.1016/j.indmarman.2016.10.006.

Cooper 1999: The invisible success factors in product innovation. In: *Journal of Product Innovation Management, 16(2), 115–133.* 1999.

Crossan, Mary M.; Apaydin, Marina (2010): A Multi-Dimensional Framework of Organizational Innovation: A Systematic Review of the Literature. In: *Journal of Management Studies* 47 (6), S. 1154–1191. https://doi.org/10.1111/j.1467-6486.2009.00880.x.

Cuhls, Kerstin (2009): Delphi-Befragungen in der Zukunftsforschung. In: Popp et al. (Hg.): Zukunftsforschung und Zukunftsgestaltung. Beiträge aus Wissenschaft und Praxis. Berlin: Springer (Zukunft und Forschung, 1), S. 207–221.

Dadkhah, Sohail; Bayat, Rohullah; Fazli, Safar; Tork, Einallah Keshavarz; Ebrahimi, Aboalghasem (2018): Corporate foresight: developing a process model. In: *Eur J Futures Res* 6 (1). https://doi.org/10.1186/s40309-018-0147-7.

Daheim, Cornelia; Neef, Andreas; Schulz-Montag, Beate; Steinmüller, Karlheinz (2013): Foresight in Unternehmen. Auf dem Weg zur strategischen Kernaufgabe. In: Axel Zweck, Reinhold Popp und Doris Urbanek (Hg.): Zukunftsforschung im Praxistest. Wiesbaden: Springer VS (Research, 3), S. 81–101.

Daheim, Cornelia; Uerz, Gereon (2008): Corporate foresight in Europe: from trend based logics to open foresight. In: *Technology Analysis & Strategic Management* 20 (3), S. 321–336. https://doi.org/10.1080/09537320802000047.

Davis (2008): Barrieren bei der Implementierung von corporate foresight im Unternehmen und im strategischen Management. Karlsruhe.

Dechange, André (2020): Grundlagen des Projektmanagements. In: André Dechange (Hg.): Projektmanagement – Schnell erfasst. Berlin, Heidelberg: Springer Berlin Heidelberg (Wirtschaft – Schnell erfasst), S. 1–50.

Denyer; Tranfield (2009): Producing a systematic review.

Deutsche Gesellschaft für Personalführung (Hg.) (2012): Megatrends: Zukunftsthemen im Personalmanagement analysieren und bewerten. Bielefeld: Bertelsmann (DGFP-PraxisEdition, Bd. 100).

Diekmann (2023): Empirische sozialforschung: Grundlagen, Methoden, Anwendungen. Online verfügbar unter https://books.google.at/books?hl=de&lr=&id=LNHJEAAAQ BAJ&oi=fnd&pg=PA1&dq=diekmann&ots=8J0LJBcEYJ&sig=-bT8R3m14HAPUE2d o9h4YSE3Xi8.

Disselkamp, Marcus (2012): Innovationsmanagement. Wiesbaden: Springer Fachmedien Wiesbaden.

Docherty, M. (2006): Primer on open innovation: Principles and practice. In: *Pdma Visions, 30(2), 13–17.*

Dömötör, Rudolf (2011): Erfolgsfaktoren der Innovativität von kleinen und mittleren Unternehmen. Zugl.: Wien, Wirtschaftsuniv., Diss., 2007. 1. Aufl. Wiesbaden: Gabler (Innovation und Entrepreneurship).

Dooley, L.; O'Sullivan, D. (2001): Structuring Innovation: A Conceptual Model and Implementation Methodology. In: *Enterprise and Innovation Management Studies* 2 (3), S. 177–194. https://doi.org/10.1080/14632440110101246.

Döring, Nicola; Bortz, Jürgen (2016): Forschungsmethoden und Evaluation in den Sozial- und Humanwissenschaften. Berlin, Heidelberg: Springer Berlin Heidelberg.

Drechsler, Dirk (2021): Futures Studies, Foresight Management und Szenario-Technik. In: Christopher Zerres (Hg.): Handbuch Marketing-Controlling. Berlin, Heidelberg: Springer Berlin Heidelberg, S. 223–245.

Dresing, Thorsten; Pehl, Thorsten (Hg.) (2011): Praxisbuch Transkription. Regelsysteme, Software und praktische Anleitungen für qualitative ForscherInnen. 2. Aufl. Marburg: Dr. Dresing und Pehl GmbH.

Du Preez, Niek D.; Louw, Louis (2008): A framework for managing the innovation process. In: Du Preez, N. D., & Louw, L. (Hg.): PICMET '08 – 2008 Portland International Conference on Management of Engineering & Technology. Technology. Cape Town, South Africa, 27.07.2008 – 31.07.2008: IEEE, S. 546–558.

Duncker, C.; Schütte, L. (2017): Trendbasiertes Innovationsmanagement. Ein Modell für markenbasiertes Produktmanagement. Wiesbaden: Springer Fachmedien Wiesbaden (essentials).

Duncker, C.; Schütte, L. (2018): Ein erweitertes Modell für trendbasiertes Innovationsmanagement. In: Trendbasiertes Innovationsmanagement: Springer Gabler, Wiesbaden, S. 33–42. Online verfügbar unter https://link.springer.com/chapter/10.1007/978-3-658-198 71-8_4.

Durst, C.; Durst, M. (2016): Integriertes Innovationsmanagement – Vom Umfeldscanning zur Roadmap. In: Thomas Abele (Hg.): Die frühe Phase des Innovationsprozesses. Neue, praxiserprobte Methoden und Ansätze. Wiesbaden: Springer Gabler (FOM-Edition), S. 217–233.

Durst, Carolin; Lumme, Nadine (2018): Strategisches Service Business Development – Innovationspotenziale erkennen und Wettbewerbsvorteile sichern. In: Manfred Bruhn und

Karsten Hadwich (Hg.): Strategien – Innovationen – Geschäftsmodelle. Wiesbaden, Germany: Springer Gabler (Forum Dienstleistungsmanagement, Band 1), S. 103–117.

Durst C. et al. (2017): Weak Signals, Hypes or Trends–Identify Innovation Opportunities and stay ahead of your Game. Unter Mitarbeit von Durst, C., Durst, M., & Saffer, M. (2017).

Durst et al. (2011): Zukunftsforschung 2.0 im Unternehmen. In: *HMD* 48 (6), S. 74–82. https://doi.org/10.1007/BF03340646.

Durst M. et al. (2010): Kollaboratives Trendmanagement. In: *HMD* 47 (3), S. 78–86. https://doi.org/10.1007/BF03340476.

Ehls, Daniel; Gordon, Adam; Herstatt, Cornelius; Rohrbeck, Rene (2022): Guest Editorial: Foresight in Strategy and Innovation Management. In: *IEEE Trans. Eng. Manage.* 69 (2), S. 483–492. https://doi.org/10.1109/TEM.2021.3077342.

Engler, Steven (2020): Energiewende und Megatrends. Wechselwirkungen von globaler Gesellschaftsentwicklung und Nachhaltigkeit. Unter Mitarbeit von Julia Janik und Matthias Wolf. 1st ed. Bielefeld: transcript (Edition Politik). Online verfügbar unter https://ebookcentral.proquest.com/lib/kxp/detail.action?docID=6956143.

Engler, Steven; Janik, Julia; Wolf, Matthias (Hg.) (2020): Energiewende und Megatrends. Wechselwirkungen von globaler Gesellschaftsentwicklung und Nachhaltigkeit. Bielefeld: transcript (Edition Politik, Band 93).

Erner, Michael (Hg.) (2019): Management 4.0 – Unternehmensführung im digitalen Zeitalter. Berlin, Heidelberg: Springer Berlin Heidelberg.

Ertl, Christoph; Herzfeldt, Alexander; Kapadia, Anand; Floerecke, Sebastian; Krcmar, Helmut (2019): Entwicklung eines Vorgehensmodells zur Einführung mobiler IT-Lösungen bei Instandhaltungsprozessen. In: *HMD* 56 (3), S. 647–659. https://doi.org/10.1365/s40702-019-00496-8.

European Commission 2017: Strategic Foresight in EU R&I Policy. Wider Use – More Impact. Report of the Expert Group 'Strategic Foresight for R&I Policy in Horizon 2020', Brüssel. Online verfügbar unter https://ec.europa.eu/research/foresight/index.cfm?pg=fb_policy.

Feldmann, Carsten; Schulz, Colin; Fernströning, Sebastian (2019): Einordnung in das Innovationsmanagement. In: Carsten Feldmann, Colin Schulz und Sebastian Fernströning (Hg.): Digitale Geschäftsmodell-Innovationen mit 3D-Druck. Erfolgreich entwickeln und umsetzen. Wiesbaden, Heidelberg: Springer Gabler, S. 91–92.

Fergnani, Alessandro (2022): Corporate Foresight: A New Frontier for Strategy and Management. In: *AMP* 36 (2), S. 820–844. https://doi.org/10.5465/amp.2018.0178.

Fichter, K.; Kiehne, D.-O. (2006): Trendmonitoring im Szenario-Management.

Fink, A.; Siebe, A. (2011): Handbuch Zukunftsmanagement. Werkzeuge der strategischen Planung und Früherkennung. Unter Mitarbeit von Alexander Fink und Andreas Siebe. 2., akt. und erw. Aufl. Frankfurt am Main: Campus Verlag GmbH.

Fink, Alexander; Siebe, Andreas (2006): Handbuch Zukunftsmanagement. Werkzeuge der strategischen Planung und Früherkennung. Frankfurt/Main: Campus-Verl. (Campus Management).

Fink, Alexander; Siebe, Andreas (2008): Szenarien als Basis für Strategiefindung und Früherkennung. In: *ZRFC* (2). https://doi.org/10.37307/j.1867-8394.2008.02.06.

Fischer, Thomas; Korell, Markus; Hahnenwald, Heiko (2018): TrendArena® – Trendmanagement statt Kristallkugel. In:

Flach et al. (2020): Status quo und Zukunft globaler Lieferketten. Online verfügbar unter https://search.proquest.com/openview/f435c3acc6e6bc601465b578a6c16eca/1?pq-origsite=gscholar&cbl=43807.

Flechtheim (1970): Futurologie: d. Kampf um die Zukunft.

Flick, Uwe (2007): Qualitative Sozialforschung. Eine Einführung. Orig.-Ausg., vollst. über-arb. und erw. Neuausg., [1. Aufl. der Neuausg.]. Reinbek bei Hamburg: Rowohlt-Taschenbuch-Verl. (Rororo Rowohlts Enzyklopädie, 55694). Online verfügbar unter http://www.socialnet.de/rezensionen/isbn.php?isbn=978-3-499-55694-4.

Flick, Uwe; Kardorff, Ernst von; Steinke, Ines (Hg.) (2022): Qualitative Forschung. Ein Handbuch. 14. Auflage, Originalausgabe. Reinbek bei Hamburg: rowohlts enzyklopädie im Rowohlt Taschenbuch Verlag (Rororo Rowohlts Enzyklopädie, 55628).

Franken, R.; Franken, S. (Hg.) (2020): Wissen, Lernen und Innovation im digitalen Unter-nehmen. Mit Fallstudien und Praxisbeispielen. Springer Fachmedien Wiesbaden. 2., über-arbeitete und erweiterte Auflage. Wiesbaden, Heidelberg: Springer Gabler (Lehrbuch).

Fritz, Wolfgang (1993): Die empirische Erfolgsfaktorenforschung und ihr Beitrag zum Mar-keting. Eine Bestandsaufnahme. Braunschweig: Inst. für Wirtschaftswiss. der Techn. Univ (AP / Technische Universität Braunschweig, 93/12). Online verfügbar unter http://www.wiwi.tu-bs.de/marketing/publikationen/ap/download/AP93-12.pdf.

Fritzsche, M.; Keil, P. (2007): Kategorisierung etablierter Vorgehensmodelle und ihre Ver-breitung in der deutschen Software-Industrie. Online verfügbar unter https://mediatum.ub.tum.de/doc/1094277/document.pdf.

Fusch, Patricia; Ness, Lawrence (2015): Are We There Yet? Data Saturation in Qualitative Research. In: *TQR*. https://doi.org/10.46743/2160-3715/2015.2281.

Gabler Wirtschaftslexikon (2018): Strategisches Management. Hg. v. Springer Gabler. Online verfügbar unter https://wirtschaftslexikon.gabler.de/definition/strategisches-man agement-46326/version-269608, zuletzt geprüft am 24.06.2023.

Galanakis, Kostas (2006): Innovation process. Make sense using systems thinking. In: *Tech-novation* 26 (11), S. 1222–1232. https://doi.org/10.1016/j.technovation.2005.07.002.

Gallouj, Faïz; Weber, K. Matthias; Stare, Metka; Rubalcaba, Luis (2015): The futures of the service economy in Europe: A foresight analysis. In: *Technological Forecasting and Social Change* 94, S. 80–96. https://doi.org/10.1016/j.techfore.2014.06.009.

Gattringer, Regina (2018): Open Foresight-Prozesse. Wiesbaden: Springer Fachmedien Wiesbaden.

Gattringer, Regina; Wiener, Melanie (2020): Key factors in the start-up phase of collaborative foresight. In: *Technological Forecasting and Social Change* 153, S. 119931. https://doi.org/10.1016/j.techfore.2020.119931.

Gattringer, Regina; Wiener, Melanie; Strehl, Franz (2017): The challenge of partner selection in collaborative foresight projects. In: *Technological Forecasting and Social Change* 120, S. 298–310. https://doi.org/10.1016/j.techfore.2017.01.018.

Gaubinger, Kurt (2021): Hybrides Innovationsmanagement für den Mittelstand in einer VUCA-Welt. Vorgehensmodelle – Methoden – Erfolgsfaktoren – Praxisbeispiele. Ber-lin, Heidelberg: Springer Gabler. Online verfügbar unter https://link-springer-com.fhooe.idm.oclc.org/content/pdf/10.1007%2F978-3-662-63946-7.pdf, zuletzt geprüft am 23.03.2022.

Gausemeier, Jürgen; Bauer, Wilhelm; Dumitrescu, Roman (Hg.) (2019): Vorausschau und Technologieplanung. 15. Symposium für Vorausschau und Technologieplanung : 21. und

22. November 2019, Berlin. Deutsche Akademie der Technikwissenschaften; Fraunhofer-Verbund Innovationsforschung; Heinz Nixdorf Institut. Paderborn: Heinz Nixdorf Institut Universität Paderborn (Verlagsschriftenreihe des Heinz Nixdorf Instituts, Band 390).

Gavac et al. (2023): Jahrbuch Handel 2023. Zahlen, Daten, Fakten. Hg. v. Handelsverband – Verband österreichischer Handelsunternehmen. Wien.

Gavetti, Giovanni; Menon, Anoop (2016): Evolution Cum Agency: Toward a Model of Strategic Foresight. In: *Strategy Science* 1 (3), S. 207–233. https://doi.org/10.1287/stsc.2016.0018.

Gehrke und Thilo (2020): Trends in Event Education. Ein Tagungsband zur Veranstaltungswirtschaft. Unter Mitarbeit von Hendrik Hochheim und Bettina Rosenbach. Wiesbaden, Heidelberg: Springer Gabler.

Gerhold, Lars; Holtmannspötter, Dirk; Neuhaus, Christian; Schüll, Elmar; Schulz-Montag, Beate; Steinmüller, Karlheinz; Zweck, Axel (2015): Standards und Gütekriterien der Zukunftsforschung. Ein Handbuch für Wissenschaft und Praxis. Wiesbaden: Springer VS (Springer eBook Collection, 4).

Göll, Edgar (2020): Trends und Megatrends als Ansatz der modernen Zukunftsforschung. In: Steven Engler, Julia Janik und Matthias Wolf (Hg.): Energiewende und Megatrends. Wechselwirkungen von globaler Gesellschaftsentwicklung und Nachhaltigkeit, Bd. 93. Bielefeld: transcript (Edition Politik, Band 93), S. 45–60.

Göpfert, Ingrid (Hg.) (2022a): Logistik der Zukunft – Logistics for the Future. 9., aktualisierte und erweiterte Auflage. Wiesbaden: Springer Gabler (Springer eBook Collection).

Göpfert, Ingrid (2022b): Zukunftsforschung. In: Ingrid Göpfert (Hg.): Logistik der Zukunft – Logistics for the Future. 9., aktualisierte und erweiterte Auflage. Wiesbaden: Springer Gabler (Springer eBook Collection), S. 1–35.

Göpfert, Ingrid; Kersting, Roman (2017a): Organisation und Forschungsdesigns der Zukunftsforschung. In: Ingrid Göpfert und Roman Kersting (Hg.): Wie Unternehmen in die Zukunft blicken. Wiesbaden: Springer Fachmedien Wiesbaden (essentials), S. 7–27.

Göpfert, Ingrid; Kersting, Roman (Hg.) (2017b): Wie Unternehmen in die Zukunft blicken. Wiesbaden: Springer Fachmedien Wiesbaden (essentials).

Gordon, Adam Vigdor; Ramic, Mirza; Rohrbeck, René; Spaniol, Matthew J. (2020): 50 Years of corporate and organizational foresight: Looking back and going forward. In: *Technological Forecasting and Social Change* 154, S. 119966. https://doi.org/10.1016/j.techfore.2020.119966.

Gracht, Heiko von der; Kisgen, Stefanie (2022): Management der Zukunft. Spielregeln, Methoden und Erfolgsmodelle des Zukunftsmanagements. 1. Aufl. 2022. Berlin, Heidelberg: Springer Berlin Heidelberg (SIBE-Edition). Online verfügbar unter https://nbn-resolving.org/urn:nbn:de:bsz:31-epflicht-2069028.

Graf, Hans Georg (2003): Was ist eigentlich Zukunftsforschung? In: *Sozialwissenschaften und Berufspraxis* 26 (4), S. 355–364. Online verfügbar unter https://www.ssoar.info/ssoar/handle/document/3816.

Grande, Marcus (2014): Vorgehensmodelle. In: Marcus Grande (Hg.): 100 Minuten für Anforderungsmanagement. Wiesbaden: Springer Fachmedien Wiesbaden, S. 111–114.

Gräßler, I.; Thiele, H.; Scholle, P. (2020): ASSESSING THE FUTURE: METHODS AND CRITERIA. In: *Proc. Des. Soc.: Des. Conf.* 1, S. 569–576. https://doi.org/10.1017/dsd.2020.278.

Grochla, Erwin (1982): Grundlagen der organisatorischen Gestaltung. Stuttgart: Poeschel (Sammlung Poeschel, 100).

Groddeck, V. von; Schwarz, J. O. (2013): Perceiving megatrends as empty signifiers: A discourse-theoretical interpretation of trend management. In: *Futures* 47, S. 28–37. https://doi.org/10.1016/j.futures.2013.01.004.

Grunwald, Armin (2009): Wovon ist die Zukunftsforschung eine Wissenschaft? In: Zukunftsforschung und Zukunftsgestaltung: Springer, Berlin, Heidelberg, S. 25–35. Online verfügbar unter https://link.springer.com/chapter/10.1007/978-3-540-78564-4_3.

Häder, Michael (2021): Delphi-Analyse. In: Christopher Zerres (Hg.): Handbuch Marketing-Controlling. Berlin, Heidelberg: Springer Berlin Heidelberg, S. 205–222.

Haenecke, Henrik; Forsmann, Daniel (2006): Erfolgsfaktorenforschung als Instrument des Marketing-Controllings. In: Christopher Zerres und Michael P. Zerres (Hg.): Handbuch Marketing-Controlling. Berlin/Heidelberg: Springer-Verlag, S. 45–56.

Hardes, Heinz-Dieter; Uhly, Alexandra (2007): Grundzüge der Volkswirtschaftslehre. Mit Übungsbeispielen und Lösungen. 9., überarb. Aufl. München, Wien: Oldenbourg.

Heger (2021): Foresight in networks: a relational view on corporate foresight. Online verfügbar unter https://publishup.uni-potsdam.de/frontdoor/index/index/docid/50385.

Heinemann, Gerrit (2013): Digitale Revolution im Handel – steigende Handelsdynamik und disruptive Veränderung der Handelsstrukturen. In: Gerrit Heinemann, Kathrin Haug und Mathias Gehrckens (Hg.): Digitalisierung des Handels mit ePace. Wiesbaden: Springer Fachmedien Wiesbaden, S. 3–26.

Heinemann, Gerrit (2018): Disruptive Transformation – eine Lösung für das Dilemma „digitale Disruption oder Transformation" im Handel. In: Frank Keuper, Marc Schomann, Linda Isabell Sikora und Rimon Wassef (Hg.): Disruption und Transformation Management. Wiesbaden: Springer Fachmedien Wiesbaden, S. 291–324.

Heinemann, Gerrit (2020): Der neue online-handel: Geschäftsmodelle, Geschäftssysteme und Benchmarks im E-Commerce. Online verfügbar unter https://books.google.at/books?hl=de&lr=&id=xmTTDwAAQBAJ&oi=fnd&pg=PR1&dq=Online+handel&ots=VoHQ8bknQB&sig=Yn9ba08D_yY9Z6K7YvXPD0QBPOI.

Heinemann, Gerrit; Gehrckens, H. Mathias; Wolters, Uly J. (Hg.) (2016): Digitale Transformation oder digitale Disruption im Handel. Vom Point-of-Sale zum Point-of-Decision im Digital Commerce. Dgroup; Springer Fachmedien Wiesbaden. Wiesbaden: Springer Gabler.

Heiser (2016): Datenauswertung mit der Narrationsanalyse. Heiser, P. (2016). Datenauswertung mit der Narrationsanalyse. Zweiter Teil einer Trilogie von Onlinevorlesungen zum Thema Qualitative Sozialforschung abrufbar unter Url: https://www.youtube.com/watch, 33, h8. Online verfügbar unter https://www.ph-freiburg.de/fileadmin/shares/institute/abug/forschungsmethoden/dateien/heiser_datenauswertung_mit_der_narrationsanalyse_folien.pdf.

Helfferich, Cornelia (2022): Leitfaden- und Experteninterviews. In: Nina Baur und Jörg Blasius (Hg.): Handbuch Methoden der empirischen Sozialforschung. Wiesbaden: Springer Fachmedien Wiesbaden, S. 875–892.

Henzel, Robert; Herzwurm, Georg (2021): Kritische Erfolgsfaktoren im IT-Produktmanagement in Zeiten der Digitalisierung.

Herstatt, C. (1999): Theorie und Praxis der frühen Phasen des Innovationsprozesses. io Management 68 (10).

Heschel, Lisa (2018): Deep Breath: Die neue Achtsamkeit einer beschleunigten Gesellschaft. Wiesbaden: Springer (BestMasters).

Heupel, Thomas (2018): Biokratie: Hat ein neues Konzept der Nachhaltigkeit vor dem Hintergrund der Generationen Y und Z sowie der künftigen Megatrends eine Chance? In: Andreas Gadatsch, Hartmut Ihne, Jürgen Monhemius und Dirk Schreiber (Hg.): Nachhaltiges Wirtschaften im digitalen Zeitalter. Innovation – Steuerung – Compliance. Wiesbaden, Heidelberg: Springer Gabler, S. 3–15.

Hietschold, Nadine; Reinhardt, Ronny; Gurtner, Sebastian (2014): Measuring critical success factors of TQM implementation successfully – a systematic literature review. In: *International Journal of Production Research* 52 (21), S. 6254–6272. https://doi.org/10.1080/002 07543.2014.918288.

Hildebrandt (1992): Erfolgsfaktoren. In H. Diller: Vahlens großes Marketingslexikon.

Hische, M. Ch.; Hische, V. (2019): Projekte leiten, Menschen führen. Wiesbaden: Springer Fachmedien Wiesbaden.

Hladik et al. (2014): A proposal on the successful implementation of the innovation management process.

Højland, Jakob; Rohrbeck, René (2018): The role of corporate foresight in exploring new markets – evidence from 3 case studies in the BOP markets. In: *Technology Analysis & Strategic Management* 30 (6), S. 734–746. https://doi.org/10.1080/09537325.2017.133 7887.

Holtgrewe, Ursula (2009): Narratives Interview. In: Stefan Kühl, Petra Strodtholz und Andreas Taffertshofer (Hg.): Handbuch Methoden der Organisationsforschung. Wiesbaden: VS Verlag für Sozialwissenschaften, S. 57–77.

Horton, Averil (1999): A simple guide to successful foresight. In: *Foresight* 1 (1), S. 5–9. https://doi.org/10.1108/14636689910802052.

Horx (1993): Trendbuch:[der erste große deutsche Trendreport].

Horx (Hg.) (2006): Trendforschung Die Märkte von morgen entdecken. Das kleine Wörterbuch der Trend- und Zukunftsforschung. Online verfügbar unter https://ams-forschung snetzwerk.at/deutsch/publikationen/BibShow.asp?id=6169&sid=865161365&look=17& Fssearch=Trendforschung&StatistikArt=.

Horx und Wippermann (1996): Was ist Trendforschung.

Huber (1985): Überwindung der strategischen Diskrepanz und Operationalisierung der entwickelten Strategie. Doktorarbeit. Zentralstelle der Studentschaft der Universität Zürich.

Hughes, GD.; Chafin, D. C. (1996): Turning new product development into a continuous learning process. In: *Journal of Product Innovation Management* 13 (2), S. 89–104. https://doi.org/10.1016/0737-6782(95)00112-3.

Hussy, Walter; Schreier, Margrit; Echterhoff, Gerald (2013): Forschungsmethoden in Psychologie und Sozialwissenschaften für Bachelor. Berlin, Heidelberg: Springer Berlin Heidelberg.

Hutzschenreuter, Thomas (2015): Allgemeine Betriebswirtschaftslehre. Grundlagen mit zahlreichen Praxisbeispielen. 6., überarb. Aufl. Wiesbaden: Springer Gabler (Lehrbuch). Online verfügbar unter http://www.lehmanns.de/midvox/bib/9783658085636.

Iden, Jon; Methlie, Leif B.; Christensen, Gunnar E. (2017): The nature of strategic foresight research: A systematic literature review. In: *Technological Forecasting and Social Change* 116, S. 87–97. https://doi.org/10.1016/j.techfore.2016.11.002.

Johne, F. Axel; Snelson, Patricia A. (1988): Success Factors in Product Innovation: A Selective Review of the Literature. In: *Journal of Product Innovation Management* 5 (2), S. 114–128. https://doi.org/10.1111/1540-5885.520114.

Joyce, Alexandre (2019): Designing More Sustainable Business Models, Services, and Products: How Design Foresight Outcomes Can Guide Organizational Sustainability of SME Manufacturers. In: Thomas Wunder (Hg.): Rethinking Strategic Management. Cham: Springer International Publishing (CSR, Sustainability, Ethics & Governance), S. 177–198.

Kaiser, Robert (2021): Qualitative Experteninterviews. Wiesbaden: Springer Fachmedien Wiesbaden.

Kaivo-oja, Jari Roy Lee; Lauraeus, Iris Theresa (2018): The VUCA approach as a solution concept to corporate foresight challenges and global technological disruption. In: *FS* 20 (1), S. 27–49. https://doi.org/10.1108/FS-06-2017-0022.

Kamis, A.; Tribler, H. (2022): Workbook Strategisches Management. Stuttgart: Schäffer-Poeschel.

Kaschny, Martin; Nolden, Matthias (2018): Innovation and Transformation. Cham: Springer International Publishing.

Kaucher, Christian; Rauch, Sebastian; Erlach, Klaus (2021): Planung zukunftsrobuster Fabriken. In: *Zeitschrift für wirtschaftlichen Fabrikbetrieb* 116 (11), S. 752–756. https://doi.org/10.1515/zwf-2021-0183.

Kaufmann, Traute (2021): Morphologischer Kasten. In: Traute Kaufmann (Hg.): Strategiewerkzeuge aus der Praxis. Berlin, Heidelberg: Springer Berlin Heidelberg, S. 163–175.

Keicher, Lukas; Beichter, Tim; Kaiser, Manuel; Pallaks, Manuel (2022): Leitfaden zur Identifikation und Analyse von technologischen Trends für die berufliche Weiterbildung. Unter Mitarbeit von Fraunhofer-Gesellschaft: Fraunhofer IAO. Online verfügbar unter https://www.researchgate.net/profile/tim-beichter/publication/362646927_leitfaden_zur_identifikation_und_analyse_von_technologischen_trends_fur_die_berufliche_weiterbildung_eine_praxisorientierte_einfuhrung.

Keuth, Herbert; Popper, Karl R. (Hg.) (2004): Karl Popper, Logik der Forschung. 2., durchges. Aufl. Berlin: Akademie Verl. (Klassiker auslegen, 12).

Kim, Youngjun; Son, Changho (2022): Evaluation of Online Communities for Technology Foresight: Data-Driven Approach Based on Expertise and Diversity. In: *Sustainability* 14 (20), S. 13040. https://doi.org/10.3390/su142013040.

Kjaer (2014): The Trend Management Toolkit. The trend management toolkit: a practical guide to the future. New York: Palgrave Macmillan. Online verfügbar unter https://link.springer.com/book/10.1057/9781137370099.

Klerx, Joachim; Göllner, Johannes; Meurers, Christian; Mak, Klaus (2018): Concept for Strategic Foresight Knowledge Development Framework for Horizon Scanning Center. In: Elias G. Carayannis, David F. J. Campbell und Marios Panagiotis Efthymiopoulos (Hg.): Handbook of Cyber-Development, Cyber-Democracy, and Cyber-Defense. Cham: Springer International Publishing, S. 189–206.

Kolks, U. (2013): Strategieimplementierung: ein anwenderorientiertes Konzept.: Springer-Verlag.

Kollosche, Ingo (2018): Verkehrspolitik und Zukunftsforschung. In: Oliver Schwedes (Hg.): Verkehrspolitik. Wiesbaden: Springer Fachmedien Wiesbaden, S. 447–466.

Köpernik (2009): Corporate Foresight als Erfolgsfaktor für marktorientierte Unternehmen. Unter Mitarbeit von Universitätsbibliothek der FU Berlin.

Krafft, Andreas (2022): Unsere Hoffnungen, unsere Zukunft. Berlin, Heidelberg: Springer Berlin Heidelberg.

Kreibich (2009): Die Zukunft der Zukunftsforschung. Ossip K. Flechtheim – 100 Jahre. In: *ArbeitsBericht Nr. 32/2009.*

Kromrey, Helmut (2002): Empirische Sozialforschung. Modelle und Methoden der standardisierten Datenerhebung und Datenauswertung. 10., vollständig überarbeitete Auflage. Wiesbaden, s.l.: VS Verlag für Sozialwissenschaften (Uni-Taschenbücher, 1040).

Krueger, Richard A.; Casey, Mary Anne (2000): Focus groups. A practical guide for applied research. 3. ed. Thousand Oaks, Calif.: Sage Publ. Online verfügbar unter http://www.loc.gov/catdir/enhancements/fy0658/00008040-d.html.

Krüger, Wilfried (2006): Das 3W-Modell: Bezugsrahmen für das Wandlungsmanagement. In: Excellence in Change. Wiesbaden: Gabler, S. 21–46.

Kruse, Jan (2015): Qualitative Interviewforschung. Ein integrativer Ansatz. 2., überarbeitete und ergänzte Auflage. Weinheim, Basel: Beltz Juventa (Grundlagentexte Methoden). Online verfügbar unter https://content-select.com/index.php?id=bib&ean=9783779941620.

Kuhn, Michael; Ruff, Frank; Splittgerber, Maximilian (2014): Corporate Foresight und strategisches Issues Management. In: Ansgar Zerfaß und Manfred Piwinger (Hg.): Handbuch Unternehmenskommunikation. Wiesbaden: Springer Fachmedien Wiesbaden, S. 513–531.

Lange, Axel (2021): VON KNSTLICHER BIOLOGIE ZU KNSTLICHER INTELLIGENZ – UND DANN? Die Zukunft unserer Evolution. Lange. [S.l.]: Springer.

Laurell, C.; Sandström, C. (2022): Social Media Analytics as an Enabler for External Search and Open Foresight—The Case of Tesla's Autopilot and Regulatory Scrutiny of Autonomous Driving. In: *IEEE Trans. Eng. Manage.* 69 (2), S. 564–571. https://doi.org/10.1109/TEM.2021.3072677.

Lauster et al. (2018): On some fundamental methodological aspects in foresight processes. In: *Eur J Futures Res* 6 (1). https://doi.org/10.1186/s40309-018-0140-1.

Leggewie, Claus (2020): Mit dem Wissen von heute für eine Welt von morgen. In: Steven Engler, Julia Janik und Matthias Wolf (Hg.): Energiewende und Megatrends. Wechselwirkungen von globaler Gesellschaftsentwicklung und Nachhaltigkeit, Bd. 93. Bielefeld: transcript (Edition Politik, Band 93), S. 9–12.

Leonard-Barton, Dorothy (1992): Core capabilities and core rigidities: A paradox in managing new product development. In: *Strategic Management Journal* 13 (S1), S. 111–125. https://doi.org/10.1002/smj.4250131009.

Lercher, H. (2016): BIG Picture: Ein geschlossenes Framework zur Verknüpfung von strategischen und operativen Innovationselementen in einem gesamtheitlichen Innovationsprozess.

Lettau, Robert; Vollrath, Oliver; Brem, Alexander (2018): Integriertes Ideenmanagement in der Praxis – Generierung von neuen Service-, Produkt- und Geschäftsmodellinnovationen durch Kundenintegration am Beispiel von Krankenversicherungen. In: Mario A. Pfannstiel, Patrick Da-Cruz und Christoph Rasche (Hg.): Entrepreneurship im Gesundheitswesen II. Wiesbaden: Springer Fachmedien Wiesbaden, S. 237–265.

Li, Anran; Sullivan, Bilian Ni (2022): Blind to the future: Exploring the contingent effect of managerial hubris on strategic foresight. In: *Strategic Organization* 20 (3), S. 565–599. https://doi.org/10.1177/1476127020976203.

Liebl (2000): Der Schock des Neuen: Entstehung und Management von Issues und Trends.

Liebl (2003): Tendenz paradox.

Liebl, F.; Schwarz, J. O. (2010): Normality of the future: Trend diagnosis for strategic foresight. In: *Futures* 42 (4), S. 313–327. https://doi.org/10.1016/j.futures.2009.11.017.

Lindegaard, Stefan (2010): The open innovation revolution. Essentials, roadblocks, and leadership skills. Hoboken, NJ: Wiley.

Liu, Yuefengting (2022): Dynamic Capabilities: A Theoretical Review and Reflection. In: Xiaolong Li, Chunhui Yuan und John L. Kent (Hg.): Proceedings of the 5th International Conference on Economic Management and Green Development. Singapore: Springer Nature Singapore; Imprint Springer (Springer eBook Collection), S. 245–251.

Liu and Hansen (2022): Integrating corporate foresight with open innovation: enhancing competitiveness of equipment and technology suppliers to the US forest sector. In: *Can. J. For. Res.* 52 (4), S. 489–498. https://doi.org/10.1139/cjfr-2021-0214.

Maertins, Anne (2019): Das Management der erfolgreichen strategischen Frühaufklärung als organisationale Fähigkeit. Wiesbaden: Springer Fachmedien Wiesbaden.

Mandal, Pratap Chandra (2020): Retailing Trends and Developments – Challenges and Opportunities. In: *International Journal of Business Strategy and Automation* 1 (2), S. 1–11. https://doi.org/10.4018/IJBSA.2020040101.

Mankiw, Nicholas Gregory; Taylor, Mark P.; Ashwin, Andrew (2021): Grundzüge der Volkswirtschaftslehre. 8., überarbeitete Auflage. Stuttgart, Freiburg: Schäffer-Poeschel Verlag (Lehrbuch). Online verfügbar unter https://www.schaeffer-poeschel.de/shop.

Marinković, Milan; Al-Tabbaa, Omar; Khan, Zaheer; Wu, Jie (2022): Corporate foresight: A systematic literature review and future research trajectories. In: *Journal of Business Research* 144, S. 289–311. https://doi.org/10.1016/j.jbusres.2022.01.097.

Massimiani, Andrea; Freudenthaler-Mayrhofer, Daniela; Plasch, Michael (2022): Macro Trend Dialogue – An intercompany approach for evaluating trends. In: *Proceedings of ISPIM Conferences*, S. 1–14. Online verfügbar unter https://search.ebscohost.com/login.aspx?direct=true&db=bsh&AN=158195322&site=ehost-live.

Massimiani et al. (2021a): Scouting the Future of Retail (SCORE)–Eine Initiative der Zukunfts-und Trendforschung zur Steigerung der Innovationsfähigkeit des Handels. Online verfügbar unter http://ffhoarep.fh-ooe.at/bitstream/123456789/1375/1/ffh2021_131.pdf.

Mayer (2013): Interview und Schriftliche Befragung 6. A. Grundlagen und Methoden Empirischer Sozialforschung. Online verfügbar unter https://www.degruyter.com/document/doi/10.1524/9783486717624.bm/html.

Mayring (2016): Einführung in die qualitative Sozialforschung: Beltz. Online verfügbar unter https://katalog.ub.uni-heidelberg.de/titel/68002001.

Mayring, Philipp (2010): Qualitative Inhaltsanalyse. Grundlagen und Techniken. 11. Neuausgabe. Weinheim: Beltz (Beltz Pädagogik). Online verfügbar unter http://nbn-resolving.org/urn:nbn:de:bsz:31-epflicht-1143991.

Mayring, Philipp (2015): Qualitative Inhaltsanalyse. Grundlagen und Techniken. 12., vollständig überarbeitete und aktualisierte Aufl. Weinheim: Beltz (Beltz Pädagogik). Online verfügbar unter http://nbn-resolving.org/urn:nbn:de:bsz:31-epflicht-1136370.

Mayring, Philipp (2020): Qualitative Forschungsdesigns. In: Günter Mey und Katja Mruck (Hg.): Handbuch Qualitative Forschung in der Psychologie. Band 2: Designs und Verfahren. 2., erw. u. überarb. Auflage 2020. Wiesbaden: Springer Fachmedien Wiesbaden GmbH, S. 3–17.

Mayring, Philipp (2022): Qualitative Inhaltsanalyse. Grundlagen und Techniken. 13. Neuausgabe. Weinheim: Julius Beltz GmbH & Co. KG. Online verfügbar unter http://nbn-resolving.org/urn:nbn:de:bsz:31-epflicht-2019387.

Mayring, Philipp; Fenzl, Thomas (2022): Qualitative Inhaltsanalyse. In: Nina Baur und Jörg Blasius (Hg.): Handbuch Methoden der empirischen Sozialforschung. Wiesbaden: Springer Fachmedien Wiesbaden, S. 691–706.

Mecit, Haydar (Hg.) (2021): Debiasing von Entscheidungsverhalten bei Corporate Foresight. Wiesbaden: Springer Fachmedien Wiesbaden.

Meffert, Heribert; Spinnen, Bernadette; Block, Jürgen (2018): Praxishandbuch City- und Stadtmarketing. Wiesbaden: Springer Fachmedien Wiesbaden.

Merkle, Wolfgang (2020): Erfolgreich Im Stationären Einzelhandel. Wege Zur Konsequenten Profilierung Im Digitalen Zeitalter. Wiesbaden: Springer Fachmedien Wiesbaden GmbH. Online verfügbar unter https://ebookcentral.proquest.com/lib/kxp/detail.action?docID=5945748.

Meuser, Michael; Nagel, Ulrike (2009): Das Experteninterview — konzeptionelle Grundlagen und methodische Anlage. In: Susanne Pickel, Gert Pickel, Hans-Joachim Lauth und Detlef Jahn (Hg.): Methoden der vergleichenden Politik- und Sozialwissenschaft. Wiesbaden: VS Verlag für Sozialwissenschaften, S. 465–479.

Meyer, Tobias; Gracht, Heiko A. von der; Hartmann, Evi (2022): How Organizations Prepare for the Future: A Comparative Study of Firm Size and Industry. In: *IEEE Trans. Eng. Manage.* 69 (2), S. 511–523. https://doi.org/10.1109/TEM.2020.2992539.

Mietzner, Dana; Hartmann, Frank; Fahrenkrug, Marcus; Fahrenkrug, Kerstin (2017): Strategische Vorausschau bei der Multiwatt® GmbH. In: *Wissenschaftliche Beiträge / Technische Hochschule Wildau.* https://doi.org/10.15771/0949-8214_2017_13.

Mietzner et al. (2009): PRACTICES OF STRATEGIC FORESIGHT IN BIOTECH COMPANIES. In: *Int. J. Innov. Mgt.* 13 (02), S. 273–294. https://doi.org/10.1142/S136391960 9002297.

Miller, Christopher; Thomas, Brychan Celfyn; Roeller, Michael (2020): Innovation management processes and sustainable iterative circles: an applied integrative approach. In: *JWAM* 12 (1), S. 69–90. https://doi.org/10.1108/JWAM-11-2019-0037.

Möckel, Christina; Schumacher, Gerd; Hake, Jürgen-Friedrich (2019): Methoden zur Technologie-Vorausschau. In: *Chem. Unserer Zeit* 53 (4), S. 232–242. https://doi.org/10.1002/ciuz.201900879.

Morgan, David (1997): Focus Groups as Qualitative Research. 2455 Teller Road, Thousand Oaks California 91320 United States of America: SAGE Publications, Inc.

Moroi, K.; Sato, T. (1975): Comparison between procaine and isocarboxazid metabolism in vitro by a liver microsomal amidase-esterase. In: *Biochemical pharmacology* 24 (16), S. 1517–1521. https://doi.org/10.1016/0006-2952(75)90029-5.

Mrutzek-Hartmann, Bastian; Kotzab, Herbert; Yumurtacı Hüseyinoğlu, Işık Özge; Kühling, Sascha (2022): Omni-channel retailing resources and capabilities of SME specialty retailers – insights from Germany and Turkey. In: *IJRDM* 50 (8/9), S. 1129–1155. https://doi.org/10.1108/IJRDM-10-2021-0503.

Mühlroth, Christian; Kölbl, Laura; Wiser, Fabian; Grottke, Michael; Durst, Carolin (2021): Intelligente Bots für die Trendforschung – Eine explorative Studie. In: Sara D'Onofrio und Andreas Meier (Hg.): Big Data Analytics. Grundlagen, Fallbeispiele und Nutzungspotenziale. Wiesbaden: Springer Vieweg (Springer eBook Collection), S. 257–275.

Müller, Adrian W. (2009): Strategic Foresight. Trend- und Zukunftsforschung in Unternehmen – Instrumente, Prozesse, Fallstudien. Stuttgart: Schäffer-Poeschel (EBL-Schweitzer). Online verfügbar unter http://swb.eblib.com/patron/FullRecord.aspx?p=669301.

Müller-Friemauth, Friederike (2019): Corporate Foresight. In: Thomas Abele (Hg.): Fallstudien zum Technologie- & Innovationsmanagement. Praxisfälle zur Wissensvertiefung. Wiesbaden: Springer Gabler (Lehrbuch), S. 9–24.

Müller-Friemauth, Friederike; Kühn, Rainer (Hg.) (2017): Ökonomische Zukunftsforschung. Grundlagen – Konzepte – Perspektiven. Springer Fachmedien Wiesbaden. Wiesbaden, Heidelberg: Springer Gabler (FOM-Edition).

Müller-Friemauth et al. (2017): Paradigmen. In: Friederike Müller-Friemauth und Rainer Kühn (Hg.): Ökonomische Zukunftsforschung. Grundlagen – Konzepte – Perspektiven. Wiesbaden, Heidelberg: Springer Gabler (FOM-Edition), S. 175–213.

Müller-Pietralla, Wolfgang; Uerz, Gereon (2022): Foresight identifiziert Zukunftspotenziale für Unternehmen. In: Marion A. Weissenberger-Eibl (Hg.): Zukunftsnavigator Deutschland. Berlin, Heidelberg: Springer Berlin Heidelberg, S. 55–70.

Müller-Stewens, G.; Lechner, C. (2001): Strategisches Management. Wie strategische Initiativen zum Wandel führen; der St. Galler General Management Navigator. Stuttgart: Schäffer-Poeschel.

Müller-Stewens, Günter; Lechner, Christoph (2011): Strategisches Management. Wie strategische Initiativen zum Wandel führen. 4., überarb. Aufl. Stuttgart: Schäffer-Poeschel. Online verfügbar unter http://site.ebrary.com/lib/alltitles/docDetail.action?docID=10773132.

Müller-Stewens, Günter; Müller, Adrian (2009): Strategic Foresight – Trend- und Zukunftsforschung als Strategieinstrument. In: Müller-Stewens et al. (Hg.): Perspektiven des Strategischen Controllings. Festschrift für Prof. Dr. Ulrich Krystek. Unter Mitarbeit von Ulrich Krystek. 1. Aufl. Wiesbaden: Gabler (Gabler Research), S. 239–257.

Müller-Stewens et al. (Hg.) (2009): Perspektiven des Strategischen Controllings. Festschrift für Prof. Dr. Ulrich Krystek. Unter Mitarbeit von Ulrich Krystek. 1. Aufl. Wiesbaden: Gabler (Gabler Research).

Nagel, Michael; Mieke, Christian (2014): BWL-Methoden. Handbuch für Studium und Praxis. Konstanz: UVK Verl.-Ges (UTB Betriebswirtschaftslehre, 8564).

Neiberger und Steinke (2020): Handel ist Wandel. In: Geographische Handelsforschung: Springer Spektrum, Berlin, Heidelberg, S. 15–25. Online verfügbar unter https://link.spr inger.com/chapter/10.1007/978-3-662-59080-5_2.

Niemann, Helen (2014): Corporate Foresight mittels Geschäftsprozesspatenten. Entwicklungsstränge der Automobilindustrie. 1. Aufl. s.l.: Springer Gabler (Forschungs- / Entwicklungs-/Innovations-Management). Online verfügbar unter http://gbv.eblib.com/patron/FullRecord.aspx?p=1967409.

Noori, S.; Jafari, M.; Fathian, M.; Ebrahimi, M.; Fesharaki, M. (2009): The presentation of a network model for the development of innovation in R&D centers. In: *Journal of Chinese Entrepreneurship* 1 (2), S. 121–135. https://doi.org/10.1108/17561390910956288.

Opaschowski (1995): Freizeitökonomie: Marketing von Erlebniswelten. 2. durchgesehene Auflage. Wiesbaden: VS Verlag für Sozialwissenschaften (Springer eBook Collection, 5).

Passing, Frank (2017): Technologiekonvergenz im Kontext von Strategic Foresight. Wiesbaden: Springer Fachmedien Wiesbaden.

Peclum, Karl-Heinz Grosse (2012): Change Management – Barrieren, Erfolgsfaktoren, Modelle, methodisches Vorgehen, Architektur und „Roadmap". In: Karl-Heinz Große Peclum, Markus Krebber und Richard Lips (Hg.): Erfolgreiches Change Management in der Post Merger Integration. Wiesbaden: Gabler Verlag, S. 49–87.

Pereira, Ariane Rodrigues; Ferreira, João José Pinto; Lopes, Alexandra (2020): A knowledge representation of the beginning of the innovation process: The Front End of Innovation Integrative Ontology (FEI2O). In: *Data & Knowledge Engineering* 125, S. 101760. https://doi.org/10.1016/j.datak.2019.101760.

Perkhofer, Susanne; Gebhart, Verena; Tucek, Gerhard; Wertz, Frederick J.; Weigl, Roman; Ritschl, Valentin et al. (2016): Qualitative Forschung. In: Valentin Ritschl, Roman Weigl und Tanja Stamm (Hg.): Wissenschaftliches Arbeiten und Schreiben. Berlin, Heidelberg: Springer Berlin Heidelberg (Studium Pflege, Therapie, Gesundheit), S. 67–135.

Pfadenhauer, M. (2004): How do trend researchers conduct research? The production of knowledge in a controversial field. In: *Forum Qualitative Sozialforschung* 5 (2). Online verfügbar unter https://www.scopus.com/inward/record.uri?eid=2-s2.0-334301 6571&partnerID=40&md5=4f7b632fc85317de11b1d337cdbe261a.

Picot, Arnold (2000): Die grenzenlose Unternehmung: Chancen und Risiken für eine umweltorientierte Unternehmensführung. In: Umweltschutz im globalen Wettbewerb: Springer, Berlin, Heidelberg, S. 195–202. Online verfügbar unter https://link.springer.com/chapter/10.1007/978-3-662-10693-8_22.

Pinto, Jean Paul; Medina, Javier (2020): Hybrid processes for a new era of strategic foresight. In: *FS* 22 (3), S. 287–307. https://doi.org/10.1108/FS-05-2019-0041.

Pinto, JK.; Slevin, DP. (1988): Critical success factors across the project life cycle.

Pitelis, Chris N. (2022): Dynamic capabilities, the new multinational enterprise and business model innovation: A de/re-constructive commentary. In: *J Int Bus Stud* 53 (4), S. 741–753. https://doi.org/10.1057/s41267-022-00518-6.

Pohl, Alexander; Engel, Berit (2021): Open Innovation.

Polier, Sara (2019): Forward-Looking External Search As a Driver for Innovation. An Empirical Analysis of the Value Contribution of Different Search Strategies for Corporate Foresight. Wiesbaden: Springer Fachmedien Wiesbaden GmbH (Forschungs-/ Entwicklungs-/Innovations-Management Ser). Online verfügbar unter https://ebookcentral.proquest.com/lib/kxp/detail.action?docID=5771179.

Popp et al. (Hg.) (2009): Zukunftsforschung und Zukunftsgestaltung. Beiträge aus Wissenschaft und Praxis. Berlin: Springer (Zukunft und Forschung, 1).

Popper, Karl R. (2020): Alles Leben ist Problemlösen. Über Erkenntnis, Geschichte und Politik. ungekürzte Taschenbuchausgabe, 20. Auflage. München: Piper (/Serie Piper], 2300).

Postler, Eric; Schellinger, Jochen (2018): Open Innovation in Krisen. In: Kim Oliver Tokarski, Jochen Schellinger und Philipp Berchtold (Hg.): Strategische Organisation. Wiesbaden: Springer Fachmedien Wiesbaden, S. 155–183.

Rall, Bernd (2019): Distributionslogistik. In: Kai Furmans und Christoph Kilger (Hg.): Betrieb von Logistiksystemen. Berlin, Heidelberg: Springer Berlin Heidelberg, S. 133–159.

Raps, Andreas (2017): Erfolgsfaktoren der Strategieimplementierung. Wiesbaden: Springer Fachmedien Wiesbaden.

Redler, Jörn (Hg.) (2018): Die Store Brand. Einkaufsstätten als Marken verstehen, aufbauen und steuern. Springer Fachmedien Wiesbaden. Wiesbaden, Heidelberg: Springer Gabler.

Reinders, Heinz; Ditton, Hartmut (2011): Überblick Forschungsmethoden. In: Heinz Reinders, Hartmut Ditton, Cornelia Gräsel und Burkhard Gniewosz (Hg.): Empirische Bildungsforschung. Wiesbaden: VS Verlag für Sozialwissenschaften, S. 45–51.

Reisinger, Sabine; Gattringer, Regina; Strehl, Franz (2017): Strategisches Management. Grundlagen für Studium und Praxis. 2., aktualisierte und erweiterte Auflage. Hallbergmoos: Pearson (Wi).

Rese, Alexandra; Baier, Daniel (2011): Success factors for innovation management in networks of small and medium enterprises. In: *R&D Management* 41 (2), S. 138–155. https://doi.org/10.1111/j.1467-9310.2010.00620.x.

Richter, Philipp (2018): Der Capability-Based View der Unternehmung – Eine Theorie des strategischen Managements. In: *Wirtschaftswissenschaftliches Studium (WiSt)*.

Röbken, H.; Wetzel, K. (2017): Qualitative und quantitative Forschungsmethoden. Online verfügbar unter https://www.bba.uni-oldenburg.de/download/leseprobe_quantitativ_ana lytische_methoden.pdf.

Rohrbeck, R.; Kum, M. E. (2018): Corporate foresight and its impact on firm performance: A longitudinal analysis. In: *Technological Forecasting and Social Change* 129, S. 105–116. https://doi.org/10.1016/j.techfore.2017.12.013.

Rohrbeck, R.; Thom, N. (2008): Strategic Foresight at Deutsche Telekom AG. In: 2008 4th IEEE International Conference on Management of Innovation and Technology: IEEE.

Rohrbeck, René (2010): TOWARDS A MATURITY MODEL FOR ORGANIZATIONAL FUTURE ORIENTATION. In: *AMPROC* 2010 (1), S. 1–6. https://doi.org/10.5465/ambpp.2010.54493637.

Rohrbeck, René; Battistella, Cinzia; Huizingh, Eelko (2015a): Corporate foresight: An emerging field with a rich tradition. In: *Technological Forecasting and Social Change* 101, S. 1–9. https://doi.org/10.1016/j.techfore.2015.11.002.

Rohrbeck, René; Thom, Nico; Arnold, Heinrich (2015b): IT tools for foresight: The integrated insight and response system of Deutsche Telekom Innovation Laboratories. In: *Technological Forecasting and Social Change* 97, S. 115–126. https://doi.org/10.1016/j.techfore.2013.09.015.

Romero-Hidalgo, Jorge Alberto; Isiordia-Lachica, Paula C.; Valenzuela, Alejandro; Rodríguez-Carvajal, Ricardo Alberto (2021): Knowledge and Innovation Management Model in the Organizational Environment. In: *Information* 12 (6), S. 225. https://doi.org/10.3390/info12060225.

Rose, Peter M. (2017): Szenario-Analyse. In: Christopher Zerres (Hg.): Handbuch Marketing-Controlling. Berlin, Heidelberg: Springer Berlin Heidelberg, S. 113–121.

Roth, Armin (2016): Einführung und Umsetzung von Industrie 4.0. Grundlagen, Vorgehensmodell und Use Cases aus der Praxis. 1. Aufl. 2016. Berlin, Heidelberg: Springer Berlin Heidelberg.

Rothwell, Roy (1995): Industrial Innovation: Success,Strategy, Trends. In: Mark Dodgson und Roy Rothwell (Hg.): The handbook of industrial innovation: Edward Elgar Publishing.

Ruff, Frank (2015): The advanced role of corporate foresight in innovation and strategic management—Reflections on practical experiences from the automotive industry. In: *Technological Forecasting and Social Change* 101, S. 37–48. https://doi.org/10.1016/j.techfore.2014.07.013.

Rust, Holger (2020): Irrwege und Entwicklungspfade. In: Steven Engler, Julia Janik und Matthias Wolf (Hg.): Energiewende und Megatrends. Wechselwirkungen von globaler Gesellschaftsentwicklung und Nachhaltigkeit, Bd. 93. Bielefeld: transcript (Edition Politik, Band 93), S. 61–80.

Rust, Holger (Hg.) (2021): Weise Voraussicht und Erfolgsplanung. Ziele, Inhalte und Strategien einer neuen Zukunftsforschung für Unternehmen. Springer Fachmedien Wiesbaden. Wiesbaden, Heidelberg: Springer Gabler.

Sarpong et al. (2013): Organizing strategic foresight: A contextual practice of 'way finding'. In: *Futures* 53, S. 33–41. https://doi.org/10.1016/j.futures.2013.09.001.

Schäfer, Katharina; Steinmüller, Karlheinz; Zweck, Axel (Hg.) (2022): Gefühlte Zukunft. Wiesbaden: Springer Fachmedien Wiesbaden (Zukunft und Forschung).

Schallmo, Daniel; Williams, Christopher A.; Tidd, J. O.E. (2022): THE ART OF HOLISTIC DIGITALISATION: A META-VIEW ON STRATEGY, TRANSFORMATION, IMPLEMENTATION, AND MATURITY. In: *Int. J. Innov. Mgt.* 26 (03), Artikel 2240007. https://doi.org/10.1142/S1363919622400072.

Schallmo, Daniel R. A.; Brecht, Leo; Ramosaj, Bujar (2018a): Existing Approaches. In: Daniel R. A. Schallmo, Leo Brecht und Bujar Ramosaj (Hg.): Process Innovation: Enabling Change by Technology. Berlin, Heidelberg: Springer Berlin Heidelberg, S. 35–62.

Schallmo, Daniel R. A.; Brecht, Leo; Ramosaj, Bujar (Hg.) (2018b): Process Innovation: Enabling Change by Technology. Berlin, Heidelberg: Springer Berlin Heidelberg.

Scheuss, Ralph (2016): Handbuch der Strategien. 240 Konzepte der weltbesten Vordenker. 3., komplett aktualisierte und überarbeitete Auflage. Frankfurt, New York: Campus Verlag.

Schimpf, Sven; Lang-Koetz, Claus (2019): Erfolgreiches Roadmapping: Der Halo-Effekt einer guten Visualisierung. In: Thomas Abele (Hg.): Fallstudien zum Technologie- & Innovationsmanagement. Praxisfälle zur Wissensvertiefung. Wiesbaden: Springer Gabler (Lehrbuch), S. 41–58.

Schmidt, Götz (2003): Methode und Techniken der Organisation. 13. Aufl. Gießen: Schmidt (Schriftenreihe Organisation, 1).

Schneider, Laura (Hg.) (2018): Corporate Foresight-Akteure. Dissertation. Wiesbaden: Springer Fachmedien Wiesbaden (SpringerLink Bücher).

Schoon, Christian; Schulte, Susanne (2020): Foresight: Die Rolle von Persönlichkeit in einem methodenbasierten Ansatz der strategischen Frühaufklärung. In: Klaus P. Stulle (Hg.): Digitalisierung der Management-Diagnostik. Wiesbaden: Springer Fachmedien Wiesbaden, S. 377–411.

Schreyögg, Georg (2012): Das Verhältnis der Betriebswirtschaftslehre zu ihren Nachbardisziplinen, insbesondere der Volkswirtschaftslehre. In: Wolfgang Burr und Alfred Wagenhofer (Hg.): Der Verband der Hochschullehrer für Betriebswirtschaft. Wiesbaden: Gabler Verlag, S. 191–212.

Schröder, Jette (2015): Persönlich-mündliche Befragung. Unter Mitarbeit von GESIS – Leibniz-Institut für Sozialwissenschaften.

Schülein, Johann August (2021): Wissenschaftstheorie für Einsteiger. Wien, Österreich: Facultas Verlag.

Schumpeter (1961): Teoria do desenvolvimento econômico. Online verfügbar unter http://www.seccri.com.br/arquivos/1280972354.pdf.

Schwarz, Jan Oliver (2009): „Schwache Signale" in Unternehmen: Irrtümer, Irritationen und Innovationen. In: Popp et al. (Hg.): Zukunftsforschung und Zukunftsgestaltung. Beiträge aus Wissenschaft und Praxis. Berlin: Springer (Zukunft und Forschung, 1), S. 245–254.

Schwarz, Jan Oliver; Rohrbeck, René; Wach, Bernhard (2020): Corporate foresight as a microfoundation of dynamic capabilities. In: *Futures & foresight science* 2 (2), e28. https://doi.org/10.1002/ffo2.28.

Schwarz, S.; Mühlroth, Ch. (2013): Service Success Factor Map–Identifikation, Einordnung und Interdependenzanalyse von Erfolgsfaktoren für Service Innovationen. Online verfügbar unter https://aisel.aisnet.org/wi2013/31/.

Seidl, Daniel (2018): Handel im Wandel durch virtuelle und erweiterte Realitäten. In: Marc Knoppe und Martin Wild (Hg.): Digitalisierung im Handel. Berlin, Heidelberg: Springer Berlin Heidelberg, S. 223–233.

Seuring, Stefan; Müller, Martin (2008): From a literature review to a conceptual framework for sustainable supply chain management. In: *Journal of Cleaner Production* 16 (15), S. 1699–1710. https://doi.org/10.1016/j.jclepro.2008.04.020.

Siebe, Andreas (Hg.) (2018): Die Zukunft vorausdenken und gestalten. Berlin, Heidelberg: Springer Berlin Heidelberg (Intelligente Technische Systeme – Lösungen aus dem Spitzencluster it's OWL).

Siebe, Andreas; Korsmeier, Kristin; Schmidt, Jens; Michl, Christian (2018a): Trendbestimmung im Umfeld von ITS. In: Andreas Siebe (Hg.): Die Zukunft vorausdenken und gestalten. Berlin, Heidelberg: Springer Berlin Heidelberg (Intelligente Technische Systeme – Lösungen aus dem Spitzencluster it's OWL), S. 81–85.

Siebe, Andreas; Michl, Christian; Frank, Maximilian; Echterhoff, Benedikt (2018b): Die Prozesse der Vorausschau. In: Andreas Siebe (Hg.): Die Zukunft vorausdenken und gestalten. Berlin, Heidelberg: Springer Berlin Heidelberg (Intelligente Technische Systeme – Lösungen aus dem Spitzencluster it's OWL), S. 21–28.

Sikandar, Huma; Abdul Kohar, Umar Haiyat (2021): A systematic literature review of open innovation in small and medium enterprises in the past decade. In: *FS*. https://doi.org/10.1108/FS-01-2021-0030.

Slaughter (1997): Developing and applying strategic foresight. Online verfügbar unter https://ams-forschungsnetzwerk.at/downloadpub/2002slaughter_strategic_foresight.pdf.

Sontag, Bernd (2012): Strategische Erfolgsfaktoren professioneller Sportorganisationen. Wiesbaden: Gabler Verlag.

Stanger, Sonja (2017): Nachhaltigkeit als Determinante des Innovationserfolgs – ein Systematic-Literature-Review und Entwicklung eines konzeptionellen Modells. In: Walter Leal Filho (Hg.): Innovation in der Nachhaltigkeitsforschung. Berlin, Heidelberg: Springer Berlin Heidelberg (Theorie und Praxis der Nachhaltigkeit), S. 61–77.

Steinmüller, Karlheinz (1997): Grundlagen und Methoden der Zukunftsforschung. Szenarien, Delphi, Technikvorausschau. Gelsenkirchen: Sekretariat für Zukunftsforschung (WerkstattBericht / Sekretariat für Zukunftsforschung, 21).

Sterrer, Christian (2014): Das Geheimnis erfolgreicher Projekte. Kritische Erfolgsfaktoren im Projektmanagement – Was Führungskräfte wissen müssen. Wiesbaden: Springer Gabler (SpringerLink Bücher).

Stocké, Volker (2019): Persönlich-mündliche Befragung. In: Nina Baur und Jörg Blasius (Hg.): Handbuch Methoden der empirischen Sozialforschung. Wiesbaden: Springer Fachmedien Wiesbaden, S. 745–756.

Storch, Monika (2021): Zitationsanalysen – Die „Wissenschafts-Wissenschaft". In: *Psychother Psychosom Med Psychol* 71 (3–04), S. 158–159. https://doi.org/10.1055/a-1377-0535.

Stulle, Klaus P. (2020): Digitalisierung der Management-Diagnostik. Wiesbaden: Springer Fachmedien Wiesbaden.

Subtil de Oliveira, Lindomar; Echeveste, Márcia Elisa; Cortimiglia, Marcelo Nogueira (2018): Critical success factors for open innovation implementation. In: *JOCM* 31 (6), S. 1283–1294. https://doi.org/10.1108/JOCM-11-2017-0416.

Teece, David J. (2007): Explicating dynamic capabilities: the nature and microfoundations of (sustainable) enterprise performance. In: *Strategic Management Journal* 28 (13), S. 1319–1350. https://doi.org/10.1002/smj.640.

Teece, David J.; Pisano, Gary; Shuen, Amy (1997): Dynamic capabilities and strategic management. In: *Strategic Management Journal* 18 (7), S. 509–533. https://doi.org/10.1002/(SICI)1097-0266(199708)18:7<509::AID-SMJ882>3.0.CO;2-Z.

Teece and Leih (2016): Uncertainty, Innovation, and Dynamic Capabilities: An Introduction. In: *California Management Review* 58 (4), S. 5–12. https://doi.org/10.1525/cmr.2016.58.4.5.

Thom (1992): Innovationsmanagement.

Tolmie, Diana (2020): 2050 And beyond: A futurist perspective on musicians' livelihoods. In: *Music Education Research* 22 (5), S. 596–610. https://doi.org/10.1080/14613808.2020.1841133.

Toni, Alberto F. de; Siagri, Roberto; Battistella, Cinzia (2017): Corporate Foresight. 1 Edition. | New York : Routledge, 2016.: Routledge.

Töpfer, Armin (2012): Erfolgreich forschen. Ein Leitfaden für Bachelor-, Master-Studierende und Doktoranden. 3., überarbeitete und erweiterte Auflage. Berlin, Heidelberg: Springer Gabler (Springer-Lehrbuch).

Tripp, Christoph (2021): Distributions- und Handelslogistik. Wiesbaden: Springer Fachmedien Wiesbaden.

Trkman, Peter (2010): The critical success factors of business process management. In: *International Journal of Information Management* 30 (2), S. 125–134. https://doi.org/10.1016/j.ijinfomgt.2009.07.003.

Trott, Paul (2008): Innovation management and new product development. 4. ed. Harlow, Munich: Prentice Hall.

Trujillo-Cabezas, Raul (2021): A hybrid fuzzy modeling method to improve the strategic scenarios design. : Integrating Artificial Intelligence algorithms and the field of Futures Studies methods. In: 2021 16th Iberian Conference on Information Systems and Technologies (CISTI). 2021 16th Iberian Conference on Information Systems and Technologies (CISTI). Chaves, Portugal, 23.06.2021 – 26.06.2021: IEEE, S. 1–6.

Ulrich, K. T.; Eppinger, S. D. (1995): Product design and development. Online verfügbar unter https://lic.haui.edu.vn/media/c%c6%a1%20kh%c3%ad/nd%20product%20d esign%20and%20developmenti.pdf.

Vahs, D.; Brem, A. (2015): Innovationsmanagement. Von der Idee zur erfolgreichen Vermarktung. 5. Aufl. Stuttgart: Schäffer-Poeschel. Online verfügbar unter http://ebooks.cia ndo.com/book/index.cfm/bok_id/1873979.

Vahs, D.; Burmester, R. (2002): Innovationsmanagement. Online verfügbar unter https://api. pageplace.de/preview/dt0400.9783799264280_a22756586/preview-9783799264280_a 22756586.pdf.

Vahs and Burmester (1999): Innovationsmanagement; Von der Produktidee zur erfolgreichen Vermarktung, (Reihe: Praxisnahes Wirtschaftsstudium, 1. Auflage, Schäffer-Poeschel Verlag GmbH, Stuttgart.).

van der Laan, Luke (2021): Disentangling strategic foresight? A critical analysis of the term building on the pioneering work of Richard Slaughter. In: *Futures* 132, S. 102782. https:// doi.org/10.1016/j.futures.2021.102782.

Verworn, B.; Herstatt, C. (2000): Modelle des Innovationsprozesses. Hamburg: Hamburg University of Technology (TUHH), Institute for Technology and Innovation Management (TIM) (Working Paper, 6). Online verfügbar unter https://www.econstor.eu/handle/ 10419/55484.

Vogel, R.; Güttel, WH. (2012): The Dynamic Capability View in Strategic Management: A Bibliometric Review. In: *Int J Management Reviews*, n/a-n/a. https://doi.org/10.1111/ijmr. 12000.

Voigt, Kai-Ingo; Müller, Julian M. (Hg.) (2021): Digital Business Models in Industrial Ecosystems. Lessons Learned from Industry 4.0 Across Europe. 1st ed. 2021. Cham: Springer International Publishing; Imprint Springer (Springer eBook Collection).

Voithofer et al. (2023): Handelskompendium 1/2023. Studie im Auftrag der Wirtschaftskammer Österreich – Sparte Handel. Economica Institut für Wirtschaftsforschung.

Völker, Rainer; Friesenhahn, Andreas; Seefeld, Dominik (2019): Innovationsmanagement 4.0. In: Michael Erner (Hg.): Management 4.0 – Unternehmensführung im digitalen Zeitalter. Berlin, Heidelberg: Springer Berlin Heidelberg, S. 209–244.

Volkova, Tatjana (2019): STRATEGIC FORESIGHT AS AN ENABLER OF A SUSTAINABLE FUTURE. In: 19th International Multidisciplinary Scientific Geo-Conference SGEM2019, Ecology, Economics, Education and Legislation. 19th SGEM International Multidisciplinary Scientific GeoConference EXPO Proceedings, 30 June – 6 July, 2019: STEF92 Technology (SGEM International Multidisciplinary Scientific GeoConference EXPO Proceedings).

Wächter, Lars (2017): Die Ökonomie in der Wissenschaft. In: Lars Wächter (Hg.): Ökonomen auf einen Blick. Wiesbaden: Springer Fachmedien Wiesbaden, S. 3–6.

Wassermann, Sandra (2015): Das qualitative Experteninterview. In: Methoden der Experten- und Stakeholdereinbindung in der sozialwissenschaftlichen Forschung: Springer VS, Wiesbaden, S. 51–68. Online verfügbar unter https://link.springer.com/chapter/10.1007/ 978-3-658-01687-6_4.

Weber, Wolfgang; Kabst, Rüdiger (Hg.) (2009): Einführung in die Betriebswirtschaftslehre. 7., überarbeitete Auflage. Wiesbaden: Gabler Verlag / GWV Fachverlage GmbH Wiesbaden (Lehrbuch).

Weissenberger-Eibl, Marion A. (Hg.) (2022a): Zukunftsnavigator Deutschland. Berlin, Heidelberg: Springer Berlin Heidelberg.

Weissenberger-Eibl, Marion A. (Hg.) (2022b): Zukunftsnavigator Deutschland. Individuelle und Organisationale Zukunftsfähigkeit. 1. Aufl. 2022. Berlin, Heidelberg: Springer Berlin Heidelberg. Online verfügbar unter http://nbn-resolving.org/urn:nbn:de:bsz:31-epflicht-2024637.

Weissenberger-Eibl et al. (2019): Der Betriebswirt: Volume 60, Issue 1. In: *Der Betriebswirt* 60 (1), S. 10–13. https://doi.org/10.3790/dbw.60.1.10.

Weissenberger-Eibl und Almeida (2019): Voraussetzungen für die Integration von Strategischer Vorausschau in der Entwicklung. Online verfügbar unter https://d-nb.info/120371 0798/34#page=257.

Welge, Martin K.; Al-Laham, Andreas; Eulerich, Marc (2017): Strategisches Management. Wiesbaden: Springer Fachmedien Wiesbaden.

Wenger, Jürgen (2013): Wissenschaftliche Leitidee und Bezugsrahmen der Arbeit. In: Jürgen E. Wenger (Hg.): Gewinngestaltung bei Innovationswettbewerben. Wiesbaden: Springer Fachmedien Wiesbaden, S. 35–36.

Wiener, Melanie (2018a): Open Foresight. In: Open Foresight und Unternehmenskultur: Springer Gabler, Wiesbaden, S. 49–62. Online verfügbar unter https://link.springer.com/chapter/10.1007/978-3-658-19470-3_4.

Wiener, Melanie (2018b): Open foresight: The influence of organizational context. In: *Creat Innov Manag* 27 (1), S. 56–68. https://doi.org/10.1111/caim.12238.

Wiener, Melanie; Boer, Harry (2019): Cultural prerequisites for participating in open foresight. In: *R&D Management* 49 (5), S. 703–715. https://doi.org/10.1111/radm.12363.

Wiener, Melanie; Gattringer, Regina; Strehl, Franz (2018): Participation in inter-organisational collaborative open foresight A matter of culture. In: *Technology Analysis & Strategic Management* 30 (6), S. 684–700. https://doi.org/10.1080/09537325.2017.137 6045.

Wiener, Melanie; Gattringer, Regina; Strehl, Franz (2020): Collaborative open foresight – A new approach for inspiring discontinuous and sustainability-oriented innovations. In: *Technological Forecasting and Social Change* 155, S. 119370. https://doi.org/10.1016/j.techfore.2018.07.008.

Wiser, Fabian; Durst, Carolin; Maron, Philipp (2019): Aktivitäten und Herausforderungen im Umfeld-Scanning. In: Thomas Abele (Hg.): Fallstudien zum Technologie- & Innovationsmanagement. Praxisfälle zur Wissensvertiefung. Wiesbaden: Springer Gabler (Lehrbuch), S. 59–76.

Witt, J. (1996): Grundlagen für die Entwicklung und die Vermarktung neuer Produkte. Produktinnovation ", München: Vahlen.

Witzel, Andreas (1985): Das problemzentrierte Interview, S. 227–255. Online verfügbar unter https://www.ssoar.info/ssoar/handle/document/563.

Wolters, Uly J. (2016): Neuerfindung des Handels durch digitale Disruption. In: Gerrit Heinemann, H. Mathias Gehrckens und Uly J. Wolters (Hg.): Digitale Transformation oder digitale Disruption im Handel. Vom Point-of-Sale zum Point-of-Decision im Digital Commerce. Wiesbaden: Springer Gabler, S. 29–48.

Wong (2005): Critical success factors for implementing knowledge management in small and medium enterprises. In: *Industrial Management & Data Systems* 105 (3), S. 261–279. https://doi.org/10.1108/02635570510590101.

Wong, Shui-Yee; Chin, Kwai-Sang (2007): Organizational innovation management. In: *Industrial Management & Data Systems* 107 (9), S. 1290–1315. https://doi.org/10.1108/02635570710833974.

Zeng, Michael A.; Koller, Hans; Jahn, Reimo (2019): Open radar groups: The integration of online communities into open foresight processes. In: *Technological Forecasting and Social Change* 138, S. 204–217. https://doi.org/10.1016/j.techfore.2018.08.022.

Zorn, Jenny; Schweiger, Stefan (2020): Kontext bitte! In: Steven Engler, Julia Janik und Matthias Wolf (Hg.): Energiewende und Megatrends. Wechselwirkungen von globaler Gesellschaftsentwicklung und Nachhaltigkeit, Bd. 93. Bielefeld: transcript (Edition Politik, Band 93), S. 23–44.

Zweck (2014): Beiträge der Innovationsforschung für die Zukunftsforschung. In: *in Zeitschrift für Zukunftsforschung, Jg. 3 (2014) Ausgabe 2, ISSN: 2195–3155.*

GPSR Compliance

The European Union's (EU) General Product Safety Regulation (GPSR) is a set of rules that requires consumer products to be safe and our obligations to ensure this.

If you have any concerns about our products, you can contact us on ProductSafety@springernature.com

In case Publisher is established outside the EU, the EU authorized representative is:

Springer Nature Customer Service Center GmbH
Europaplatz 3
69115 Heidelberg, Germany

The manufacturer's authorised representative in the EU is Springer
Nature Customer Service Centre GmbH, Europaplatz 3, 69115 Heidelberg,
Germany. If you have any concerns regarding our products, please
contact ProductSafety@springernature.com

Printed and bound by CPI Group (UK) Ltd, Croydon, CR0 4YY
28/04/2026
02098516-0003